중국역사산책 2

● 지은이

전순동 _ 全淳東

충북대학교 사범대학 역사교육과 교수

전북 金堤에서 출생
전주고등학교 · 공주사범대학교 졸업
일본 요코하마국립대학 대학원(석사)
한양대학교 대학원 문학박사
일본요코하마국립대학 객원교수
중국사회과학원 역사연구소 객원교수
핀란드 헬싱키대학 아시아·아프리카 연구소 방문교수
명청사학회장, 웅진사학회장, 중국사학회장 역임

주요 논저

『명왕조성립사연구』도서출판 개신
『중국역사산책』서경문화사
「명태조 자경농육성에 대하여」
「15세기 조선과 명의 문물교류」
「영락제의 북경천도와 그 의의」
「명조전기 환관 세력의 추이와 기능」
「명대 학교교육의 보급과 정치사회적 기능」
그 외 다수

中國歷史散策 2

중국역사산책 2

초판인쇄일   2011년 1월 19일
초판발행일   2011년 1월 20일
지 은 이   전순동
발 행 인   김선경
책 임 편 집   김윤희, 김소라
발 행 처   도서출판 서경문화사
             주소 : 서울 종로구 동숭동 199 - 15(105호)
             전화 : 743 - 8203, 8205 / 팩스 : 743 - 8210
             메일 : sk8203@chollian.net
인   쇄   바른글인쇄
제   책   반도제책사
등 록 번 호   제 1 - 1664호

ISBN 978-89-6062-068-1   93910

정가   15,000원

중국역사산책 2

中國歷史散策 2

A Promenade into Chinese History, Vol. II

전순동 지음

서경문화사

머리말

중국의 개혁 개방정책이 실시된 지 30여년이 지나고 있다. 중국은 여러 방면에서 놀라운 변화를 이룩하였고, 이제 세계는 중국을 G2 국가로 부르고 있다. 외교 관계도 크게 변화되었다. 건국(1949) 초기에는 수교국이 소련, 북한, 동유럽 등 공산주의 국가 18개 국가에 불과하였으나, 오늘날은 170여개 국가에 이르고 있으니, 가히 폭발적인 증가라 할만하다. 미국, 일본, 유럽, 아프리카, 남미 등 세계 대부분의 국가와 수교를 맺으며 국제무대에 우뚝 서있는 것을 보면, 이제 '죽의 장막'이란 말도 역사의 유물이 되었다.

한국과 중국은 1992년 8월 24일에 국교가 수립되었다. 이로 인해 40여 년간 단절되었던 양국 관계가 재개되었다. 이후 서로의 관심이 급증해 오면서, 상호 인적, 물적 교류가 활발해지고, 무역교역량도 크게 늘어나, 지금은 중국이 한국의 최대 교역국가가 되었다. 중국의 역사 문화에 대한 객관적 이해는 우리에게 무엇보다 절실히 하기만 하다.

돌이켜보면, 우리는 그동안 중국을 역사 속에서 객관화하는데 취약했다. 조선 시대에는 오히려 중국적 사고와 가치 속에 휩쓸려 우리의 인식이 흐려지기도 했고, 일제 강점기에는 일본의 간섭과 지배로 말미암아 중국에 대한 객관적 이해 자체가 불가능했다. 1945년 해방 이후, 분단 체제 속에서 정치적 이데올로기가 문제되었음도 주지의 사실이다. 역사적으로 우리와 밀접한 관계에 있는 중국, 그에 대한 역사적 이해의 취약성은 우리가 풀어야 할 과제라 여겨진다.

어떻게 하면 중국의 역사를 보다 재미있게 전할 수 있을까? 대학 강단에서 늘 고민해 오던 필자는 흥미 있고 유용한 강의 보충 자료를 필자의 홈페이지에 게재하여 학생들이 자유롭게 활용하도록 해 왔다. 그 중에서 대중성과 전문성을 겸비하면서 일반 독자들과 함께 공유할만한 스물여덟개의 주제를 골라 손질하여 한 권의 책으로 엮었다.

본 『중국역사산책 2』는 6년 전 간행된 『중국 역사 산책』(서경, 2004)의 속편에 해당한다. 아마도 이 책은 독자 여러분을 중국 역사의 진수로 안내함과 동시에 '역사 탐구(historical research)의 강설(講說)'로서 우리의 삶을 성찰하게 할 것이다. 중국의 정치, 경제, 사회, 문화, 사상, 여성, 과학 등 여러 부면의 주제를 서술하는 과정에서, 단순하고 평면적인 이야기를 넘어, 역사적 사건이나 인물을 당시의 여러 상황 속에서 다루면서 지나간 시간에 생명을 불어 넣으려 했기 때문이다. 더불어 주제와 관련된 에피소드나 일화 등을 수록하여 흥미로운 역사산책이 되도록 했다.

아무쪼록 이 책과 함께 가벼운 발걸음으로 중국 역사를 산책함으로써 역사를 재미있게 이해하고, 삶의 지혜를 얻을 수 있다면, 그보다 더 큰 보람이 없겠다. 나아가 중국을 바라보는 우리들의 시야가 더 넓어지고, 한·중 양국의 미래에 조그마한 보탬이 될 수 있다면 중국을 연구하는 한 사람으로서 더 함 없는 기쁨이 되겠다.

끝으로 원고를 정리하는데 도움을 준 내 사랑하는 아들 전병철 박사(세광고교 역사 교사)와 오자를 잡아 준 학과 학생 여러분에게도 고마운 정을 느낀다. 그간 인내하며 곁에서 늘 격려해 준 아내도 고맙기만 하다. 그리고 출판을 기꺼이 허락해 준 서경 출판사 김선경 사장, 이 책이 출판되기까지 세심한 배려를 아끼지 않은 편집팀의 김윤희 팀장을 비롯한 관계자 여러분께도 깊은 감사를 드린다.

2011년 元旦에
개신골에서 著者 識

차례

1장 상·주의 교체
-목야전투(牧野戰鬪)-

주지육림(酒池肉林)으로 나라를 망친 주왕(紂王)

상商(B.C.1700~1050, 과거에는 은殷이라 했으나 오늘날 중국에서는 상이라 함)의 마지막 왕 주왕紂王은 하夏의 걸왕桀王과 더불어 '하걸·은주', 줄여서 '걸주'라 하여 중국 전형적인 폭군의 대명사로 불리고 있다.

『사기』에는 걸왕의 악역무도함에 대해서는 구체적인 언급이 없고, 다만 덕을 닦지 않고 무력으로 백성을 해쳤기 때문에 백성이 그에 견디지 못했다고 기록되어 있으나, 주왕의 포학에 대해서는 비교적 구체적으로 기술하고 있다. 『사기』의 저자 사마천은 주왕의 자질과 언변이 뛰어났고, 머리가 명석하여 어떤 일을 듣거나 보기만 하면 그 진상을 바로 기민하게 파악하는 적응력이 있었고, 체력도 뛰어나 맹수를 맨주먹으로 때려잡을 수 있을 정도라고 했다.

그런데 주왕은 이렇게 뛰어난 자질을 덕을 쌓는데 사용하지 않고 도리어 좋지 않은 방향으로 이용했다. 자기보다 나은 사람이 이 세상에 존재하지 않는다는 자기도취에 빠졌으며 그렇기에 충신이 간하는 말 따위는 아예 들으려 하지도 않았다. 그는 자신의 권세를 드러내기 좋아하여 평소에 입는 옷에 각종 옥석과 보물들로 장식했다. 왕궁의 문을 옥으로 만드는가

하면 궁궐 안에 높이가 20m나 되는 녹대鹿臺를 세워 화려하게 치장해 둠으로써 자신의 위세를 과시했다. 그가 세운 녹대는 하 걸왕의 요대瑤臺보다 훨씬 호화롭고 사치스러운 누각으로 알려져 있다.

그는 술과 고기를 좋아하며 향락을 즐겼다. 왕궁에 주지육림酒池肉林을 마련해 귀족들과 함께 밤낮 주색과 열락에 빠졌다. 연못에 물을 퍼내고 그 밑바닥과 주위를 돌로 쌓은 다음, 그 곳에 술을 가득 채워 마음 내키는 대로 마셨으며, 뜰의 나뭇가지에 걸어놓은 불고기를 안주로 삼아 마음껏 먹었던 것이다. 그가 만들어 놓은 주지酒池는 배를 띄울 수 있을 만큼 컸다고 전해지고 있다.

그런가 하면 주왕은 달기妲己라는 여인을 총애했다. 총애가 아니라 아주 흠뻑 빠져 이로 인해 나라를 망친 것이다. 달기는 유소씨有蘇氏의 딸로서 일찍이 주왕이 유소씨를 토벌할 때 유소씨가 전리품으로 주왕에게 바친 미녀다. 그녀는 절세미인이었으며, 좀처럼 보기 드문 독보적인 존재였다. 고서에서는 달기의 미모와 요염성에 대하여 "구름처럼 검게 드리운 머리카락, 살구 같은 얼굴에 복숭아 같은 뺨, 봄날의 산처럼 엷고 가는 눈썹, 가을 파도처럼 둥근 눈동자, 풍만한 가슴과 가냘픈 허리, 풍성한 엉덩이와 늘씬한 다리, 햇빛에 취한 해당화나 비에 젖은 배꽃보다 아름답다"고 형용하고 있다.

달기를 얻은 그날부터 주왕은 완전히 그 요염한 자태에 빠져 그녀의 환심을 사는 일이라면 무엇이든 다 했다. 주왕은 달기가 주문하는 갖가지 잔혹한 행위를 다 들어주었는데, 예컨대 '포락炮烙의 형'과 같은 잔혹한 형벌을 제정하여 자기에게 반대하는 사람을 처벌하게 했다. '포락의 형'이란 구리 기둥에 기름을 바르고 그 아래 숯불을 피워 놓고 구기 기둥위로 죄인들을 걸어가게 하는 형벌이었다. 무사히 그 구리 기둥을 끝까지 걸어가면 상으로서 죄를 면해 주고, 떨어지면 그 밑의 불구덩이에서 타 죽게 한 혹형이었다. 불바다 위에 걸쳐진 구리기둥은 미끄러지기 쉽게 기름을 칠해 놓았다. 너무 미끄럽고 뜨거워 한 두 발자국 가다 쉽게 밑으로 굴러 떨어지면 그것도 흥미 없는 일이기 때문에 일부러 적당한 간격을 두어 기름을 칠해 두었다고 한다.

불속에 떨어져 죽느냐, 기름 기둥을 무사히 건너서 사느냐 하는 절박한 갈림길에서 한 가닥 희망을 안고 엉금엉금 구리 기둥 위를 기어가는 죄수들의 모습은

상의 마지막 왕 주왕

인간으로서는 차마 볼 수 없을 정도로 잔인무도했다. 실낱만큼의 한 가닥 희망을 안고 한발 두발 걸어가다가 앞으로 두세 발만 걸으면 죄를 용서 받고 살 수 있는 찰나에 기진맥진 불 위에 떨어져 비명을 지르고 뿌지직 살이 타는 소리를 들은 뒤에야 쾌감을 만끽하는 달기의 환심을 사기 위해 이와 같은 잔인무도한 형벌을 서슴없이 자행했다고 전해진다.

주왕의 이런 잔인한 행동을 말리는 사람이 전혀 없었던 것은 아니었다. 그의 이복형인 미자계微子啓가 충고했다. 그러나 주왕은 이와 같은 간언을 받아들이지 않았으며, 미자계는 화를 면하기 위해 몰래 멀리 떠나 숨어 버렸다. 주왕의 삼촌 비간比干도 좋은 말로 주왕을 설득해 보았으나 주

왕은 비간을 죽이고 배를 갈라 심장을 꺼내 감상하는 만행을 저질렀다. 주왕의 당형제인 기자箕子도 주왕에게 선의의 충고를 했으나 받아들여지지 않자 모든 것을 체념하고 거짓 미치광이가 되어 노복이 되었으나 끝내 주왕에게 발견되어 옥에 갇히게 되었다.

이렇게 되자 어느 누구도 감히 주왕에게 충고할 수가 없었다. 사람들은 병을 핑계로 자리를 피하는가 하면, 조정에 나와도 입을 다물기가 일쑤였으며 어떤 대신들은 궁정을 떠나고 말았다.

주왕의 무능과 폭정에 백성들의 생활은 갈수록 고달프기만 했다. 그는 백성들을 동원하여 노역을 강요했고, 고기를 조달하기 위해 수많은 사람들로 하여금 숲에 들어가 사냥을 하게 했다. 집집마다 곡소리가 그치지 않았고 이를 참지 못한 백성들은 지치고 병든 몸을 안고 사방으로 도망치기 시작했다.

목야전투 - 주의 무왕이 상의 주왕을 치다.

주왕의 광기에 가까운 만행에 상 왕조의 조정은 더 이상 유지되기가 어려웠다. 이 때 서쪽 주周의 무왕武王은 강태공의 보필을 받으며 상나라를 공격하기로 했다. 무왕은 먼저 각 마을과 소국에 동지를 보내 황하 유역의 맹진孟津에서 회의를 열고 어지러워진 천하를 수습할 방법을 찾았다. 약 800명이 모였는데, 이들 절대 다수가 군사를 일으켜 상의 주왕을 토벌해 줄 것을 요청했다.

주의 무왕은 전차 300대, 3000명의 선봉대, 45,000명의 군사를 이끌고 도읍지 풍읍豐邑을 출발하여 상왕조의 도성인 조가朝歌, 현재 河南省 淇縣를 향해 쳐들어갔다. 무왕의 군대는 사기충천한 가운데 동진하여 황하를 건너 상의 교외인 목야牧野, 곧 오늘날 휘자獲嘉현 통멍산同盟山에 이르러 진을 치고 최후의 결전에 대하여 만반의 준비를 했다.

이 때 음락에 빠져 있던 주왕紂王은 주나라 군대가 쳐들어왔다는 소식을 듣자, 사태의 심각성을 깨닫고 군대를 모았다. 그러나 당시 상의 군대는 동남지방에서 동이를 상대로 싸우고 있었기 때문에 당장 달려 올 수가 없었다. 주왕은 하는 수 없이 노예와 포로들을 군대에 편입시켜 70만 대군의 병력을 동원하여 목야로 나가 무왕 군대에 맞섰다. 이로써 그 유명한 '목야전투' (B.C. 1050년 경)가 벌어졌는데, 이 전투는 중국 고대의 역사상 가장 규모가 큰 전쟁으로 알려져 있다.

주 무왕

목야전투의 병력을 보면, 주왕 군대가 무왕군대보다 많았다. 하지만 주왕의 압정에 고통받고 있던 군사들은 전의를 잃은 채 도리어 무왕의 승리를 바라고 있었기 때문에 전세는 무왕 쪽으로 유리하게 기울어갔다.

주왕은 수도로 돌아와 백성들한테 거둔 재물이 그득 쌓여 있는 녹대鹿臺라는 높은 누각에 올라가 천지天智라는 이름의 옥을 비롯하여 많은 옥을 몸에 감고 불에 몸을 던져 분사했다. 그런데 옥을 몸에 지니고 있었기 때문에

우왕 퉁먼산

시체는 타지 않고 그대로 있었다. 뒤 쫓고 있던 무왕은 녹대에 이르러 전차 위에서 주왕의 시체에 화살 3발을 쏘고, 전차에서 내려 검으로 목을 벤 후, 마지막으로 황금으로 장식한 큰 도끼鉞로 주왕의 목을 쳐 잘라 내었다. 그리고 주왕의 목을 깃발 꼭대기에 달아매었다. 이어서 주왕의 두 애첩역시 검은 색 도끼로 목을 잘라 깃봉에 달아매고 진영으로 돌아왔다.

이어 제물을 마련하고 제단을 쌓아, 무왕이 천명을 받아 은을 멸하고 천자가 되었다는 축문을 낭독하여 혁명이 이루어졌음을 선포했다. 이리하여 탕왕 이후 600여년 계속된 상왕조는 멸망하고 주周가 천명을 얻어 중국을 지배하게 되었다.

허난성 신샹시新鄕市 휘쟈현에 가면 '우왕퉁밍산武王同盟山'이 있는데, 그곳은 무왕이 상의 주왕을 멸한 곳으로 추정되는 곳이다. 거기에는 목야전투와 관련된 여러 유적들이 있다. '제후연무장諸侯演武場', '제후정諸侯井', '주무왕 음마지周武王飮馬池', '강태공 교열대姜太公校閱台' 등은 당시의

전한시기 금루옥의

목야전투의 양상을 잘 그려내고 있는 것들이다.

상·주 두 왕조의 교체를 말해주는 목야전투가 어디까지가 사실인지는 확실히 잘 알 수 없다. 아마 한대에 전해 오면서 내용이 차차 과장되었으리라고 생각되나, 사실 여부를 떠나 몇 가지 흥미로운 점이 있다.

불변에 대한 염원 - 옥 신앙

그 중 하나는 주왕이 분사했을 때, 옥을 몸에 걸치고 있었기 때문에 불속에서도 그의 육체가 타지 않고 남았다는 것이다. 이에 관하여 생각나는 것은 허베이성 만청현滿城縣이나 산둥성 쉬저우시徐州市에서 발견된 금루옥의金縷玉衣, 은루옥의銀縷玉衣이다.

옥은 신선사상에 따라 그것을 소지하면 악귀를 물리친다고 전해져 왔다. 그리고 옥은 사람이 죽어도 시신을 썩지 않게 하는 신통력이 있다고 믿었다. 오늘날에도 옥은 자체에서 발산하는 파동이 우리 인체에 골고루 침투하여 혈액 순환을 좋게 하고, 조직을 생성한다 하여 건강용 보석으로 인기를 모으고 있지만, 고대 중국에서도 옥만이 가질 수 있는 특이한 효과가 인정되었던 것이다.

옥의玉衣는 옥갑玉匣이라고도 하는데, 죽은 자의 신분에 따라 옥 조각을 이을 때 각각 금·은·동 실로 구분하여 사용했다. 당시에는 옥으로 만든 옷을 입히면 시체가 부패하지 않는다고 믿었다. 1968년에 허베이 성河北省 만청현滿城縣에 있는 중산정왕中山靖王 부부의 묘에서 금실로 엮은 옥의가 출토되었는데, 여기서 출토된 2겹의 금루옥의가 원형대로 잘 보존되어 있었다. 중산정왕 유승劉勝의 옥의는 2,498개의 옥 조각이 금실로, 유승의 처가 입은 옥의는 2,160개의 옥 조각을 금실로 엮어 만든 것이었다. 각각의 옥 조각들은 모두 정밀하게 설계·가공되었으며, 여기에 구멍을 뚫고 금실로 복잡하고 다양하게 연결시켰다. 이것은 당시 수공예의 수준을 알려줄 뿐 아니라 옥에는 신비한 힘이 있다고 믿고, 옥 조각을 금실이나 은실로 이어 유체를 영구보존하려는 염원을 담고 있음을 알게 해준다.

실로 상·주시대에는 매미, 물고기, 새, 돼지, 혹은 무기의 본을 뜬 옥 조각품이 유행했다. 호신용 부적으로, 왕과 제후들 사이에 서약으로, 또는 신분의 증표로서 사용되기도 했고, 옥에 맹세문을 적어 부장품과 함께 무덤에 넣기도 했다. 옥이 이렇게 존중되어진 것은 색이나 광택의 아름다움 때문만이 아니라 옥이 불변하는 보석으로 여겨지고 있었기 때문이었다.

이와 같은 옥이 중국에서는 흔하지 않아 매우 진귀한 물건으로 여겨졌다. 그렇기에 주로 황실에서 많이 사용되었고, 자연 황실의 권위를 상징하는 물건이 되었다. 그래서 왕이 사용하는 의자는 옥좌玉座, 왕이 사용하는 도장은 옥새玉璽, 귀한 아들은 옥동자玉童子라 불리어지게 된 것이다.

전차 중심의 군대와 사용된 무기

다음으로 들 것은 당시의 군대 편성에 전차가 중심이 되었다는 것이다. 무왕의 병력을 나타내는 데에 전차 4,000대가 출현하고 있듯이 상·주 시대의 군대의 중핵은 전차부대였다. 더욱이 무왕이 전차 위에서 주왕을 향하여 활을 쏘았는데 상·주시대의 전차부대는 모두 활을 소유하고 있었다는 것이 발굴에 의해 입증되었다.

목야전투에서 당시 사용되었다는 여러 무기를 엿볼 수 있는데, 일반적으로 사용된 전투용의 큰 검은 상왕조나 서주 초기에는 아직 사용되지 않았다. 대신에 작은 칼小刀을 지니는 것이 일반적이었으며, 이것은 마지막 일격을 가하는데 사용되었던 것이다.

그리고 병사들은 창戈을 소지하는 것이 보편적이었다. 이것은 서주의 분묘에서 흔히 발견되고 있는 무기이다. 또한 무왕은 도끼鉞를 사용하여 주왕의 목을 베었는데, 이것은 왕이 죄인을 단죄할 때에 사용하는 것으로. 무왕은 하늘을 대신하여 폭군인 주왕의 목을 도끼로 잘라 사람들에게 보였던 것이다.

상·주 혁명과 천명사상

상·주의 교체는 무력에 의한 방벌放伐로써, 정통적인 왕조 교체나 왕위 계승의 이상형으로 여겨지는 선양禪讓과는 구별된다. 그렇기에 백이伯夷와 숙제叔齊는 무력으로 주왕을 정벌하러 나가는 무왕의 행동을 반대했고, 무력 정벌을 반대했던 그들은 전형적인 충신의 모형으로 추앙받고 있는 것이다.

백이와 숙제에 관한 이야기는 이렇다. 그들은 형제간으로 고죽군孤竹君의 아들이었는데, 고죽군은 기대되는 막내아들인 숙제에게 나라를 물려주고 싶어 했다. 그가 죽은 뒤 숙제는 이것이 예법에 어긋난다 하여 맏형인 백이에게 양보했지만, 백이도 역시 받아들이지 않았다. 결국 두 사람은 서백西伯 문왕文王(무왕의 아버지)의 명성을 듣고, 주나라로 함께 떠났다.

그곳 주나라에서는 이미 문왕이 죽고 아들인 무왕이 문왕의 위패位牌를 수레에 싣고 상의 주왕을 정벌하러 가려는 참이었다. 두 사람은 "아버지가 죽어 장례가 끝나지도 않았는데 군사를 일으키는 것은 '효孝'가 아니며, 신하로서 주군을 치는 것은 '인仁'이 아니다"고 하며 무왕이 타고 있던 전차의 말 목덜미를 잡고 강력히 말렸지만 무왕은 듣지 않고 출정하여 목야전투에서 주왕을 멸하고 천하를 지배하게 되었다.

이때에 백이와 숙제, 두 사람은 주의 봉록을 받는 것을 부끄럽게 여겨 수양산首陽山(지금의 河北 盧龍縣)에 숨어 살면서 고사리를 캐먹고 지내다 굶어 죽었다는 고사는 유명한 이야기인데, 이렇듯 무력으로 주군을 치는 것은 '방벌'이라 하여 배격했던 것이다.

그러나 무왕이 비록 비정통적인 방법을 통하여 상 왕조를 타도했다 하지만, 그것은 "상 왕조에는 하늘로부터 부여된 명命이 떠났기 때문에 이를 바꾼다革."라는 것에 정당성을 부여했다. 즉 상과 주의 교체, 곧 혁명의 이념적인 정당성을 '천명天命'으로 보장했던 것이다.

실은 상왕조가 멸망한 것은 주왕의 개인적인 부도덕이나 실정도 작용한 것이겠지만, 그보다 더욱 당시 사회에 만연된 오랜 전쟁(외환)으로 인한 시달림과 피폐, 민심의 이반을 불러일으킨 지배층 내부의 부패 등 말기적 사회상에 의한 것이라고도 해석할 수 있다. 그러나 『사기』에는 이것을 상의 마지막 왕인 주왕 개인의 폭정과 부덕함에 연유한 것으로 보는 유교적 사고에 바탕을 두고 서술하고 있는 것이다.

한편 『시경詩經』은 무왕의 아버지인 서백文王이 하늘天로부터 포악한 상의 주왕을 멸하라는 '천명'을 받은 것으로 서술하고 있다. 문왕은 인덕仁德을 쌓고, 인재를 널리 구하는데 힘을 썼는데, 특히 태공망太公望 여상呂尚

도 이 무렵 위수 가에서 맞아들인 것이다.

　이처럼 포악하고 부덕한 상의 주왕과 덕을 쌓은 문왕을 대비시킴으로써 주왕조 등장의 정당성을 천명으로 설명했다. 사실상 상왕조를 타도한 사람은 무력을 사용한 무왕임에 반하여, 천명을 받은 것은 문왕으로 설정함으로써 상·주의 교체를 천명으로 해석하려 했던 것이다.

　주 왕실의 천명사상은 상·주의 무력적 왕조교체를 합리화시키고 상왕조의 유민을 제어하는데 기능했을 뿐 아니라, 주대의 천자로서의 절대성 확보에 결정적인 역할을 했다. 이후 이것은 유가 정치 사상가들에 의하여 더욱 미화되어 평가되었던 것이다.

2장 고대 강남지방의 세력 다툼
-오(吳) · 월(越)의 대립과 미인 서시(西施)-

2천 수백 년 전의 먼 옛날, '오월동주'로 표현되듯 강남 지방에서 서로 대립한 오
와 월, 이 두 나라의 역사 자체는 하나의 장대한 드라마였다. 오왕 부차와 월왕
구천의 원한과 보복, 자신이 보필하던 오왕 부차를 저주하면서 죽어 간 오자서,
이와는 대조적으로 월왕 구천을 따돌리고 멋있게 변신하여 성공한 범려, 그리고
오 · 월양국 사이에 끼어 의연히 살아간 미인 서시, 이들이야말로 오와 월을 테마
로 하여 살아간 역사적인 주인공들이다.

　저장성浙江省 항저우杭州를 방문하는 사람이면 누구나 아름다운 시후西
湖를 찾아간다. 그 때면 북송의 대 시인 소동파蘇東坡(1036~1101)가 시후
풍경을 미인 서시에 비유하여 노래했다는 이야기를 듣는다. 물결이 찰랑
이며 반짝이는 화창한 날의 시후, 산 그림자가 멀리 희미하고 안개에 휩싸
인 듯 부옇게 보이는 비 오는 날의 시후, 소동파는 그 시후의 아름다움을
화장을 옅게 하든 짙게 하든 언제나 아름다웠던 미인 서시西施에 비유하여
표현했다. 소동파는 기후에 따라 변하는 시후를 바라보면서 화려한 전설
속의 월나라의 미인 서시를 연상하여 시를 지은 것이다.
　시인 소동파 및 여러 문장가들이 그토록 아름답게 노래하던 서시는 과
연 어떠한 여인이었던가? 먼저 그녀가 있었던 시대를 살펴보기로 한다.

와신상담의 시대극을 벌인 오와 월

기원전 6세기 말, 이른바 춘추시대(B.C.770~403) 말기, 동주(B.C. 770~256)의 왕실 권위가 약화되었을 때, 지방에 할거하던 각 제후국은 독립국가로서의 패권을 다투며 서로 대립하고 있었다. 중국 전토가 동요할 정도로 격동하던 이 시기, 강남 지방에는 쑤저우蘇州를 근거지로 한 오吳나라가 큰 세력을 펴고 있었다. 특히 기원전 506년, 오왕 합려闔閭(?~B.C.496)는 손자병법으로 잘 알려진 손무孫武와 초나라에서 망명하여 온 오자서伍子胥의 보필을 받으며 이웃의 강대국 초의 수도 영郢(후베이성 샤스沙市시 부근)을 쳐 승리한 후, 강남 제일의 강국으로서 중원을 노리고 있었다.

한편, 오의 남쪽 저장浙江성에서는 월왕 구천勾踐의 부친인 윤상允常이 항저우杭州를 근거지로 월越나라를 세우고 오나라를 위협했다. 오왕 합려는 윤상이 죽었다는 소식을 접하고 남쪽의 월을 공격했다. 이 때 월왕 구천(?~B.C.465)에게는 유능한 신하 범려范蠡가 있었다. 구천은 범려의 계략을 써서 오나라에 맞섰다. 그 계략은 3열의 결사대를 오나라 진영 앞까지 보내 괴성을 지르며 자살하도록 하고, 오나라 군사들이 당황해 할 때 총공격을 하도록 하는 것이었다. 이 작전은 주효하여 마침내 오는 크게 참패하고 월이 대승을 거두었다.

참패한 오왕 합려는 적의 화살에 입은 상처가 악화되어 기원전 496년에 끝내 목숨을 잃고 말았다. 합려는 태자 부차夫差에게 "아들아! 월왕 구천이 네 아버지 죽인 것을 결코 잊지 말라!"라는 마지막 유언을 남기고 숨을 거두었다. 아들 부차는 "예, 결코 잊지 않고 3년 안에 꼭 원수를 갚겠나이다."고 결연한 의지를 보였다. 이리하여 오나라와 월나라 사이에 복수전쟁의 막은 오르게 되었던 것이다.

부왕의 뒤를 이은 오왕 부차는 밤낮 없이 복수를 맹세하고 국력을 강화했다. 그는 월나라에 대한 원한을 씻어 달라는 부왕의 유명을 잊지 않기 위해 섶나무 위에서 잠을 자고(이것을 '와신臥薪'이라 함), 신하들에게도 군왕의 방을 드나들 때에는 반드시 문 앞에서 부왕의 유언을 외치게 하면서 복수의 때가 오기만을 기다렸다.

부차가 복수를 위해 국력을 강화하고 있다는 소식을 들은 월왕 구천은 즉위 2년 후(B.C.494)에 전쟁을 시도했다. 지금은 공격할 때가 아니라는 범려의 간언에도 불구하고 선제공격을 가했으나, 결국 무참하게 패배하고 말았다. 전쟁에서 패배한 월왕 구천은 회계산會稽山으로 도망했으나 거기에서 오나라 군사에 포위되어 국가 절명의 위기에 빠지게 되었다.

이 때 범려는 부차의 신하로 욕심 많고 기회주의자인 태재비太宰嚭에게 뇌물을 주고, 그의 도움을 받아 오나라와 화약을 맺을 것을 건의했다. 구천은 그 건의를 받아들여 많은 재물을 바칠 뿐 아니라 오의 신하가 될 것을 내용으로 한 굴욕적인 화약을 맺고 풀려 나왔다. 이때 부차의 신하인 오자서는 '하늘이 월을 오에 넘겨주고 있습니다. 후한을 남기지 않으려면 지금 구천을 살려서는 안 됩니다.'라고 부차에게 간했다. 그러나 월나라로터 뇌물을 받은 태재비는 "월이 항복하여 신하가 되는 것은 오에 큰 이익입니다."라고 오자서와 다르게 건의했다.

부차는 태재비의 진언을 받아들여 월과 주종 관계를 맺고 구천을 풀어 주었다. 부차는 그때부터 오자서를 점점 멀리하고, 대신 태재비를 중용했다. 태재비는 초나라에서 망명해 온 사람으로, 강직한 오자서와는 달리 뇌물을 좋아하고 아첨을 잘하는 그런 인물이었다.

위기를 모면한 월왕 구천은 다시 월나라로 돌아온 후, 항상 곁에 쓸개를 놔두고 앉으나 서나 그 쓴맛을 맛보며(이것을 '상담嘗膽'이라 함) 회계산의 치욕을 상기했다. '너는 회계의 치욕을 잊었는가!'라고 되뇌이면서 그는 한시도 자신을 질타하지 않은 적이 없었다.

구천은 몸소 일반 백성들과 노고를 같이했고 현인을 잘 모시고 빈객을 후하게 대접하며 은밀히 군사 훈련을 강화하여 복수의 기회를 노렸다.

기원전 482년, 오왕 부차가 천하의 패권을 얻기 위해 황지黃地, 河南省 杞縣에서 제후들과 회맹하고 있을 때, 구천은 군사를 이끌고 오나라로 쳐들어갔다. 이것은 서전에 지나지 않았다. 그 후 6년이 지난 후(B.C.476), 월은 본격적으로 오를 공격했다. 당시 부차는 미인 서시와 놀아나며 정사를 바로 돌보지 않았고, 게다가 오나라는 잦은 북벌 작전으로 국력이 피폐해 있었다. 구천은 역전 끝에 부차를 굴복시키고 오를 멸함으로써 지난날 회계산의 치욕을 말끔히 씻을 수 있었다.

부차는 져장성 팅허定河에서 여생을 보내도록 배려되었으나, 굴욕을 참지 못하고 스스로 자결했다. '나는 오자서를 볼 낯이 없다'고 하면서 부차는 수건으로 얼굴을 가리고 죽었다고 한다. 기원전 473년, 20여 년에 걸친 오월의 보복전은 이렇게 막을 내리고 오는 끝내 멸망하고 말았다. 이후 구천은 부차에 대신하여 강남의 패자가 되었는데, 목적을 달성하기 위해 온갖 고난을 참고 견딤을 비유하는 '와신상담臥薪嘗膽'이라는 말은 이 시대의 일을 그려 나온 고사성어다.

서시의 등장

회계산의 치욕을 맛본 월왕 구천은 겉으로는 오왕 부차에 굴종하는 듯하면서도 속으로는 국력을 신장시켜 나갔다. 참모 범려范蠡(군사)와 문종文種(행정)의 보필을 받으며, 농업 생산력의 증대, 경제 안정 도모, 군사력 강화 등 이른바 부국강병책을 꾀했다. 내정과 군사 조직을 정비하면서 오를 약화시키는 비책도 강구했다. 이 때 등장한 인물이 미인 서시西施이다. 월나라는 부차의 방심을 유도하기 위해 미인계 작전을 시도했다. 오왕 부차가 원래 호색가이고 쾌락을 좋아하는 인물이라는 점을 간파한 월나라는 미인을 부차에 보냄으로써 부차가 호색에 빠져 정사를 돌보지 못하도록 하는 방법을 생각해 낸 것이다.

월나라는 온 나라에 미인을 찾아 나섰는데 마침내 저장성 주지諸曁의 저라苧蘿 산중의 가난한 나무꾼의 딸 두 여인이 물색되었다. 한 여인은 서시, 또 한 여인은 정단鄭旦이라는 아름다운 처녀였다. 그들은 참으로 빼어난 미인이었다. 하지만 산중에서만 자란 촌스러운 처녀들이라 부차를 현혹시킬 만큼 세련되어 있지는 못했다. 그러하여 범려는 이들에게 미인으로서 갖추어야 할 교육과 훈련을 철저히 시켰다. 먼저 회계 근처에서 화장술과 맵시 있게 옷 입는 법, 문장과 예법 등을 익히게 한 뒤, 화류계로 옮겨 가무를 비롯하여 교태와 사내를 유혹하는 법까지 몸에 익히도록 했다. 3년 동안 수련을 닦은 후, 두 시골처녀 미인은 전혀 흠 잡을 데 없는 절세가인으로 바뀌었다.

드디어 서시와 정단이 오왕 부차에게 보내졌다. 부차를 보필하던 오자서는 "현명한 재사는 나라의 보배요 아름다운 미녀는 나라의 재앙입니다. 하 왕조의 말희妹喜, 은 왕조의 달기妲己, 주 왕조의 포사褒姒 등은 경국지색으로, 이들 모두 왕조 멸망의 원인이 되었습니다."라고 하면서 이들을 경계하도록 간청했다. 그러나 미녀들의 아름다움에 매혹된 부차는 이를 무시하고 아름답게 장식한 고소대에 머물도록 하고 그들과 쾌락의 나날을 보내었다. 부차는 서시에게 완전히 반해버렸다.

서시는 맑은 우물가에서 물을 거울삼아 얼굴을 비추어 화장하기를 즐겼는데, 그 때에 부차는 서시 곁에서 머리를 땋아주곤 했다. 부차는 그녀가 하고 싶은 일은 무엇이든 하게 했다. 그녀가 뱃놀이를 좋아했기 때문에 대운하 공사를 벌여 국력을 낭비시켰고, 이는 높은 세금과 강제노역으로 백성들을 괴롭히는 결과를 초래했다. 오왕 부차가 서시에 빠져 정사를 돌보지 않은 채 환락의 세월을 보내고 있을 때 월나라는 빠른 속도로 군비를 갖추며 국력을 증강하여 갔다.

서시의 미모와 생애에 대해서는 오랜 시대를 거쳐 오는 동안 전설에 전설의 꼬리를 물고 시, 소설, 희곡 등 여러 문학 장르에서 다양하게 다루어

졌다. 『장자莊子』'천운편天運篇'에 나
와 있는 에피소드는 그런 예 중의 하
나인데 소개하면 이렇다.

서시

　서시는 본래 가슴앓이 병이 있어,
속이 아프면 가슴을 움켜쥐고 눈살
을 찌푸렸다. 하지만 미녀라 그런지
그 모습도 매우 아름다웠던 모양이
다. 그 동네에 가장 못생긴 추녀가 그
광경을 보고 자기도 눈살을 찌푸려
아름답게 보이려고 사람들 앞에서
가슴을 내밀고 항상 눈살을 찌푸리
고 다녔다. 그것을 본 동네 부자 노인
이 그녀의 추한 모습에 놀라 그만 문을 걸어 잠근 채 며칠 동안 두문불출했
다. 부자 노인이 밖에 나오지 않자 한 가난한 집 노인이 세상에 무슨 큰일이
나 났나 보다 하고 처자식을 데리고 도망가자, 다른 사람들도 모두 따라서
마을을 떠나 다른 곳으로 이사했다는 내용이다.

　이 이야기는 원래 유교를 반대하던 도가 사상가 장자가 외형에만 사로잡
혀 본질을 꿰뚫지 못하고 있는 사람을 신랄하게 풍자한 것으로, 춘추 시대 말
엽의 난세에 태어난 공자가 그 옛날 주 왕조의 이상 정치를 그대로 노魯나라
와 위衛나라에 재현시키려는 것은 마치 '서시빈목西施嚬目(서시 눈살 찌푸림
을 흉내 내는 추녀의 행동과 같은 것)'과 같은 것임을 지적하려는 것이다. 하
지만 지금부터 2천 수백 년 전에 서시의 가슴앓이로 인한 얼굴의 찌푸림에도
세인들의 관심이 거기에 쏠릴 정도였으니 그녀의 미모는 대단했나보다.

　천자문 가운데에는 '모시숙자毛施淑姿 공빈연소工嚬妍笑'라는 글귀가 있
다. 여기서 '모毛'는 오나라의 '모타'라는 여인을 말하고 '시施'는 월나라
의 '서시'를 말하는 것으로, '오나라의 모타와 월나라의 서시는 얌전하고

덕스러운 자태를 가진 절세미인이었으며, 이들은 눈을 찌푸려도 곱고 웃는 모습은 더욱 아름다웠다.'고 표현하고 있다.

이렇듯 서시는 왕소군王昭君, 초선貂蟬, 양귀비楊貴妃 등과 함께 중국 4대 미인으로 꼽히고 있으며, 그 중에서도 서시의 아름다움을 침어浸魚(서시가 호수 가에 나와 거닐면 물고기들이 그녀의 아름다움에 반하여 지느러미 놀려 헤엄치던 것을 잊어버린 나머지 그대로 물밑으로 가라앉고 만다는 뜻) 미인으로 표현하면서 미인 중의 미인으로 여기고 있는 것이다.

오자서와 범려의 마지막 길

오나라의 부차는 서시를 만난 후, 쾌락에 빠져 점점 판단력이 흐려졌다. 가장 경계해야 할 것은 이웃의 월이라고 간언하는 오자서의 건의를 일축하고, 북의 제나라와 노나라에 군대를 자주 출병했다. 남쪽의 후진국 월은 안중에 두지 않고, 오직 중원의 선진국을 공격하여 자신의 힘을 과시하기 위한 잦은 출병을 일삼았는데, 이는 나라를 피폐하게 만든 요인이 되었다.

반면 월에서 뇌물을 받은 태재비도 자기도취에 빠져 있는 부차를 교묘히 조종하면서 자기보다 높은 지위에 있는 오자서를 제거하려 애썼다. 때마침 부차가 제나라와 외교교섭을 꾀하고자 오자서를 제나라에 사신으로 보낸 일이 있었다. 오자서는 제나라에 갈 때에 아들을 데리고 가서 옛 친구 포목鮑牧에게 맡긴 뒤, 임무를 마치고 돌아왔다. 처참하게 멸망하는 오의 모습을 아들에게 보이고 싶지 않아서였다. 태재비는 이것을 좋은 기회로 삼았다. 오자서가 오에 원한을 품고 있었기 때문에 자식을 데리고 제에 가서 망명시키고 왔다고 참언하면서 오자서를 처형함이 마땅하다고 부차를 선동했다. 이 말을 들은 부차는 오자서에게 칼을 주어 자살하게 했다. 이 때 오자서는 가신들에게 "내 무덤 옆에 반드시 가래나무를 심어다오. 이것으로 부차의 관이 만들어지도록. 그리고 내 눈은 빼어서 오의 동문 위에 매달아다오. 월의 군대가 침입하여 오를 멸망시키는 것을 볼 수 있도록"이라는 원한 섞인 처절한 말을 남기고 끝내 스스로 목숨을 끊고 말았다고 한다.

한편 오를 멸망시킨 월왕 구천은 범려의 공로를 치하하기 위해 부하로서는 최고의 지위인 상장군으로 추대하려 했다. 구천이 부차를 죽이고 오를 멸할 수 있게 된 것은 탁월한 정치가이자 지략가인 범려의 공로가 누구보다 컸다는 것을 잘 알았기 때문이었다. 그러나 범려는 이것을 거절한다. 그리고 '최절정에 있는 군주 밑에서 오래 머무르는 것은 좋은 일이 아니다.'고 하면서 아무도 모르게 잠적해버렸다. 그는 국외로 탈출, 북상하여 제나라로 갔다.

범려는 동료인 문종에게 "날던 새가 다 없어지면 좋은 활은 쓸 데 없게 되고飛鳥盡 良弓藏, 교활한 토끼가 다 죽어 없어지면 사냥개는 솥에서 삶아지게 된다狡兎死走狗烹."는 내용의 편지를 보내어 경고했으나, 문종은 끝내 듣지 않고 월에 남아 있다가 결국 구천에게 죽임을 당하고 말았다고 한다.

탈출한 범려는 제에서 이름을 치이자피鴟夷子皮(말가죽으로 만든 주머니로, 술 담는데 사용되었음. 모양이 올빼미 배처럼 불룩하게 생긴 주머니라는 데서 '치이자피'라는 이름이 만들어졌다 함)로 이름을 바꾸고, 열심히 장사하여 거부가 되었다. 얼마 후 그는 북서쪽에 있는 도陶나라로 들어갔다. 그곳은 땅은 작지만 천하의 중앙에 위치하고 교역, 운송의 중심지라는 점을 중시했던 것이다. 그곳에서 다시 주공朱公이라는 이름으로 십수 년 간 성실히 장사하여 엄청난 부자로 크게 성공했다. 이후, 중국에서는 "도주공陶朱公"은 부자의 대명사가 되었고, 더 나아가 상업신이 되었다. 지금도 화교 사회에서 도주공은 관우關羽와 더불어 상업신, 재물신으로 섬겨지고 있다.

서시 전설은 시대에 따라 윤색되고

춘추시대에 출현한 서시의 전설은 시대에 따라 윤색되어지면서 이천

년 이상이나 시, 소설, 희곡 등 여러 형태로 계속 다루어져 왔다. 아름다운 절세미인으로, 오국을 멸망시킨 요마妖魔로, 고국 월을 위하여 자신의 몸을 희생시킨 애국의 주인공 등 여러 형태로 그려지면서 칭송과 신비와 낭만이 함께 어울려 여러 사람의 심금을 울려왔다.

오나라가 망한 후, 서시는 어떻게 되었을까? 이에 대해서는 여러 설이 분분하나 크게 두 가지로 집약된다. 하나는 오가 멸망할 때 구출되기는 했으나, 결국 미녀는 나라의 요마요 재앙이라 하여 구천 또는 범려의 손에 죽었다는 설이고, 또 하나는 범려와 함께 국외로 탈출했다는 설이다.

그런데 대체로 국외로 탈출했다는 설을 따르는 경우가 많다. 『오월춘추吳越春秋』, 『오지기吳地記』, 『월절서越絶書』의 등은 국외 탈출설을 택하고 있다. 특히 『오지기』는 범려와 서시가 부차에게 보내어지기 전에 두 사람이 이미 사랑에 빠져 있었으며, 오가 멸망한 후, 서시는 다시 범려에게 돌아와 두 사람이 함께 국외로 도망했다고 기록하고 있다.

과연 서시가 오나라에서 무슨 생각을 하며 부차의 사랑을 받았을까? 그저 부차에게 사랑 받는 것으로 만족하며 좋든 싫든 미의 화신으로 존재했을까? 그렇다면 인형이나 다름이 없는 삶이 되고 만다. 그러나 여기에 범려가 끼어들게 되면 이야기는 더욱 재미있게 된다. 오왕에게 헌상되기 전 약 3년 간, 두 사람은 서로 사랑에 빠져 있었다. 그러나 사랑하는 이들이 서로 떨어지고 싶지 않다고 하더라도, 범려는 구천의 참모요, 서시는 오왕 부차에게 헌상되어질 존재였으니, 결국 그들은 이루어질 수 없는 사랑관계에 있었다. 이런 상황에서 둘은 하나의 계략을 세운다. 서시는 월을 위하여 오왕 부차를 사로잡아 내부 붕괴를 가져오게 하는 역할을 담당하는 것이다. 눈치 채지 않게 요염과 교태로 부차의 마음을 사로잡아 정사에서 멀어지게 한다. 결국 오는 월에게 당하고 부차는 자신의 목숨을 끊는다.

오가 망하자, 월왕을 위한 자신의 역할은 다 끝났다고 생각한 범려는 더 이상 월나라에 머무는 것은 위험한 일로 여기고, 임무를 잘 수행한 서시를 데리고 새로운 생활을 위해 함께 국외로 멀리 떠난다. 두 사람의 국외로의 도주는 아마 처음부터 계획되어 있었을지 모르는 일이다. 이렇게 되면 보기 드문 미녀 서시는 슬픈 인형이라기보다는 오히려 자기 주도적으로 살아간 여인이 된다.

범려와 서시의 국외 탈출설이 오래도록 전승되어 내려 온 것은 월왕이나 오왕 등 그녀를 수단이나 도구로 삼던 권력과 권세의 망에서 통렬히 빠져나와 옛 연인을 만나 자유롭게 어디론가 떠난다는 러브스토리가 억압받고 있던 사람들에게 심금을 울리며 시원한 해방감으로 승화되었기 때문일 것이다.

범려에 관한 이야기는 정사인 사마천의 『사기』 「식화열전」에 나오고, 오자서는 『사기』 「오자서열전」에 수록되어 있다. 그러나 서시는 사기에 보이지 않는다. 서시에 관한 이야기는 주로 『오월춘추』나 『월절서』처럼 민간 전승을 소설적으로 표현한 야사라든지, 『오지기』와 같은 풍토기를 바탕으로 후대에 쓰인 소설 『동주열국지東周列國志』(명의 풍몽룡이 지은 『신열국지』를 청의 채원방이 정리하고 교정한 것)의 내용을 바탕으로 한 것이다.

그러나 범려와 오자서의 이야기는 정사에 기록되어 있기 때문에 '사실'이고, 서시는 정사에 나와 있지 않으니 그 존재가 '허구'라고 단순히 단정 짓기는 어렵다. '사실'과 '허구', '역사'와 '문학'의 경계를 설정하기란 그렇게 쉬운 일이 아니기 때문이다.

고대 춘추시대에 강남에 출현한 오와 월의 원한과 복수, 몸을 불살라 가며 섬기다가 끝내는 원한을 품고 자신의 군왕 부차를 저주하면서 죽어 간 오자서, 이와는 대조적으로 후히 대접하는 월왕 구천을 떠나 명철보신明哲保身(총명하고 사리에 밝아 일을 잘 처리하여 자기 몸을 보존함)하여 거부로 성공한 범려, 그리고 강남의 오와 월을 테마로 하여 의연히 살아가던 미인 서시, 이들이야말로 2천 수백 년 전 강남 지방에 출현한 오와 월을 무대로 한 장대한 대 역사의 주인공들로써 세인들의 주목을 받고 있는 것이다.

3장 왕망(王莽)이 세운 '신(新)'나라, 왜 그렇게 단명으로 끝났을까?

외척으로서 제위를 노린 왕망과 그의 야심

Revolution(혁명)은 쉽지만 Reformation(개혁)은 어렵다는 말이 있다. 기존 체제를 완전히 뒤엎고 새로운 틀을 짜는 것보다 기존 체제 하에서 새롭게 개혁을 시행하는 것은 더욱 어렵다는 말이다. 이런 예는 전한前漢 (B.C. 202~A.D. 8)을 멸하고 신新(A.D. 8~23)을 건국한 왕망의 사례에서도 잘 나타나고 있다.

전한은 선제宣帝(B.C. 74~48)이후 원제元帝(B.C. 48~33) 성제成帝(B.C. 33~7) 애제哀帝(B.C. 6~1), 평제平帝(A.D. 1~5) 등 4대에 걸친 황제들 모두가 극단의 음란에 빠지고 조정의 정치는 외척과 환관들의 수중에 들어가 있었다. 이 때 외척으로서 전한을 멸망시키고 새롭게 '신'이란 왕조를 창립한 강력한 인물이 왕망이다.

왕망王莽(B.C.45~23, 재위 A.D. 8~23)은 자가 거군巨君으로, 그 조상은 본래 산동성 지난濟南군 뚱핑링東平陵에서 살았으나 후에 오늘날 허베이성 다밍大名 지방으로 이사하여 살았는데, 이곳에서 원제의 황후 왕정군王政君의 동생 왕만王曼의 차남으로 태어났다. 그러므로 그는 춘추전국시대 제나라 귀족의 후예일 뿐 아니라 외척의 한 사람으로서 활약한 정치가이다.

기원전 33년, 전한의 성제가 즉
위하고, 왕망의 고모 원정군이 태
황후로 앉게 되자, 이때를 계기로
황태후 동생들, 곧 왕 씨들이 외척
으로서 권세를 누리게 되었다.

그러나 왕망은 이런 출세 길에
서 좀 밀려나 있었다. 그렇게 된 것
은 그가 어렸을 때 일찍이 아버지
를 여의고 어머니 밑에서 외롭게
자랐기 때문이었다. 이런 왕망은
어려서부터 어머니에게 효성을 다
했다. 뿐만 아니라 그는 독서를 즐
기고, 품행방정하며 여러 관료들과

왕망

도 좋은 유대 관계를 형성하고 있었다. 그렇기 때문에 그 일족이나 관료들
사이에서 평판이 좋은 편이었다. 특히 대사마(大司馬, 군사 담당의 최고 관
직) 자리에 있던 백부 왕풍王風의 총애를 받아, 왕망은 처음 황문시랑黃門侍
郎(궁정 내의 황제 시종관)을 시작(B.C.22)으로 관직에 오른 후, 사성교위
射聲校尉(금군의 궁병)를 거쳐 기원전 16년에는 봉읍封邑 1,500호를 차지한
신도후新都侯(오늘날 河南省 唐河縣 서남쪽)에 봉해지는 등 출세가도를 달
리고 있었다.

당시 외척들 가운데에는 권세를 발판으로 부정하고 음란 및 퇴폐적인
행세를 하는 사람들이 많았다. 하지만 왕망은 부정과 여색을 멀리하고 유
가 경전을 탐독하는데 많은 시간을 할애했으며 여러 학자들과 교류하여
좋은 관계를 형성했다. 이러한 왕망은 기원전 8년, 38세의 나이로 대사마
직에 올라 정권의 중추에서 세력을 떨쳤다. 애제 때 잠시 관직에서 물러나
있기는 했으나, 애제의 죽음과 함께 다시 대사마 직에 올라, 9세의 평제를

옹립하는데 공을 세우기도 했다.

그리고 그는 평제보다 3살 위인 자신의 딸을 평제의 황후로 삼게 함으로써 자신의 권력을 더욱 강화시켰다.

외척 왕씨의 종친이나 왕망파 간에는 왕망을 주공周公에 비유할 만큼의 성현으로 평가했다. 그는 생각이 깊고 인사에 공정했으며 재물에 대해 청렴했기 때문이다. 그리고 그에게 '한 왕조의 왕실을 안존하게 하는 인물'이라는 뜻으로 '안한공安漢公'이라는 미칭이 내려졌다(A.D. 1). '안한공'으로서 '공후백자남公侯伯子男' 5등작의 '공작公爵'의 칭호가 내려진 것은 이때가 처음이었다고 한다.

왕망은 사람들에게 옛날 주공의 시대가 다시 도래 했다는 인상을 주기 위하여 변방 이민족으로 하여금 흰 꿩白雉을 헌상하도록 했다. 전설에 의하면 주나라 초기에 주공이 어린 성왕을 보좌하고 있을 때, 주변 이민족들이 성인 주공의 덕화에 감응하여 길조의 흰 꿩을 헌상하는 일이 많았는데, 이런 고사에 연유하여 주변 민족들에게 흰 꿩을 바치도록 함으로써 성현의 시대를 암묵적으로 나타냈던 것이다. 이후 왕망은 노골적으로 성인으로 추앙되기도 했다.

이러한 왕망은 재형宰衡'이라는 최고의 칭호까지 얻게 되었다. 주나라의 성왕을 보좌한 주공을 태재太宰, 은나라의 탕왕을 보좌한 이윤伊尹을 아형阿衡이라 불렀는데, 왕망은 이 두 인물의 덕을 다 겸비한 인물이라는 데서 '재형'이라는 관위를 두고, 거기에 취임(A.D. 4년)하게 되었다. 결국 그는 '재형'이라는 높은 재상으로서 활동했던 것이다. 그러나 그의 복식, 모자, 거마 등은 이미 황제와 거의 같을 정도였다.

그는 정계의 반대파를 물리치고 14세의 평제를 독살했다. 이러한 때에 왕망은 당시 유행하던 오행참위설五行讖緯說을 교묘히 이용하여 민심을 모았다. 맹통孟通이라는 사람이 우물에서 나온 것이라며 흰 돌白石 하나를 가져왔다. 거기에는 붉은 글씨로 "告安漢公莽爲皇帝(고하노니 안한공 왕망은 황제가 되라)" 라는 여덟 글자가 새겨져 있었다. 물론 이것은 왕망 일파가 벌인 연극이었지만, 당시 사람들은 그것을 하늘이 내린 상서로운 징조, 곧 천자가 탄생할 '부명符命'이라며 중시했다.

왕망은 이 부명에 따라 황제가 되려 했으나 황태후가 난색을 표명했다. 그러자 왕망은 겨우 두 살 된 유영劉嬰(宣帝의 현손)을 황태자로 세우고, 자신은 '섭황제攝皇帝', '가황제假皇帝'라 칭하며 장차 황제가 될 기회만 노리고 있었다.

이후 왕망파에서는 부단히 각종 명목을 내세워 왕망이 황제가 되어야 함을 진언했는데, 왕망이 총애하던 부하 애장哀章이라는 사람이 왕망이 황제가 되어야 한다는 부서符瑞를 헌상하자, 이를 받아들였다. 한 왕조는 이제 수명이 다 했으므로 자신이 진천자眞天子의 자리에 올라가야 함을 선언했다.

53세의 왕망은 어린 유영으로부터 '선양禪讓'의 형식을 밟아 제위를 물려받고 황제에 즉위해 나라를 세웠다. 국호를 '신'新(A.D. 8~23)이라 하고, 도읍지 명칭 '장안長安'을 '창안常安'으로 개명했는데, 이로서 전한은 A.D. 8년에 막을 내리고 말았다.

왕망은 중국역사상 '선양'이라는 형식으로 황제가 된 최초의 인물이다. 하지만 실은 그는 야심을 가지고 유영의 자리를 찬탈하여 나라를 차지했던 것이다. 이 때 국호를 '신新'이라 한 것은 일찍이 그가 제후로서 '신도후新都侯'에 봉하여진 일이 있었는데, 여기서 '신'을 따왔다고 한다.

왕망은 이 때 스스로 순舜 임금의 말예末裔라 자칭했다. 그때까지 주공의 재래를 강조하여 왔음에도 불구하고, 갑자기 순임금을 내 세운 것은 당시 한은 요堯의 말예라 하고 있었고, 요와 순 사이에는 유명한 선양의 전설이 있기 때문에 그것의 재현을 머리에 그렸던 것이다.

본래 왕망은 청년기에 유학에 몰두했고, 후에는 천재유학자 유흠劉歆(약 B.C. 50~A.D. 23)등과 교분이 짙었다. 유흠을 비롯하여 전한 말의 유학 풍은 서상瑞祥이나 부명을 중시하는 참위사상에 기울고 있어, 일종의 신비주의적 색채가 강했는데, 왕망이 찬탈에 성공할 수 있었던 것은 외척이라는 황실과의 관계가 작용하기는 했지만, 전한 말 유행하고 있던 참위설을 교묘히 이용했다는 점도 간과해서는 안 될 것이다.

왕망의 개혁과 좌절

열광적인 유교 신봉자였던 왕망은 황제가 되자 전한 후기의 부패한 정국을 타개하고자 여러 개혁을 단행했다. 황제가 된 이듬해에 연호를 '시건국始建國'이라 정했던 그는 고식적인 방법으로는 불가능하다고 판단하고 제도 자체의 개혁을 시도했다. 그 목표는 주周나라의 제도周禮를 내세워 이상 국가를 건설하려는 것으로, 과거 주나라 시대로 복귀하려는 유교주의를 표방했다. 국호로 새롭다는 '신新'을 채택했으나 그의 정책에는 복고적 색채가 농후했던 것이다.

왕망의 개혁 정책은 유학 이념의 색채가 짙게 반영되었다. 관제나 토지제도에 주 행정법전인 상서尙書 등에 보이는 옛날 용어를 사용했다. 3공公, 9경卿, 27대부大夫 등 주나라의 제도를 그대로 따랐고, 지명까지도 바꾸는 일이 많이 있어 도리어 혼란을 가져오는 예가 많았다. 왕망은 '개명광改名狂'이라 할 정도로 형식을 좋아하면서 유교경전에 따라 대폭적인 관제의 개혁, 관명·지명 등의 명칭을 변경하여 새 왕조의 참신성을 높이려 했으나, 이러한 개혁은 도리어 행정의 혼란을 가중시키고 말았다.

그는 당시 가장 큰 문제가 토지제도라 보았다. 그는 주나라의 정전제井田制가 진, 한대에 파괴되어 토지겸병이 널리 유행함으로써 빈민은 송곳하나 꽂을 땅도 없게 될 뿐 아니라 소나 말처럼 취급되어 노비로 팔려나가고 있다고 보았다. 그는 널리 확대되어 있던 토지 겸병의 문제를 해결하기 위하여 왕전제王田制를 실시하고, 노비매매를 매매를 금했다. 왕전제란 전국의 토지를 모두 국유로 하고, 사사로이 매매하는 것을 금했을 뿐 아니라 한 집에 남자가 8명 이하일 경우에는 900무[1]# 이상을 소유할 수 없게 하고, 나머지는 친척이나 토지가 없는 사람에게 나누어 주도록 하는 토지 국유제이다. 이러한 왕전제는 주대의 정전제를 모방한 것이었다.

그러나 이러한 왕망의 토지개혁정책은 이미 대토지사유제와 노비소유제가 일반화되고 있던 당시의 사회 상황에 정면으로 충돌하지 않을 수 없었다. 그럼에도 왕망은 토지와 노비의 매매를 금지하여 토지겸병과 농민의 노예화를 억제하려 했다. 하지만 이 정책은 지주·관료의 강력한 반대에 부딪쳐 3년 만에 중단되고 말았다.

왕망은 또 상업의 국가통제정책을 실시했는데, 그것이 오균五均·육관六莞 제도이다. 오균은 창안長安 뤄양洛陽, 한단邯鄲, 린즈臨淄, 젠예建業, 청뚜成都 등 중요도시 시장에 오균사시사五均司市師를 설치하고, 상공업의 관리, 세금의 징수, 물가통제 등을 국가가 직접 담당하도록 한 것이다.

육관은 정부에서 소금·철·술·야철, 화폐주조 등의 사업을 독점경영하고, 이름난 산택山澤에서 생산세生產稅를 징수하도록 한 국가통제정책이다.

오균·육관제도는 평준平準·균수均輸 등 여러 상공업 통제 정책과 함께 당시의 현실이 요청하는 정책으로, 전매제 강화, 국가에 의한 물가 통제, 농민에 대한 저리자금융자 등을 통해 대상인 및 고리대금업자 등을 억제하려는 것이었다. 그러나 여기에 관계하는 많은 관료가 대상인 중에서 임용되었고, 또한 그들은 뇌물 수수행위와 사리사욕을 자행했기에 이 제도의 정신이 살아나지 못하고 실패했다.

또한 경제 안정을 위한 정책으로 화폐개혁을 단행했다. 그는 전후 8년간, 4차례에 걸쳐 화폐개혁을 단행했는데, 화폐의 질이 떨어져 실패하고, 도리어 경제혼란만을 가져오고 말았다.

왕망은 유교적 중화사상의 내세우면서, 한편 국내정치의 실패를 밖으

왕망시대의 화폐

로 돌리려는 뜻에서 지금까지 한에 복속하여 온 흉노 및 서역의 소수 민족
에 대한 원정을 단행했다. 북방 흉노족은 전한 말부터 신의 건국에 이르기
까지 나타난 일련의 혼란기를 맞아 한의 변경을 침범하는 일이 잦았기에,
왕망은 흉노원정을 단행했다. 더불어 주변 이민족의 군장들을 모두 '왕'
에서 '후侯'로 격하시켰다. 이것은 주변의 여러 민족을 격분시켰고, 이에
불만을 품은 소수민족들은 중국으로부터 이탈했다. 특히 선제 이래 우호
관계를 유지하여 오던 흉노와의 관계가 다시 악화되어가자, 왕망은 국내
의 실책을 만회하고 대외의 위신을 회복하기 위하여 30만 대군을 동원하
여 흉노 원정을 단행했으나 성공하지 못했다. 이 때 왕망은 고구려高句麗에
대해서도 '하구려후下句麗侯'라 하여 위상을 격하시켰는데, 자연 고구려와
도 충돌하게 되었다.

왕망의 개혁은 여러 면에서 혁명적이었다. 유교적 이상주의를 표방하면서도 그의 개혁에는 법가주의적인 성격이 강하게 내포되어 있었다.

그러나 이러한 개혁정책은 결과적으로 한말의 여러 모순과 사회문제를 해결하지 못한 채 모두 실패로 끝나고 말았다. 강력한 중앙집권적 전제지배를 꾀한 그의 정책은 오히려 농민들에게 고통을 주었고, 각지에 있는 호족들과의 이해가 상반된 점에 실패의 원인이 있었다. 그의 대외정책의 실패, 역시 사회혼란을 더욱 가중시켰다. 그의 개혁은 시대변화의 대세에 역행한 것들이었고, 거기에 더욱 전한정권의 찬탈자라고 하는 비정통성과 친족의 살해라는 비도덕성으로 인하여 개혁은 인민의 지지를 얻지 못했던 것이다.

혁신정책이 안고 있는 위험부담은 왕망정권에서도 예외는 아니었으며, '신' 나라는 결국 단명으로 끝나고 후한에게 왕조를 넘길 수밖에 없었다.

녹림군, 적미군의 반란과 '신' 나라의 파산

왕망의 한왕조 찬탈은 무력에 의한 것은 아니었다. 대사마에서 안한공, 재형, 가황제 등으로 한 걸음씩 계단을 밟아 오르듯이 행해졌기 때문에 찬탈을 눈치 챈 때는 이미 왕망이 옥좌에 앉은 후였다. 이러한 때에 왕망의 실정이 점점 표면화되자, 곳곳에서 왕망 정권에 반대하는 봉기군이 일어났다.

실은 일반 백성들은 황제가 누구든 관계없이, 백성들의 생활만 안정시켜 준다면 그 군주에게 복종한다는 심리가 작용하기 마련이다. 그러나 전한 말기 부패한 정치로 생활고에 시달리던 백성들은 왕망이 조작해낸 갖가지 상서로운 조짐과 그의 정치적 계략에 넘어가 성천자가 나타난 것으로 여기며 왕망의 정치를 기대했는데, 그 기대가 무너지게 되자, 백성들은 왕망 정권에 반기를 들었다.

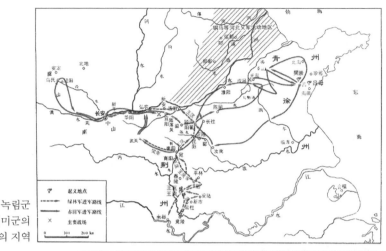

녹림군
적미군의
기의 지역

왕망 정책의 실패 뿐 아니라 거기에 대기근까지 겹치게 되자 전국 각지
에서 반란이 일어났다. 이러한 반란군 가운데 가장 대표적인 것은 녹림군
과 적미군의 반란이었다.

17년에 후베이湖北성의 징저우荊州의 녹림산綠林山(오늘날 湖北 大洪山
일대)을 근거지로 신시新市 출신의 왕광王匡, 왕봉王鳳 형제를 지도자로 하
는 약 5만 명의 봉기군이 집결하여 왕망정권에 반기를 들었다. 이들을 녹
림군綠林軍이라 칭했다. 18년에는 오늘날의 산둥山東성 동부와 장쑤江蘇성
북부 일대에 큰 기근이 일어나자, 낭야琅邪(지금의 산둥 성 주청諸城현 동남
해안 지역) 사람인 번숭樊崇(?~27)이 산둥 쥐현莒縣에서 무리를 이끌고 반
기를 들자, 수 만 명이 그 깃발 아래 모여 들었다. 이 반란군들은 적군과
아군을 식별하기 위하여 눈썹을 붉은 색赤色으로 물들였기에 '적미군赤眉
軍'이라 하는데, 적색은 전한 왕조를 상징하는 것으로, 적미군의 목표는
왕망을 타도하고 한을 부흥하는 것이었다.

이 외에 황야 유역의 평야 지대에서도 동마銅馬 기의군을 비롯하여 크고 작은 봉기군이 난립하여 큰 부대는 수십만 명, 작은 부대는 1만 명 이상 집결하여 봉기했다.

　전국에서 봉기군이 난립하자 각 지방의 호족과 지주들도 다투어 왕망 정권 타도를 위하여 무장했다. 호족 세력 중에서는 난양南陽 출신 호족으로 한 왕조의 핏줄을 이은 유연劉縯(유수의 맏형), 유수劉秀(B.C. 6~A.D. 57, 후한 光武帝로서 재위 기간은 25~57년) 형제가 이끄는 부대가 가장 강력했다. 이들은 녹림군과 연합하여 한 왕조의 부흥을 슬로건으로 내걸고 왕망의 죄상을 고발했다. 이들은 유현劉玄을 임시황제로 내세워 '경시제更始帝'라 칭하고(23), 완청宛城(오늘날 河南省 南阳市 宛城區 일대)에 도읍하여 왕망 타도의 기치를 드높였다.

　왕망은 이들을 진압하기 위하여 대군을 파견했다. 왕망은 40만 군대를 보내어 곤양昆陽(오늘날 河南省 葉縣 일대)에 있는 유현군대를 포위했다. 왕망군과 유현군이 곤양에서 대치했는데, 8000명밖에 되지 않은 유현군은 유수의 활약으로 왕망의 40만 대군을 참패시킴으로써 왕망 세력에 치명적 타격을 주었다. 이로써 곤양전투는 중국 전쟁 역사상 수천의 소수 군대로서 수십만의 대군을 크게 이긴 유명한 전투로 기록되게 되었다.

　곤양전투에서 크게 승리한 이후, 경시제 유현은 전투에 큰 공을 세운 유수 형제를 시기 질투했다. 유능한 유연(유수의 형)을 두려워하여 그를 살해했고, 유수에게는 허베이河北 평정을 명하여 외곽으로 몰아내었다.

　경시제는 수도 장안을 공격하기 위하여 녹림군綠林軍을 파견했는데, 이때 장안성 내의 민중도 이에 호응하여 봉기함으로써 쉽게 창안을 점령할 수 있었다. 이에 왕망은 궁궐을 빠져나와 도망가다가 상인 두오杜吴에게 살해됨으로써 '신' 나라는 파산되고 15년 만에 망하고 말았다(23년). 이때 왕망은 향년 68세로 생을 마감했다.

　장안을 점령한 경시제는 이곳으로 수도를 옮겨 혼란을 수습하려 했다. 그러나 그의 군대는 규율이 없고 부패하여 장안성 내에서 노략질과 살상

한 광무제 유수

을 자행하니 사회의 불안과 혼란이 극심하여졌다.

한편 적미군은 한나라 황실의 일족이라 칭하는 유분자劉盆子를 황제로 추대하고, 연호를 '건세建世'라 하고서 장안을 공격했다. 이들은 경시제 유현을 죽이고 정권을 탈취했는데, 그들 역시 질서가 바로서지 않은 채 약탈만을 자행했다.

이 때 허베이 일대를 평정하여 강력한 군사력을 지니고 있던 유수가 장수들에게 추대되어 뤄양洛陽을 도읍으로 황제의 자리에 오르니(25년), 이가 후한의 광무제 光武帝(25~57)이다

광무제는 반란세력을 진압하고 통일시키는 일을 서둘렀다. 우선 동방으로 철수하는 적미군을 허난성 이양宜陽에서 항복시켰고(서기 27년), 이후 10여년에 걸쳐 각 지방의 반란 세력을 진압하고 천하 평정의 사업을 완수했다.

광무제가 신을 이어 후한 왕조를 세울 수 있었던 데는 그의 지도력이나

정치적 역량도 있겠지만 무엇보다도 출신지 난양南陽과 허베이 지방의 호족 세력이 큰 힘이 되었다. 유수는 전한의 종실로 난양의 대지주이고 그의 외삼촌 번굉樊宏도 호족이었다. 유수를 도와 함께 군대를 이끌던 사람들 중에는 관료지주 및 부호들이 많았으니 곧 후한의 창업은 호족출신에 의해서 이루어졌다고 할 수 있다. 이점은 전한의 고조 유방이 평민출신이며 창업공신들이 대부분 미천한 계층이었다는 것과는 크게 대조가 되는 면이라 할 수 있다.

그렇기에 후한 정권은 호족과 연계된 호족 연합정권의 성격이 강한 편이다. 후한의 건국과정에서 호족의 힘을 바탕으로 제국이 성립되었다는 것은 바로 후한 정권과 호족과의 밀접한 관계를 설명해주고 있는 것이다.

왕망정권의 역사적 성격과 의의

전한은 왕망에 의하여 찬탈되었고(A.D. 8년), 왕망의 신정권은 불과 15년 만에 망하고(23년) 후한으로 이어졌다. 전·후한 400여 년간의 역사에서 본다면 왕망정권 15년간은 아주 짧은 기간에 불과하다. 그러나 왕망의 '신' 정권이 갖는 역사적 의미는 매우 크다고 할 수 있다.

우선 왕망정권은 중국역사상 처음으로 무력이 아닌 선양禪讓으로 왕조를 찬탈했다는 사실이다. 그리고 왕망의 개혁이 중국의 역사에서는 보기 드물 정도로 혁명적이었다는 것이다.

왕망에 대한 평가는 크게 두개의 상반된 견해가 있다. 하나는 유교주의의 가면을 쓴 사악한 정치가로 보는 부정적 시각이 있는가 하면, 다른 하나는 위대한 개혁가, 탁월한 정치가로 평가하려는 것이다. 후스胡適는 그의 『중국철학사中國哲學史』에서 왕망을 중국고대의 뛰어난 사회주의자로 평가했고, 그의 경제정책을 국가사회주의라고 높이 평가했다. 그러면서도 왕망의 성격상의 괴벽함과 급진적 개혁에 따른 정치 혼란이 그의 정권을 단명으로 끝나게 했다고 평가하고 있다.

왕망은 공평무사를 내세워 그의 친 자식들을 가혹하게 처벌하여 천륜을 어긴 사람이기도 하다. 그는 아들 넷宇·獲·安·臨을 두었는데, 병사한 왕안을 제외하고는 모두 비행에 연루되어 자살하고 말았다. 이것은 왕망에 의해 그렇게 내몰리게 되었는데, 왕망은 비록 자기 자식이라 하더라도 법을 어기면 처형한다는 엄정성을 과시한 횡포에서 나온 처사였다고 하며, 왕망의 부인은 이를 슬퍼하여 실명했다고 한다.

그는 정권 야욕을 위해 자신의 딸을 평제의 황후로 삼아 입궐시켜 세력을 키워 나가면서 전한을 멸망시키고 신나라를 세워 이상사회를 실현하고자 했으나, 그의 시정 방침은 현실을 무시한 급진적 성향을 띠었으므로 도리어 사회는 더욱 혼란에 빠지고 말았다.

그가 취한 호족 억제책 및 국유화 정책은 성장해가는 호족과 상인의 반발을 불러 일으켰고, 경제와 행정의 혼란은 농민들의 생활을 불안하게 만들었다. 긴 역사를 통하여 배양되어 온 사회체제, 강대한 세력을 지닌 호족, 대상인, 흉노 등의 존재는 일련의 과격한 법령만으로 바꾸어 놓을 수 있는 만큼의 가벼운 것이 아니었다. 그런 상황에서 전한사회가 안고 있는 여러 가지 구조적인 문제를 일시에 해결하려는 성급함으로 인해 왕망 정권은 쉽게 붕괴되었다.

왕망이 세운 신나라가 이상주의적 사회 건설을 목표로 급진적 개혁정책을 쓰면서 반호족적정책을 취한 결과 15년 만에 쉽게 붕괴되었다는 사실은 '전한'에서 '신', 그리고 '신' 정권에서 '후한' 정권으로 전개되는 과정이 호족시대의 도래를 의미하는 시대적 변혁임을 보여주고 있다는데 큰 의의가 있다고 할 수 있다. 다시 말하면 전한에서 후한으로 넘어가는 시대는 대토지 사유화가 촉진되고 호족 세력이 역사의 전면에 등장하는 시대적 전환기였으며, 이러한 변화에 역행한 왕망의 정권이 몰락한 것은 역사의 당연한 귀결이었던 것이다.

이후 호족 세력은 후한 200년간 국가와 인민 사이에서 막강한 힘을 발휘하면서 지배세력으로 발전하여 나갔다.

4장 대제국의 야망은 왜 좌절되었을까?
-수문제(隋文帝)와 수양제(隋煬帝)-

수나라를 세운 양견

분열과 항쟁을 번복하고 있던 위진남북조의 중국은 수나라에 의하여 마침내 통일이 이루어졌다. 수隋(581~608)나라를 건국한 문제 양견楊堅(541~604, 재위 581~604)은 홍농화음弘農華陰(지금의 陝西省 華陰縣) 출신으로, 원래 선비족 계통인 북주北周(557~581)의 관리였다. 그의 아버지 양충楊忠은 서위와 북주의 요직에 있던 자로 북주 때에는 수국공隋國公에 봉해졌는데, 양충이 죽자 아들 양견이 아버지의 작위를 이어 수국공이 되었다.

수국공 양견은 그의 딸 여화麗華를 북주 무제武帝의 아들 선제宣帝(재위 578~579)의 비로 출가시켜 선제의 궁정에서 외척으로서 세력을 잡았다. 더욱이 황제자리에 별 관심이 없고 오로지 노는 데에만 정신 팔려 있던 선제가 불과 8살 밖에 되지 않은 태자 정제靜帝(재위 579~581)에게 자리를 넘겨주고 자신은 상황上皇으로 물러앉게 되자 양견은 외손자인 어린 황제를 도우며 외척으로서 실권을 장악하게 되었다.

양견의 권세가 거대해지는 것을 두려워한 선제는 양견을 지방관으로 좌천시키려 했다. 그러나 양견은 몸에 병이 들었다고 핑계를 대면서 부임을 꺼리고 있었는데, 마침 선제가 갑자기 병사했다.

이때 양견의 행동은 기민했다. 선제가 거의 임종 직전에 있다는 소식을 들은 양견은 궁중으로 들어가 선제의 죽음을 공표하지 않고 조칙을 위조하여 정제의 후견인으로서 실권을 장악했다. 물론 양견의 정권 장악에 반대한 번왕과 지방 호족들도 있었지만 모두 교묘하게 계략을 써 평정하고 말았다.

선제가 죽자, 양견은 선제의 아들인 정제로부터 선양의 형식으로 제위를 양도받았다. 이런 일은 중국에서 흔히 있는 일로, 이것은 정치를 그럴듯한 사람에

수문제

게 맡겨서 국가의 안정을 되찾으려는 백성의 소망을 배경으로 하면서 또한 자기 자신의 권력을 확대 강화하려는 궁정 신하들의 야심에서 나온 결과이기도 하다.

이리하여 양견은 581년에 만 40세의 나이로 즉위하여 문제文帝(581~604)가 되었다. 그는 국호를 '수隋'라 하고, 수도를 '장안長安'으로 삼았으며, 연호를 '개황開皇'으로 정했다. 그는 키가 8척이나 되는 늠름한 대장부로, 다소 성미가 급하다는 평을 받고 있기는 하나 그 때까지의 악정을 과감히 개혁하고 정치에 정진한 명군으로 평가되고 있다.

문제는 수나라를 창건한 후, 정력적으로 정치에 임했다. 수 문제는 중앙관제로 3성 6부의 기틀을 마련하여 강력한 중앙집권체제를 확립했고, 주현제를 실시하여 지방 행정을 간소화했으며, 군사제도를 개혁하여 병농

일치의 부병제를 실시했다. 또 경제면에서는 요역을 경감하고 세금을 감소하여 조용조 세제를 채택했으며, 선거제(과거제)를 실시하여 호족세력을 누르고 인재를 적재적소에 잘 기용했다. 문제의 선정이 실시된 지 20년 후에는 국가가 안정되고 경제가 번영하여 중국 역사상 3대 선치로 일컬어지는 '개황開皇의 치'를 이룩했다.

중국의 재통일

수나라를 세운 문제는 북주가 시도했던 남북조 통일의 꿈을 버리지 않고 그 정책을 이어받아 추진했다.

한편 남조의 진陳(557~589)에서는 진의 마지막 황제 진숙보陳叔寶가 밤낮으로 주색과 유흥에 빠져 패망을 재촉하고 있었다. 588년, 수문제는 남조의 진을 정벌한다는 조칙을 내리고, 차남인 진왕晉王으로 있던 양광楊廣(훗날의 양제)을 사령관으로 삼아 50여만 군대를 출동시켰다. 정사를 외면하고 향락에 놀아나고 있던 진숙보는 수나라의 군대가 장강을 건너 건강建康(오늘날의 南京)의 주작문을 통하여 궁정에 들어오자, 당황하여 두 총희와 함께 우물에 숨어 있다가 생포되고 말았다. 포로로 잡힌 진숙보는 장안으로 압송되었다. 이렇게 남조 최후의 왕조 진왕조가 막을 내리게 됨으로써 중국은 수에 의해 다시 통일(589)되었다.

진의 수도였던 건강은 역사상 금릉金陵이라 불리며, 이곳에 수도를 정한 손권의 오, 동진, 송, 제, 양, 진 등 여섯 왕조를 흔히 '육조六朝'라 한다. 결국 진을 마지막으로 이후 건강은 수도로서의 기능을 상실하고 말았다.

중국은 후한 멸망(220) 이후, 370여 년에 걸쳐 분열된 국토가 수나라에 의해 재통일 되었다.

질투심이 많은 독고황후

문제는 중국 황제로서는 보기 드문 일부일처주의자一夫一妻主義者였다. 오직 한 사람의 부인 독고황후獨孤皇后, 文獻皇后(543~602) 사이에서만 5남5녀의 자녀를 두었다. 이것은 물론 한민족과는 달리 많은 후비를 거느리지 않는 유목민족의 풍습에 따른 것이기도 하지만, 독고황후의 심한 질투 때문이었다고 전해지고 있다.

독고황후는 수문제의 정부인으로, 원래 이름은 독고가라獨孤伽羅이다. 그녀는 명문가문 출신으로, 서위西魏(535~557)의 대장군 독고신獨孤信의 7녀로 태어났다. 독고신은 자신의 여러 딸들을 궁정에 시집보내었다. 장녀는 북주의 명제 우문육의 황후가 되었고, 4녀는 당국공 이병李昞에게 시집보내었는데, 그 사이에서 난 아이가 바로 당나라를 세운 고조 이연으로, 후에 이연에 의해 정원황후로 추증되었다.

독고가라, 그녀는 14세 때에 양견의 정부인이 되었는데, 그 때 그녀는 양견으로 하여금 자신 이외의 여자한테서는 절대로 자식을 낳지 않겠다는 서약을 받고 결혼했다. 이와 같은 서약은 오늘날에는 당연한 일이겠으나 일부다처가 일반화 되었던 당시 귀족 사회에서는 보기 드문 일이었다.

독고황후는 수 문제를 옆에서 잘 보좌하면서도 평소 금욕적인 성격과 혼례 때 맺은 약속 때문에 여성 문제에 대해서는 예민했다. 그렇기에 문제는 다른 여성과의 사랑에 대하여 독고황후에게 철저히 숨겨야만 했다. 그런데 그는 자신이 제위를 선양받는 일에 반대하다가 숙청된 위지형尉遲逈이라는 사람의 딸을 후궁으로 삼아 은밀히 사랑하고 있었다. 그런데, 이것이 독고황후에게 발각되고 말았다. 독고황후는 문제가 조정에 나간 사이에 총애하던 후궁을 죽여 버렸다. 이일로 문제는 몹시 분개하여 혼자 말을 타고 궁정을 떠나 가출하는 일이 일어났다. 독고황후가 눈물을 흘리며 사과함으로써 문제가 다시 입궁하기는 했지만, 독고황후가 얼마나 질투심이 많은 여성이었는가 하는 것을 잘 보여주는 사례이다.

우문씨宇文氏의 나라, 북주를 빼앗고 다시 천하를 통일한 천하대장부였던 문제 양견이 황후가 두려워 감히 후비를 거느리지 못하고, 다른 여자에게 눈길을 주지 못했다. 이처럼 독고황후는 질투심이 강한 여성으로 평판이 나있지만, 정치적으로는 백성들에게 인자하고 존경받는 황후였다한다.

황태자인 형을 밀어내고 대신 황태자가 되다

수나라가 남조의 진을 멸하는 과정에서 둘째 아들 양광楊廣은 무용을 크게 떨쳤다. 원래부터 그는 영명하여 부왕인 아버지 문제와 어머니 독고황후가 극진히 사랑하는 아들이었다. 『수서隋書』의 기록에 의하면 "자태와거동이 아름답고 민첩하며 총명해서 여러 자녀 중에서 특히 부모가 총애했다." "학문을 좋아해 글을 잘 지었으며 침착하면서도 엄중하여 조야朝野(조정과 민간)에 촉망되었다."라고 기록되어 있듯이, 그는 어려서부터 영특하고 그 자태도 아름다웠기에 부모가 다른 자식들보다 한결 더 사랑했던 것이다.

장자 상속제에 의해 형인 양용楊勇이 태자가 되었으나, 양광은 600년에형을 밀어내고 대신 황태자가 되었다. 그가 형을 밀어내고 황태자가 된 것은 전적으로 어머니 독고황후의 덕택이었다. 남다른 질투심 때문인지, 윤리적 결벽성 때문인지는 확실하지 않지만, 독고황후는 신하들마저 정처正妻 외에 다른 여자를 곁에 두는 꼴을 그냥 두지 않았는데, 황태자였던 형양용楊勇이 정처 원씨元氏가 있는데도 운씨雲氏를 총애한 일이라든지, 태자비가 죽었는데도 방종과 사치에 놀아나면서 좋지 않은 행실을 한 것들이모두 어머니 눈 밖에 나 있었다.

이에 반해 양광은 청렴하고 여자를 탐하지 않아 어머니의 신임을 받고 있었다. 결국 독고황후가 문제에게 건의하여 평소 행실에 문제가 있던 황태자 양용을 폐위시키고 대신 차남 양광을 황태자로 삼았던 것이다.

하지만 또 다른 해석이 있는데, 양광이 태자가 된 것은 위선적인 술수를 써서 어머니인 독고황후와 아버지 수문제의 신임을 얻었다는 것이다. 양광이 황태자가 된 것이 개황開皇 20년(600), 그의 나이 32세였는데, 일설에는 그 혈기왕성한 나이까지 여자를 가까이하지 않았던 것은 그가 황태자 자리를 겨냥하고 계략을 꾸민 것이라는 해석도 있다. 어쨌든 그는 어머니 덕분에 황태자인 형을 밀어내고 대신 황태자가 되었던 것이다.

아버지와 형을 죽이고 제위에 오른 수양제, 당시 피가 병풍을 물들이고

태자에 오른 양광은 야심을 드러내기 시작했다. 602년 8월에 어머니 독고황후가 죽자, 금욕적인 생활을 더 이상 하지 않았다.

그리하여 602년 12월에 문제는 다시 양용을 황태자로 삼으려 했다. 그런데 이런 와중에 당시 양광이 평소 사모하던 아비의 후궁인 선화부인宣華夫人 진씨陳氏에게 욕망을 채우려다 실패한 사건이 벌어졌다. 수문제가 총애하던 후궁 선화부인이 옷을 갈아입는 틈을 타 그녀를 희롱한 것이다. 이 소식을 들은 문제는 크게 노하고, 당시 병이 위중한 상태에 있었지만 아들을 문책하려 궁으로 불러들였다. 그것을 안 양광은 상서 우복야右僕射 양소楊素와 결탁하고, 시종무관장 장형張衡, 장군 우문술宇文述 등을 대동하고 수문제의 측근 신하를 납치했다. 그리고 병사들을 시켜 밤에 궁궐 인수궁을 포위하게 한 후, 부하를 대보전으로 들여보내어 아버지를 시해하게 했다. 사서의 기록에 의하면, "당시 피가 병풍을 붉게 물들였고, 원통한 비명소리가 담장 밖까지 들렸다"고 전하고 있다.

뒤이어 양광은 형 양용에게 조작된 유언장을 보내어 자결하라고 일렀으나, 겁을 먹고 자결하지 않자 사람을 보내 죽였다. 그리고 문제가 사망

수양제

했다는 소식을 듣고 거병한 5남인 한왕 양량楊諒을 무찔러 죽였다. 4남 양수楊秀는 그 전에 죄로 인해 폐해져 있었고 3남 양준楊俊도 또한 병사한 상태였다.

수문제는 자식들이 모두 같은 배에서 태어난 동복同腹형제들이므로 다른 왕족처럼 골육상쟁하는 일이 없을 것이라고 장담했지만, 이런 동복형제 굴레도 유일한 최고 권력을 추구하는 처참한 권력 투쟁 앞에서는 아무 소용이 없었다.

이리하여 살부살형殺父殺兄의 패륜을 저지른 양광이 604년에 제위에 오르니, 그가 수의 제2대 황제인 양제이다. 황실에서는 혈연이나 윤리적 상황이 무시되는 경우가 많았다. 당 태종 이세민李世民도 윤리적인 점에서는 양제보다 나을 것이 별로 없다. 그 역시 형과 동생을 암살하고, 아비를 유폐시키고 황위에 오른 사람이다. 이세민은 그가 죽인 친동생 원길元吉의 아내楊妃를 비로 삼았고 아들明도 낳았다. 당 고종도 아비의 후비인 무측천武則天을 황후로 삼았으며, 현종 역시 며느리였던 양귀비를 아내로 삼았다. 황실에서의 골육간의 치열한 싸움이나 폐륜의 행위가 끊이지 않고 일어나게 된 것은 황위를 지척에 두고 있는 황족들에게 있어서 이 황제의 자리는 지고지상至高至上의 권력이 보장되는 곳으로, 항상 동경과 흠모의 대상이었기에 혈연관계도 윤리도 불사했던 것 같다.

수양제 통치기의 강남

수양제의 치적

수양제 양광은 즉위하자마자, 대대적인 토목 공사를 일으켰다.

양제는 새로 낙양에 거대한 도성을 축조하여 수도 장안에 대해 낙양洛陽을 동도東都로 삼고, 거기에 현인궁顯仁宮이라는 장대한 궁전을 건설했다. 매월 2백만 명의 백성을 동원하여 도성을 짓고 궁전을 세웠다. 현인궁에는 서쪽에 서원西苑이라는 큰 정원을 건설했는데, 그 주위가 200리에 이르렀다고 한다. 각지에서 희귀한 석재와 목재를 수집하여 낙양으로 보냈으며, 그 과정에서 수십만 명의 사람들이 죽어갔다. 서원 안에는 10여리나 되는 큰 바다를 건설하고, 봉래蓬萊, 방장方丈, 영주瀛州 등 신선이 산다는 3개의 산을 인공으로 만들었으며, 그 외 여러 정자와 누각을 지었는데 그 모습이 가히 장관이었다고 전해진다.

그 바다의 북쪽에는 용인거龍鱗渠라는 수로를 만들어서 물이 그 바다로 흘러 들어가게 만들었고, 그 물줄기를 따라 16개의 정원을 또 만들었다.

정원에는 각종 희귀 동물을 사육하여 양제가 즐기도록 했고, 밤에는 미녀들과 같이 어마어마한 연회를 베풀었다. 이로 인하여 백성들의 노고는 늘어만 갔다.

한편 화려한 도성을 지은 양제는 선왕 문제의 운하개통사업을 이어 받아 문제가 중단시킨 대운하 공사를 재개시켰다. 이미 문제 때 장안과 황하를 이은 광통거廣通渠, 회수와 양자강을 잇는 산양독山陽瀆을 기초로 뤄양을 중심으로 남북을 연결하기 위해 추진되었다.

먼저 뤄양-황하-회수를 잇는 통제거通濟渠라는 대운하 건설을 계획하여 반 년 만에 완성했고, 이어 회수와 양자강을 잇는 한구邗溝를 개착했다. 양제는 대운하를 건설할 때, 40여개의 행궁을 지었으며, 운하 옆에는 대로를 건설해서 그 옆에 버드나무와 느릅나무를 심었다. 대운하 건설에는 1억 5천만 명이나 동원되었다고 한다.

605년 8월 여름, 양제는 낙양에서 배를 띄워 강도 양저우揚州로 행차했는데, 이 또한 호화찬란한 뱃길 여행이었다. 양제가 탄 배는 높이 45척, 길이 200장, 4층으로 된 용주龍舟로, 상층에는 정전, 내전, 동서 조당이 있고 중층은 이중으로 되어 있으며 금옥으로 장식된 100여개의 방이 있었다고 하니 가히 움직이는 궁전이었다. 거기에 황후와 후궁, 대소신료, 승려, 도사 등은 그 뒤를 잇는 화려한 배를 타고 함께 수행했다. 이런 호화로운 배가 수천척이고, 배안에서는 음주와 가무가 끊이지 않았다. 당시 이런 배의 행렬이 장장 200여리에 이르렀으며 그 수행 인원만도 20만 명이 넘었다고 한다. 이 배는 모두 사람들이 줄을 묶어 끌었는데, 이처럼 배를 끄는 사람을 전각殿脚이라 불렀다.

운하 양쪽에서 배를 호위하는 기병들의 행렬도 장관이었는데. 병사와 깃발이 숲을 이루었다. 배가 도착하는 곳마다 지방관이 나와 온갖 진귀한 물품과 산해진미를 제공했는데, 잘 바치면 상급이 내려지지만, 반대의 경우에는 죄를 면하지 못했다. 이 때문에 지방관은 백성들을 쥐어짤 수밖에 없었고 그 결과 배가 지나는 곳마다 민간은 시달림을 당했다.

608년에는 뤄양에서 지금의 베이징의 남쪽인 탁군으로 통하는 영제거永濟渠를 만들었고, 610년에는 양자강 남안의 지금의 양자강-전당강錢塘江-여주餘州(오늘의 杭州)를 잇는 강남하江南河를 잇따라 개통시켰다.

물론 대운하 건설은 단지 황제의 유희를 위한 행차만을 위한 것은 아니었다. 대운하 개착은 수나라의 통일과 고구려 원정 시 군사물자 수송의 필요성에 의하여 주도된 것으로, 경제적, 군사적 목적을 가지고 있었다. 남쪽의 양자강과 북쪽의 황하를 연결시켜, 남방과 북방의 물자교류가 가능케 되어 남북 융합과 중국의 일체화에 크게 이바지하게 되었다. 대운하와 같은 대대적인 국토개조 사업은 강열한 의지와 치밀한 계획성 없이는 불가능한 일로, 수나라 황제의 권위와 지배력을 입증해 주는 동시에 역사상 보기 드문 독재권력의 소산이다.

무리한 고구려 원정

양제는 대 토목 공사 뿐만 아니라 또한 내정 정비에도 진력했다. 문제가 즉위 초에 개황율령을 제정함으로써 이미 3성 6부제를 채택하고, 과거 제도를 실시했고, 양제는 이 개황율령을 개정하여 형벌을 관대하게 하는 방향으로 개정했다.

그리고 양제는 관리들의 복식과 의식을 새로 개정하여 권위를 갖도록 했다. 그는 화려한 복장을 갖추도록 했으며, 특히 새의 깃털을 옷에 달기 위하여 전국에 새를 구했다고 한다.

대규모의 국토계획과 내정의 정비와 함께 양제가 야심차게 추진한 주요 사업은 외정이다. 그는 서북방에서 중국을 넘보는 돌궐突厥과 토욕혼吐谷渾을 공략하여 영토를 넓혀 나갔다. 북방으로 동돌궐을 복속하고 서돌궐을 회유함으로써 위세를 떨쳤으며 이들 세력을 방어하기 위하여 장성을 구축했다. 서쪽으로 토욕혼을 정복하여 칭하이靑海를 합병하고 서역교통로를 확보했다. 남쪽으로는 임읍林邑(베트남 남부)과 유구琉球를 정복하고 적토국赤土國(수마트라)으로부터 조공을 받았다.

그러나 양제는 이것으로 만족하지 않고 고구려와 유목 민족인 돌궐과의 연합을 막기 위해 3차례에 걸쳐 고구려 원정을 시도했다. 612년에 아버지 문제가 축적해 놓은 부를 바탕으로 113만 대군을 요동으로 출동시켜 제1차 고구려의 원정을 감행했다. 그러나 고구려 을지문덕 장군의 활약(살수 대첩)으로 수군이 크게 패배했다. 수의 군대는 살수에서 을지문덕 장군의 책략으로 물속에 수장되고, 살아 돌아간 자가 겨우 2700명뿐이었다고 한다.

양제는 613년에 다시 침범했으나 예부 상서 양현감楊玄感이 후방에서 학정에 불만을 품은 농민을 이용하여 반란을 일으키자, 군사를 돌려 회군했다. 2개월 만에 반란군이 진압되기는 했으나 타격이 자못 컸다. 그 후 양제는 여러 신하들의 만류에도 불구하고 614년에 제3차 고구려의 원정을 단행했으나 별 소득 없이 실패로 끝나고 말았다.

결국 국력을 고려하지 않고 전개한 각종 대사업과 3차례에 걸친 무모한 고구려 원정은 백성의 부담을 가중시켜 민심이 이반하고 집권층 내부에서도 양제의 통치를 반대하는 양상이 일어났다. 이로 인해 곳곳에 대대적인 반란이 터지고 말았다.

그러나 이런 급박한 때에도 양제는 오랫동안 강도(양주)의 이궁에 머물면서 사치와 방종을 일삼고 미녀들에 둘러싸여 유흥에 젖어 있었다. 궁중에 있는 1백 여 개의 방에 고르고 고른 미인들을 한 사람씩 놓아두고 하루에 한 방을 돌아다니며 노는 향락에 빠졌다고 하니 국운이 쇠하는 것은 불을 보듯 뻔한 일이었다.

수 말기의 여러 반란군 중에는, 양제의 이종사촌형인 타이웬太原 유수 이연李淵(후의 당고조)도 포함되어 있었다. 617년 이연은 장안으로 들어가, 양제를 태상황으로 만들고, 황손 양유楊侑로 제위를 잇게 했다. 그러나

수양제의 능

양제는 반성하지 않고, 사치스런 생활을 계속했다. 양제는 여전히 국난을 외면하고, 향락에 빠져 있었다. 결국 그는 근신 우문화급宇文化及(수의 고구려 원정때 총사령관으로 활약한 우문술 장군의 아들)에게 피살되었고, 손자 양유도 이연에게 황제의 자리를 내줌으로써 수는 통일한지 30년 만에 역사의 뒤안길로 사라지고 말았다.

현인의 진언과 충고에 귀 기울이지 않음이 멸망을 재촉하고

수양제는 그의 묘호 양제煬帝의 '양煬' 이 '잔인하고 악랄함' 을 뜻하는 말로 되어 있듯이 역사상 '폭군' , '악명 높은 망국의 군주' 라고 후세로부터 악평을 받고 있다. 그가 황태자로서 세워진 형을 모략으로 실각시키고 자신이 황태자가 되었고, 아버지를 죽이고 형을 죽이고 황제가 되었으며, 장성의 건설이나 운하 개착 등 대규모의 토목공사, 웅장한 궁전의 건축,

고구려 원정 등으로 백성을 괴롭힌 잔인한 인물로 평가되어 있는 것은 당연할 지도 모른다.

그러나 사서가 기록된 것이 당대이고 자신의 왕조의 정당성을 주장하기 위하여 전 왕조를 악평하여 기록하는 것은 중국 역사에 흔히 상투적으로 있는 일로, 선정은 문제에게, 악정은 모두 양제에게 돌리려는 경향이 짙게 깔려 있기 때문에, 사서의 기록을 그대로 받아들이기 어려운 부분도 없지 않다. 또한 양제는 그렇게 포악한 인물만이 아니라 두뇌가 명석하고 시문이 뛰어나고 문무를 골고루 갖춘 인물이었다는 평도 있다.

그렇다면 대제국의 야망은 왜 좌절되었고, 왜 그는 망국군주로서 오명을 가지게 되었을까?

그것에 대한 이해를 위해서 당대의 현군으로 우리에게 잘 알려진 당태종 이세민과 비교를 해 보자. 이세민 역시 황제가 되기 위해 현무문 사건을 통해 그의 형과 아우를 죽이는 패륜을 저질렀으며, 아버지 이연을 유폐시키고 황제의 자리에 오른 야심에 가득 찬 인물이다. 이러한 점에서는 수양제 양견과 크게 다르지 않다. 하지만 당태종 이세민은 정치에 대한 안목과 식견에 있어 수양제와는 차이를 보이고 있다. 수양제가 과단성 있는 정책 실시와 통치에서 자신의 카리스마를 발산했다면 당태종은 자신의 통치에서 군신간의 조화를 강조했다. 그런 면을 그의 치세를 다룬 책인 『정관정요』에서 찾아 볼 수 있다. 태종은 "군주는 시인이어서는 안 된다. 자기 자신의 주관 속에 빠지는 것은 군주로서 가장 나쁜 것이다. 자기를 둘러싼 현신이 하는 말을 잘 들어라. 그리하면 정치는 반드시 잘 된다."라고 하고 있다.

태종의 정관의 치를 이끈 위징, 방현령 등의 훌륭한 현신의 등장은 결코 당태종 이세민이 시기를 잘 만난 운이 좋은 군주여서가 아니다. 수양제에게 애초부터 훌륭한 현신이 등장하지 않았던 것도 아니다. 단지 자기의 능력을 과신하여 독단적으로 향락에 빠진 수양제 양견과 수양제의 실패를 거울삼아 군신간의 조화로운 정치를 꾀한 당태종, 이 두 사람의 성향의 차이는 역사에서 이 두 인물의 위치를 결정해 버렸다. 결국 수양제는 대제국의 야망을 좌절시킨 망국군주로, 당태종은 당의 중흥을 이끈 정관의 치의 지도자로 기억하게 한 것이다.

강소성 양저우揚州에 가면 수양제의 능이 있다. 이곳은 양제와 황후 소씨가 합장되어 있는 능묘로, 원래는 양저우에서 살해된 수양제의 유체가 발견되지 않은 채 제사를 지내오다가 청대에 고고학자들에 의해 초라한 토장이 발견되면서 그것이 수양제의 것으로 밝혀져 오늘날의 능묘가 조성된 것이라고 한다.

수양제만큼 인생의 격변이 많았던 인물도 중국역사에서 찾아보기 힘들다. 그러한 격변은 단순히 일인지상의 황제에서 망국의 패주로의 극단적인 차이만을 의미하는 것은 아니다. 군주로서 과단성 있는 정치와 야심찬 정복사업의 추진은 역사상에 치적을 남겼지만, 자기 주관에 취한 독단, 현인의 진언과 충고를 멀리한 그의 태도는 결국 왕조를 몰락으로 이끌었고, 패국의 망주로 오명을 낳았다.

자신의 무능과 상황의 불리함으로 패주가 된 다른 황제들과는 달리, 현신의 충언에 귀 기울일 줄 몰라 역사적 오명을 쓰게 된 수양제는 그러한 점에서 오늘날 우리에게도 많은 것을 시사하고 있는 것이다.

5장 창업과 수성, 어느 것이 어려운가?
-충성된 간언을 잘 들어 정관의 치를 이룩한 당 태종-

황실 내 형제간의 싸움 - '현무문의 변' -

중국의 오랜 역사를 통하여 굴지의 명군이 많이 있지만, 그 중에서도 당唐(618~907) 왕조의 태종太宗(626~649)이 명군으로서 유명하다. 그는 당 왕조를 창업한 고조高祖 이연李淵(566~635)의 둘째 아들로, 수隋(581~618) 나라 말의 혼란기에 아버지 이연을 도와 왕조 창업에 많은 공을 세운 인물이다.

아들 이세민의 도움을 받아 군사를 일으켜 관중關中을 장악한 이연은 수 양제煬帝가 우문화급于文化及(수의 고구려 원정 때 총사령관으로 활약한 우문술 장군의 아들)에 의해 시해되자 그 해(618) 5월 선양의 형식으로 황제의 자리에 올라 당唐(618~907) 나라를 세웠다. 그는 나라 이름을 '당'이라 하고, 연호를 무덕武德이라 했으며, 큰 아들 건성建成을 태자로 세우고, 차남인 세민世民을 진왕秦王, 3남인 원길元吉을 제왕齊王으로 삼았다.

그러나 왕조 창업의 축배를 들기도 전에 황실 내에는 후계자 싸움에 휘말려 들기 시작했다. 어느 왕조나 창업 초기에는 창업 군주 다음에 누가 그 뒤를 이을 것인가 하는 후계자 문제로 흔히 왕자의 싸움이 일어나는 일이 많은데, 당 왕조도 예외가 아니었다.

고조 이연에게는 세 아들이 있었다. 장남인 건성, 차남인 세민, 삼남인 원길이다. 이 중 장남 건성과 차남 세민 두 아들은 부왕을 도와 나라를 세우는 데 큰 역할을 한 인물이다.

그런데 중요한 것은 왕조를 창업한 뒤의 활동이다. 장남인 건성은 황태자의 신분으로 주로 동궁에서 지내었고, 여러 군웅을 평정하는 일은 주로 차남인 세민의 몫이었다. 국초에 세민은 동서남북으로 중국 대륙을 누비며 혁혁한 공을 세웠다. 세민은 용맹성 뿐 아니라 전략에도 뛰어난 보기 드문 장수로, 그의 명성과 품성이 함께 알려지면서 많은 인물이 세민에게 몰려들었다. 세민은 황태자에게 위험한 존재로 부각되었으며, 자연 둘 사이에 은연 중 알력이 생기게 되었다.

아무리 그렇다 하더라도 제위 계승자로서 동궁에 살고 있는 황태자 건성은 지모가 뛰어난 책사와 용감한 군인들을 휘하에 거느리고 있었다. 힘에 있어서 결코 진왕 세민에게 뒤지지 않았던 것이다. 하지만 항상 진왕 세민의 존재가 자신의 제위계승에 위협적인 존재로 생각되었기 때문에 건성의 책사 위징魏徵은 이와 같은 재앙의 뿌리를 없애버리기 위하여 하루라도 빨리 세민을 제거해야 한다고 진언하기도 했다.

한편 제3남인 제왕 원길을 보면, 그 세력이 태자 건성이나 이세민에게 미치지는 못했지만, 그 역시 용맹이 다른 사람에게 뒤지지 않았다. 원길도 그 나름대로 계산을 하고 있었으니, 우선 세민을 제거한 후, 그 여세를 몰아 태자와 싸우면 승산이 있고, 그렇게 되면 제위는 자신의 것이라는 계산이었다. 이렇게 생각한 원길은 태자 건성에게 하루 빨리 이세민을 없애야 한다고 권하고 자신도 그 일을 위해 힘이 될 것을 약속하기도 했다.

하지만 진왕 세민도 가만히 앉아만 있을 턱이 없었다. 세민은 많은 사람을 시켜 태자와 원길의 움직임을 하나하나 탐지하고 있었다.

드디어 626년 6월, 수도 장안의 북문인 현무문玄武門에서 정권 탈취를 위한 쿠데타가 일어났다. 세민은 부하인 장손무기長孫無忌, 위지경덕尉遲敬

德, 두여회杜如晦, 방현령房玄齡 등과 함께, 황제를 알현하기 위해 궁궐을 들어오는 건성과 원길을 현무문에서 기다리고 있다가 화살을 쏘아 그들을 살해했다. 태자가 원길과 손을 잡고 세민을 제거하기 위해 기회를 노리고 있었는데, 세민이 먼저 선수를 친 것이다. 이 사건을 역사에서는 '현무문의 변'이라고 기록하고 있다. 이 두 형제 뿐 아니라 그에 딸린 아들 곧 조카들까지도 모두 희생되었으니 국초 형제간의 싸움이 참혹하기가 이를 데 없었다.

'정관의 치' (貞觀之治)

고조는 이 사건을 추인하지 않을 수 없었다. '현무문의 변' 3일 후, 세민을 황태자로 삼고 2개월 후 마침내 그에게 제위를 물려주었다. 당나라 2대 황제인 태종이 탄생한 것이다. 이 때 고조의 나이 62세, 태종의 나이 28세였다.

태종은 다음 해(627)에 연호를 정관貞觀이라 바꾸고 본격적인 치세 단계에 들어갔다.

제2대 황제로 즉위한 태종 이세민은 우선 사치를 경계하고, 널리 인재를 등용했다. 여러 제도를 정비하여 민생 안정을 꾀하고, 외정外征을 통해 국토를 넓혔으며 학문 문화 창달에 힘을 썼다. 그는 피의 숙청으로 권력을 장악하기는 했으나 탁월한 정치를 펴 후세 군왕이 치세治世의 본보기로 삼는 성세盛世를 이룩했다. 이

성세를 일컬어 '정관의 치' 貞觀之治(627~649)라고 한다.

내적으로 오랜 전란 끝이라 민심은 안정을 바라고 있었고, 대외적으로 북방의 강성한 돌궐 세력도 약화되어 있어 국내외 상황이 태종에게 유리하게 작용하고 있긴 했지만, 그는 정치적 수완을 잘 발휘하여 왕조지배체제를 확립해 나갔다. 3성中書省 門下省 尙書省, 6부吏戶禮兵刑工제를 중심으로 하는 중앙관제를 완성하고 전국을 10도로 나누어 통치했다. 수대에 개시한 과거제를 정비하여 가문에 구애받지 않고 국가 관료를 채용하는 길을 열었다. 정관율령격식貞觀律令格式을 제정 공포하여 율령격식을 완성하고, 토지제도로 균전제, 세제로 조용조, 군사제도로 부병제 등을 실시함으로써 제도의 안정을 꾀했다. 문란했던 도덕과 풍기도 안정을 되찾음으로써 성세를 이룩했던 것이다.

정관의 치는 충성된 간언을 잘 들음에서부터

'정관의 치'가 태어날 수 있었던 것은 무엇보다 인재를 골고루 등용하고, 충성된 간언을 잘 들은 데 있었다. 그는 전통적인 명족과 서민 출신의 인재를 고루 등용하여 신구 세력의 조화 속에서 군주의 정치력을 발휘했다. 훌륭한 인재라면 자신의 반대 세력이라도 과감히 등용했으며, 자신을 억제하고 널리 신하들의 의견을 듣고 충성된 말에 귀를 기울임으로써 일인 통치의 한계를 최소화했던 것이다. 그렇기에 그의 곁에는 재상으로 결단력이 뛰어난 두여회杜如晦, 기획력이 빼어난 방현령房玄齡 등과 같은 여러 현명한 신하들이 태종의 선정을 보필했다. 사가들은 태종을 잘 보필한 두여회의 강한 결단력과 방현령의 지모를 "두단방모杜斷房謀"라고 표현하기도 한다.

그리고 강직한 간관諫官으로 유명한 인물은 위징魏徵이다. 간관으로 솔직한 의견을 태종에게 상주하던 위징은 원래 황태자의 심복이었다. 위징은 태자에게 한시라도 빨리 동생 세민을 죽여 없애는 것이 최선의 길이라고 여러 차례 권한 인물이었다. 이세민이 황실 내 쿠데타를 성공한 후에 위징을 불러 "그대는 어찌하여 우리 형제를 이간질 했는가?" 하고 노발대발하며 크게 질책했다. 이에 위징은 "황태자는 나의 의견, 곧 당신을 죽여 없애야 한다는 내 말을 듣지 않았기 때문에 오늘날 이와 같은 화를 입은 것이오. 나에게는 추호의 잘못이 없소이다." 하고 주눅 들지 않고 당당하게 대답했다. 이것은 죽음 이상의 것을 각오한 말로, 태종은 위징의 대담성에 놀라지 않을 수 없다. 이 말에는 아무리 천하를 평정한 이세민이라 하더라도 움찔할 수밖에 없었다.

결국 죽음을 두려워하지 않고 소신대로 자신의 뜻을 밝힐 수 있는 위징의 용기와 태도가 태종을 사로잡았다. 태종은 그런 비범한 인물, 위징을 발견한 것이다. 태종은 위징을 유용한 인물로 보고 지난 과거를 용서하고 그를 간의대부諫議大夫(천자의 과실을 간하는 관)로 임명했고, 위징도 이에 감복하여 큰 은혜를 느끼고 태종에게 충성을 다했다.

임금에게 잘못된 일을 고치도록 충성된 말을 하는 것을 '간언'이라 하고, 임금이 이것을 받아들이는 것을 '납간'이라 하는데, 태종 이세민은 정치를 하는데 있어 이 납간을 게을리 하지 않았다. 위징을 비롯한 신하들은 실패한 군주였던 진 시황이나 수 양제를 교훈 삼아 요, 순 임금 같은 성군이 되어야 한다며 황제의 말과 행동 하나도 허투루 넘어가지 않고 목숨을 내놓고 황제에게 서슴지 않고 날카로운 직언을 했다. 태종 역시 자신을 억제하며 그 직언에 귀를 기울였다.

간관으로서 이름이 높은 위징은 태종이 아무리 화를 내어도 안색이 변하지 않고 솔직하게 간언했다고 한다. 또한 위징은 "군신 마음을 합하여 행복을 누렸던 고요皐陶(순임금 때의 현신)와 같은 양신良臣보다도 오히려 주군 앞에서 잘못을 지적하다가 그 때문에 죽임을 당한 비간比干(상나라의 마지막 왕인 폭군 주왕의 실정과 무도함을 간하다가 죽임을 당한 충신)과 같은 충신이 되고 싶습니다."고 하여 태종의 마음을 감동시켰다고 한다.

그렇기에 위징이 죽자, 당 태종은 "짐은 거울 하나를 잃었다. 나는 세 개의 거울, 곧 의관을 바로 정제하는 구리거울, 천하의 흥망을 비추는 거울(역사), 짐의 행동의 시비를 알 수 있는 거울(위징)이 있는데, 그 중의 하나를 잃었다."고 개탄했다는 일화는 유명한 이야기이다.

창업과 수성, 어느 것이 더 어려운가?

어느 날, 태종은 여러 현신들이 모인 자리에서 이런 질문을 했다. "창업과 수성은 어느 쪽이 어렵소創業守成孰難?" 방현령이 대답했다. "나라의 창업은 여러 군웅들이 여기저기서 봉기하고, 그 봉기한 군웅 가운데 최후의 승자가 할 수 있는 것이니, 창업이 어려운 줄로 압니다." 그러나 위징의 대답은 이와 달랐다. "예로부터 제왕의 자리는 간난艱難 속에서 어렵게 얻었다가, 안일安逸 속에서 쉽게 잃는 법이옵니다. 그런 만큼 수성이 어려운 줄로 압니다."

방현령은 창업이라 했고, 위징은 수성이라 했다. 그러자 태종이 말했다. "방공(房公)은 짐과 함께 천하를 차지하면서 여러 차례 어려운 고비를 거치며 구사일생으로 살아남았소. 그래서 창업이 어렵다고 말한 것이오. 그리고 위공(魏公)은 짐과 함께 나라를 안정시키고 있는데, 항상 교만과 사치가 부귀에서 싹트고, 여러 재난이 소홀과 방심에서 나오기 쉽기 때문에 그것을 두려워하고 있는 것이오. 그래서 수성이 어렵다고 말한 것이오." 라고 하면서 두 사람의 대답에 수긍하면서 "그러나 이제 창업의 어려움은 끝났소. 그래서 짐은 앞으로 귀공들과 함께 수성의 어려움을 풀어가지 않으면 안 되오." 라고 하면서 수성에 힘을 썼다고 한다.

이러한 사실이 『정관정요貞觀政要』를 비롯하여 『당서唐書』, 『자치통감資治通鑑』, 『십팔사략十八史略』 등 여러 사서에 기록되어 있다. 특히 『정관정요』는 주로 당 태종 이세민이 그의 충신, 곧 위징, 두여회, 방현령 등과 나누던 대화를 중심으로 엮어 놓은 것인데, 현명한 군주와 신하들이 어떻게 나라를 다스려야할지를 잘 보여주는 책이다. 이들의 대화와 토론은 군주의 도리와 개인의 몸가짐은 물론, 법제, 관리 선발, 교육, 외교, 조세, 전쟁론까지 매우 다양하며 깊다. 절대 권력을 가지고 천하를 좌지우지하던 군주 이세민이 얼마나 신하들의 말에 귀 기울이고 끊임없이 자신을 반성하며 선정을 베풀려고 했는지를 잘 보여준다.

세월을 뛰어넘어 현재까지 대표적인 '제왕학'의 고전으로 손꼽히고 있는 이 정관정요는 사관 오긍吳兢이 측천무후의 전횡으로 인해 어지러워진 나라의 운명을 안타까워하며 중종이 태종의 치적을 본받아 태평성대를 이룰 것을 바라는 충심에서 엮은 것으로, 국가의 통치에 기본이 되는 가르침으로 가득 차 있다.

무모한 고구려 원정은 그의 죽음을 자초하고

국내 통치체제를 확립하고 민생을 안정시키어 정관의 치로 성세를 이룩한 태종도 유명한 대왕들이 흔히 그러하듯이 대외 원정으로 자기 과시를 단행하며 대 원정을 감행했다. 그는 돌궐, 위구르를 정복하고 다시 비단길을 장악했으며 그 여세를 몰아 동으로는 고구려 원정을 감행했다. 초강대국인 중국 중심의 국제질서를 확립하고자 함이었다. 과거 수 양제가 3차례에 걸쳐 시도하다가 실패하고 끝내 나라의 멸망의 원인이 되었던 고구려 원정을 자신의 손에서 완성하려 한 것이다.

태종은 처음(645)에 10만 대군을 직접 이끌고, 몇 년 후에는 30만 군대를 내어 두 차례에 걸쳐 고구려 원정을 단행했다. 이에 고구려는 중국 중심의 동아시아 질서에 반기를 들며 대항했다. 성주 양만춘이 이끈 유명한 안시성 싸움에서 고구려 군사들은 당 군사를 맞아 잘 막아 싸웠다. 이로써 태종의 고구려 원정은 실패하고 말았다. 결과적으로 당나라는 다시 피폐해지고 물가가 계속 앙등하여 사회 환란이 일어났는데, 태종은 다시 원정을 준비하던 중, 649년에 그의 나이 51세로 세상을 떠났다. 스스로 쌓아 올린 대당제국을 그리면서 장안에서 죽었다. 무모한 고구려 원정으로 인한 심신 양면의 피로가 죽음의 기약을 재촉했을 것이다.

태종은 당 왕조의 기초를 굳히고 정관의 치로서 선정을 베풀었기에 명군으로 후세 정치가들의 귀감이 되고 있다. 현무문의 변도 결코 우발적인 사건이 아니라 그것은 당시 지배체제 집단 내부의 분열의 위기를 일단 회피 하여 상대적인 통일과 안정이라는 새로운 국면을 창출하는 계기가 되었다고 사가들은 평가한다. 그렇지만 이세민은 쿠데타를 결심한 뒤 형제들을 죽이고 황제의 자리에 오른 찬탈자이다. 그가 아무리 명군으로 훌륭한 업적을 남겼다 하더라도 그것은 씻을 수 없는 과오이고, 더불어 이른바 '알렉산더 콤플렉스'에 의한 대외 원정은 끝내 자기 몰락을 자초한다는 교훈을 일러주기도 한다.

6장 왕안석의 개혁정치, 무엇이 문제인가?

중국 북송 중기 신종神宗(1067~1085) 시대부터 말기 휘종徽宗(1100~25) 시대에 걸쳐 정치적 다툼이 일어났다. 이 정치적 다툼은 신법당과 구법당과의 당쟁으로, 왕안석의 개혁정치, 곧 신법이라 불리는 개혁파와 거기에 대항하여 사마광을 중심으로 한 구법파들과의 정권투쟁이었다. 그 결과 커다란 정치적 혼란이 일어나 북송의 멸망을 자초했다고 평가되고 있는데 정치가요, 사상가요 당송팔대가로 유명한 왕안석이다.

그의 개혁정치가 어떠한 것이었으며 무엇이 문제였을까?

왕안석의 성장과 지방관 생활

왕안석王安石(1021~1086)은 1021년에 쟝시江西성 푸저우撫州 린촨臨川에서 지방관으로 생을 마친 왕익王益의 3남으로 태어났다. 자는 개보介甫, 호는 반산半山이나 이외에 임천臨川, 형공荊公, 서국공舒國公, 금릉金陵 등의 호가 있다.

왕안석은 어려서부터 총명하고 책 읽기를 좋아했으며 관료의 가정에서 태어났으니, 비교적 좋은 교육 환경에서 자란 셈이다. 그는 21세 되던

경력慶歷 2년(1042)에 과거에 합격하여 벼슬길에 올랐다. 그는 초기 20여년 동안 강남 지방에서 관리 생활을 했다. 회남판관淮南判官, 명주(현 영파) 은현鄞縣의 지현知縣, 서주통판舒州通判, 상주지주常州知州, 강동제점형옥江東提點刑獄, 강녕부江寧府(오늘날의 南京)의 지부

왕안석

知府 등 지방 관리로서 활약했다.

당시 정치가로서의 그의 명성은 비교적 젊은 나이임에도 불구하고 조야에 널리 퍼져 있었다. 특히 양절로 명주 은현 지현으로서 수년간 근무하면서 올렸던 탁월한 치적이라든가, 혹은 거듭된 중앙의 발탁에도 불구하고 모두 고사하고 지방관으로 머물러 있었던 것 등은 세간의 사대부들에게 강렬한 인상을 심어주었던 것이다. 특히 후자, 즉 그의 관직에의 무욕은 상위관직으로의 진출을 둘러싸고 치열하게 경쟁하던 당시의 관계 풍토에서 커다란 미덕으로 일컬어지고 있었다. 그는 22세라는 젊은 나이에 4위로 진사에 합격할 정도로 영특함을 보이고 있으며, 왕안석 정도면 과거 합격 후 곧바로 중앙으로 진출하여 출세가도를 걷는 것이 보통이었지만, 그는 지방관을 택했다.

1058年嘉祐3年, 왕안석은 황제에게 정치개혁을 요구하는 상주문을 올려 사람들의 이목을 끌었다. 그 상주문을 보통 '만언서萬言書'라 하는데, 이 만언서는 왕안석의 문장을 대표할 정도로 문장이 논리적이고 세련되어 있었으며, 그렇기에 중앙에서도 그의 명성이 높았다. 후에 왕안석과 대립하

왕안석 기념 동상

여 논쟁을 벌였던 사마광도 이 상주문을 보고 크게 찬사를 보내 었다고 한다.

이 만언서는 후에 그가 시행하게 될 정책과 그의 정치 이론의 기초를 서술한 것으로, 송초이래의 관료제에 초점을 맞추어 자신의 직무에 필요한 기술을 갖춘 유능한 관리를 육성 선발할 것을 주장한 것이었다. 하지만 이러한 그의 상주문은 보수관료들에게 둘러싸여 있던 황제에게 채용되지 못했다. 그 실효를 거두기 까지는 연소기예의 신종이 즉위할 때까지 10년간의 세월을 기다려야 했다.

왕안석은 마침 정치의 일대 쇄신과 개혁을 갈망하던 6대 황제 신종神宗(1067~1085)에게 발탁되었다. 49세(1069)에 그는 한림학사翰林學士로서 조정에 들어가 황제의 신임을 얻었다. 이어 곧바로 부재상격인 참지정사參知政事, 동중서문하평장사同中書門下平章事, 문하시랑門下侍郎 등의 직을 거치면서 약 10년간 재상으로서 활약하며 신종의 후원 하에 혁신정치를 추진했던 것이다.

왕안석 혁신정치 시행 배경

왕안석이 새로운 개혁정치를 실현하게 된 사회적 배경은 복잡했다. 먼저 문치주의로 인한 군사력의 약화와 사회전반에 걸친 문약文弱을 들 수 있다. 당대의 부병제가 당말 오대를 거쳐 모병제로 바뀌고 송대에는 그대로 모병제가 실시되었는데, 이 모병제로 군인이 증가함에 따라 막대한 군사비의 지출을 가져오게 되었다. 이것은 인종시대를 고비로 엄청난 재정적 압박을 주었다. 뿐만 아니라 군인의 증가에도 불구하고 문치주의적 사회분위기로 군인의 사기는 떨어지고 군의 통수권과 작전권이 분리되어 있어 전투력이 약화되었다. 그 결과 거란, 서하, 여진과의 전투에 밀리면서 군사력의 약점을 드러내었는데, 송은 평화를 유지하기 위하여 거란(요)에 매년 막대한 양의 세폐를 보냄으로써 결국 국가 재정에 차질을 주었다. 따라서 신종시대에 당면한 가장 시급한 문제는 막대한 군사비 지출로 인한 국가 재정적자를 타개하는 일이었다.

송대는 과거제가 크게 발달하여 매년 수백만의 과거 관료를 선발했다. 이로 인해 필요 없이 남아도는 용관冗官이 늘어났다. 송대는 중국 역사상 관료의 대우가 가장 좋았고 수적으로도 가장 많았기에 그에 따른 재정 또한 많이 필요했다.

사회 경제적인 면에서도 장원제의 발달로 대토지 사유화가 확대되고 이에 따라 자작농민이 파산했다. 그리고 상업의 발달로 중소상공업자가 몰락하여 심각한 사회문제가 되었다.

이러한 사회경제적 문제점을 안고 있을 때, 젊고 패기에 찬 21세의 신종이 즉위했다. 왕안석의 평판을 여러 차례 들어 잘 알고 있던 신종은 1069년에 그를 참지정사參知政事(부 재상 격임)로 임명하여 혁신 정치를 추진하게 했다. 재상인 동중서문하평장사同中書門下平章事가 따로 있었으나 실질적으로는 왕안석이 재상이라 해도 과언 아닐 정도로 모든 정권을 장악하고 개혁을 단행했던 것이다.

이 때 왕안석은 6년간 정권을 잡고 다양한 내용의 개혁정책을 실시했다. 그는 정치적으로는 신법당新法黨에 속해 있어, 한기韓琦 · 사마광司馬光 등 구법당舊法黨 인물들을 축출하고 이재에 능한 강남출신 신진관료들을 대거 발탁 기용하여 신법을 과감하게 추진했다.

왕안석의 신법

왕안석은 신법을 추진함에 있어서 개혁 전담 기구인 '제치삼사조례사制置三司條例司'라는 새로운 부서를 발족시켜 변법에 박차를 가했다. 제치삼사조례사는 재정 담당 부서인 삼사三司를 개조한다는 명목으로, 재상의 통제도 받지 않는 강한 권한을 가진 기구였다. 이 기구는 여혜경呂惠卿 등 신진 관료들을 모아 개혁을 추진하여 나갔는데 그 방향은 부국강병이었다.

이 때 추진된 부국의 방법으로는 다음과 같은 것들이 있다.

먼저 청묘법靑苗法이 있다. 이것은 농민들을 구제하기 위하여 춘궁기인 봄에 농민들에게 낮은 이자로 농사 자금을 빌려주었다가 가을에 갚도록 한 제도로, 이렇게 함으로써 지주들에게 비싼 이자를 얻어 쓰는 일이 없도록 한 것이다

둘째로, 균수법均輸法이다. 이것은 각지에서 중앙정부에 필요한 물자를 공급하는 공납제를 개선하여, 정부가 발운사發運使로 하여금 가장 편리한 곳에서 물자를 가장 싼 가격으로 사들이게 하고 농민들에게는 생산물 중 가장 많이 생산되는 것으로 대납시키게 한 제도이다. 정부가 물자 공급을 통제하고 대상인을 억제하기 위함이었다.

셋째로, 시역법市易法이 있다. 이것은 자본이 적은 중소 상인들에게 낮은 이자로 돈을 빌려줌으로써 대상인들의 이익 독점을 막고 국가 수입을 늘리기 위한 정책이다.

넷째로, 모역법募役法이 있다. 이것은 부역을 폐지하고 대신 재산에 따라 5등급의 면역전을 거두어 그 돈으로 실업자를 모집하여 역에 충당함으로써 중소농민과 실업자를 구제하기 위한 제도이다.

그리고 황폐한 전토의 부흥과 수리시설의 신설을 통해 농경지를 확대

하려는 농전수리법農田水利法, 전토를 정확히 측량해 조세 부담의 공평을 추구한 방전균세법方田均稅法 등이 있다.

강병책으로는 보갑법保甲法, 보마법保馬法 등이 있다. 보갑법은 약체화된 군대와 향촌제의 재편을 목적으로 한 것으로, 모병제를 민병제로 바꾸려는 것이다. 곧 10호를 1보, 5보를 1대보, 10대보를 1도보로 편성하고 보에서 간단한 군사훈련을 시켜 민병으로 삼은 것이다. 그리고 보마법은 국가가 목장에서 키우던 군마를 민호에 위탁하고, 대신 군마를 양육하는 농민에게 면세하여 줌으로써 군마를 원활하게 기르기 위한 제도였다.

이 외에 과거제와 인재 등용의 방법에도 개혁을 꾀했다. 당시의 과거제도는 경서 암기력, 한시 및 문장력이 중요시되었다. 이로 인해 실무 능력이 약한 자가 시험에 합격하여 관료가 됨으로써 그 밑에 있는 서리가 전권을 휘두르는 일이 많아 폐단이 많았다. 이에 시문의 시험을 축소하고 경서 내용과 현실정치의 능력을 평가하는 과거제도를 실시했다.

그리고 태학 삼사법三舍法을 실시했다. 이것은 수도 카이펑開封의 태학에 '삼사', 곧 외사外舍, 내사內舍, 상사上舍의 3단계를 두어 정원을 각각 600명, 200명, 100명으로 정하고, 연 2회 실시되는 시험에 통과하면 상급 단계로 올라가고, 최종 단계인 상사에서 성적이 우수한 태학생은 과거를 통하지 않고 직접 임관될 수 있도록 한 것으로, 삼사三舍, 곧 학교제를 통해 관료를 양성하고자 한 것이다.

창법倉法은 서리의 부패를 방지하기 위한 것으로, 그간 수수료를 받아 생활하던 서리들에게도 봉록을 주어 서리를 대우하도록 한 것으로, 만일 뇌물 수수 행위가 발각되면 엄벌에 처한 법이다. 또한 서리가 관리가 될 수 있는 길도 개방하여 관리와 서리의 일체화를 도모했다.

이와 같은 왕안석의 개혁은 중소농민 · 상공업자를 보호하고 국가재정을 바로잡으려는 것이었다.

개혁의 실패 이유

이러한 혁신적인 신법 실시의 성과를 보면, 재정과 관련하여서는 상당한 효과가 있어, 재정 수지가 만성적인 적자에서 흑자로 돌아섰다. 뿐만 아니라 막대한 잉여와 더불어 지방 재정도 극히 충실해졌다. 농업생산력의 증대나 상공업의 진작 등의 면에서도 적지 않은 효과가 있었다.

그러나 신법은 지주, 대상인, 그리고 관료집단의 이익에는 정면으로 배치되는 것이었다. 그리고 보수적인 사대부들은 급격한 변화에 부정적인 태도를 보였다. 이리하여 당시 관료들의 압도적 다수가 신법에 반대했다. 농민 부담의 경감이란 면에서도 그 실효성이 의심스러웠다. 실적을 올리기 위하여 관료들이 신법을 무리하게 강행했을 뿐 아니라 농민 실정을 무시한 강제적 실시 등으로 신법 실시 중기에 이르면 대다수 농민들도 신법에 등을 돌리게 되었다.

따라서 보수파의 사마광司馬光을 중심으로 하는 구법당의 맹렬한 반대에 부딪쳐 왕안석은 1074년에 해임되었다. 이듬해에 다시 복직되었으나 1076년에 사직하고 향리에서 은거했다. 결국 왕안석의 신법은 성공하지 못하고 중단되었으며, 이후 신·구법당의 치열한 당쟁을 일으키고 정계를 혼란시켰다. 그렇기에 이것은 북송의 멸망을 자초한 큰 원인 중의 하나로 꼽히고 있다.

왕안석의 혁신적인 개혁정책이 실패한 이유를 논할 때, 개혁에 따른 이해관계로 인하여 지주, 대상인, 보수 관료들의 반대가 많았다고 말해지고 있으나, 좀 더 깊이 고찰할 필요가 있다.

무엇보다 신법의 개혁 자체가 사회 전반에 대한 전면적 개편의 성격을 띠고 있었는데, 이와 같은 광범위한 개혁을 시행하면서 관료 내부의 의견 수렴, 충분한 동의 도출 작업이 소홀했다는 점도 간과해서는 안 될 것이다. 개혁이 여러 분야에서 동시에 일어났는데, 사회구조개혁이 일어나 정치개혁, 행정개혁, 국가 재정을 지탱하고 있는 공동체 재건, 부국강병 등 현안 문제를 일시에 해결하고 단기간에 국가 회복을 실현하려는 체제로 되어 있었던 것이다.

신법은 종합적으로 복잡한 구조를 가지고 있었기 때문에 실무능력이 있는 인물이 필요했다. 그렇기 때문에 중국사에서 보기 드물 정도로 실무 능력이 있는 자들과 재무에 오랜 경험을 가진 자들이 적극적으로 채용되었다. 그리고 여혜경, 증포曾布 등의 재상도 적극적으로 개혁에 함께 참여했다. 하지만 신법에 대한 전체적인 이념과 실현 방법을 완전히 이해한 사람은 왕안석 한 사람 뿐이었다.

신종도, 재상들도, 국가가 위급 존망 상태에 있다는 것을 알고, 왕안석이 만든 종합 설계도를 완성하기 위하여 그저 매진할 뿐이었다. 신종이나 담당 관료들은 '개혁을 어떻게 단기간에 효율적으로 이루어낼 것인가'에만 지나치게 집중한 나머지 '왜 개혁이 필요한가?'에 대한 이념이 담당자나 후임자들에게 거의 전달되지 못했다는 지적이다. 구법당의 여론에 동요하는 관료들을 단속하기 위하여 '지금은 무엇보다 절대개혁이 필요하다'라고 하면서 돌파작전만을 펴 나갔기 때문에 결국 한계에 부딪쳤던 것이다.

여기에 왕안석 개인의 비타협적, 독단적 성향과 신법당의 인물 구성이 취약했던 것도 반대가 많았던 이유로 들고 있다.

하지만 각 신법은 다양하고 복잡하게 연결되어 있는 뛰어난 정책으로 어느 하나 불필요한 것이 없었다. 후에 비판되었을 때에 운용 개선에 대해 한꺼번에 모두 폐지해 버리지 않은 것도 이 때문이었다고 할 수 있다.

왕안석 신법에 대한 평가

왕안석 신법에 대한 평가는 백성과 더불어 이익을 다툰 소인이라거나, 혹은 전통을 파괴하고 나라를 멸망으로 이끌었다는 전통적인 부정적 평가가 있다. 이것은 지주로서의 성격을 갖는 사대부 층이 남송 이후 구법당의 입장에 선 자신들의 주장을 적극적으로 표명함에 따라 내려진 것이었다. 반면 대체로 소상인과 소농민의 입장에서 당시 사회 위기를 대처하려 했던 진보적인 개혁이라는 평가도 있다.

사실 왕안석의 신법에 있어 주된 목적은 무엇보다 국가의 재정적, 군사적 위기를 극복하는 데 있었으며 소농민 보호 등은 고려 밖의 문제였다. 다만 신법의 추진과정의 문제와 이후의 정치적 입지 때를 제외한다면, 신법은 당시 사회에서 볼 때 혁신성과 한계성을 동시에 갖고 있었다고 하겠다.

종래 왕안석의 신법에 대한 평가는 남송 이후 명·청대에 이르기까지 부정적인 면이 강했다. 즉, 왕안석을 전통적인 법을 파괴하고 북송을 멸망으로 가져간 장본인이라고 낙인을 찍고 있다. 이는 주로 구법당과 주자학의 사람들이 주장하는 것으로, 특히 왕안석을 사상적으로 법가적 패도주의자로 몰아세우고, 사회경제적으로는 지주·전호제의 파괴자로 단정했다.

그러나 왕안석의 사상에는 구법당 못지않게 유교적 논리와 유교주의를 바탕으로 한 인재 양성론이 강조되어 있고, 북송의 정통학파로 강조되는 춘추학春秋學에 뿌리를 두고 있다. 왕안석이 비난받는 기본 요인은 신법의 실시과정에서 국가사회주의적인 통제경제를 강화함으로서 다수의 사대부관료들의 지지를 얻지 못했고, 그 위에 신종 이후의 당쟁과 신법이 서로 얽히게 되면서 신법의 내용이 왜곡되었다는 점을 들 수 있다. 또 신법파의 아류인 채경蔡京과 같은 부패관료가 북송을 멸망으로 몰아넣었기 때문에 구법당의 정치적 입지를 정당화 해준 결과가 되어 왕안석의 신법은 악법으로 낙인이 찍히게 되었던 것이다.

왕안석은 강녕부에서 한가하게 지내다가 나중에 병을 얻어 1086년에 66세의 일기로 세상을 떠났지만, 그는 보기 드문 정치가, 사상가, 문장가로 역사에 이름이 나있다. 그의 저서로『임천선생문집臨川先生文集』,『왕문

공문집王文公文集』 등이 남아 있다.

　왕안석의 고향 푸저우撫州시에 가면 송대 정원을 모방하여 만든 단아한 '왕안석 기념관'이 있는데, 왕안석의 생애와 당시의 문화를 이해할 수 있다. 교육 문화의 장소로도 사용되고 있어 방문객의 발걸음이 끊이지 않고 있다.

장시성 푸저우에 있는 왕안석기념관

7장 시대상을 그리며 기구한 생애를 살다 간 여류 시인 채염(蔡琰)

이민족과의 끊임없는 전쟁과 화친이 국가 존망과 직접 결부되어 있는 시대적 상황에서 흉노로 인한 희생과 애환을 가진 비련의 여성 채염의 이야기는 이민족의 침입에 시달려온 중국사람들의 가슴속에 애국심의 상징으로 깊이 새겨져 있고…

한(漢)나라와 흉노(匈奴)

한 나라는 약 400여 년에 걸쳐 끊임없이 흉노와의 문제로 고민을 안고 있었다. 한 무제武帝(B.C. 141~87)는 흉노에 대한 적극적인 정책을 편 황제로 유명하다.

한편 돈과 물자를 주어 달래는 것이 전쟁비용보다 훨씬 경제적이었기 때문에 소위 '화친和親정책'을 취하는 일도 많았다. 화친정책이란 주지하다시피 곡물 및 각종 물품을 보냄으로써 평화를 유지하는 것이다. 그런데 한 나라에서 흉노에게 보내는 것 중에는 물품뿐 아니라 흉노의 왕인 '선우單于'에게 시집가는 황실의 여인도 포함되어 있었다. 이러한 여인을 흔히 '화번공주和蕃公主'라 하는데, 중국과 번국蕃國과의 평화를 가져오게 하는 공주라는 뜻에서 붙여진 이름이다.

그런데 흉노에게 보내는 여인을 '화번공주'라 하지만 황제의 여식이 아닌 경우가 대부분이었다. 화번공주를 보내는 것 자체가 결코 대등한 관계를 의미하는 것은 아니지만 그렇다고 중국 황제가 자신의 친딸을 보낼 정도로 흉노와 굴욕적인 관계를 맺을 수는 없는 일이었다.

흉노도 이점은 양해했던 것으로 보인다. 흉노의 선우도 중국 황실의 공주를 얻었다는 명분만 지녔다면 진위 여부를 따지지 않고 짐짓 모른 척하고 받아들였다. 유목민족은 이런 명분도 명분이지만, 그보다 이들 화번공주가 시집올 때 가져오는 혼수품 및 여러 물품에서 실리를 찾고 있었던 것이다.

기구한 운명

중국 역사상 화번공주가 많았지만 한대에는 오손왕烏孫王에게 출가한 오손烏孫 공주 세군細君, 흉노에 출가한 채염蔡琰, 왕소군王昭君 등이 유명하다.

그 중에서도 채염蔡琰, 蔡文姬(177?~239)은 후한後漢 말에서 위魏 초에 살다간 여류 시인이다. 그의 출생연도는 정확하지는 않으나 대체로 후한 영제靈帝(168~189) 때에 진류어현陳留圉縣(오늘날의 河南省 杞縣)에서 대학자 채옹蔡邕의 외동딸로 태어났다.

그녀의 아버지 채옹은 당시 이름 높은 학자였다. 문학은 물론, 서예, 회화, 천문을 좋아했으며, 음악적인 재능도 뛰어나 비파를 잘 탔다. 아버지의 영향을 받아서인지 채염 역시 어려서부터 총명하고 다재다능했다. 그녀의 자(字)인 '글 쓰는 여인' 이라는 뜻의 '문희文姬' 가 보여주듯이 그녀는 어려서부터 문학에 소질이 있었다.

그러나 그녀의 일생은 기구한 운명 가운데 비참한 생활의 연속이었다. 그가 태어날 당시 아버지는 황제의 호위를 담당하는 의랑議郎 직에 있었는데, 반대파에 몰려 북쪽으로 귀양 가는 신세가 되었다. 당시 정계는 환관파들이 실권을 장악하고 황제를 조종하여 혼란한 정국이었는데, 채옹은

채염

이러한 환관의 횡포와 탐관오리의 비리를 바로 잡으려다가 도리어 환관파들의 모함을 받아 억울하게 처형될 지경에 이르렀다. 친구의 도움으로 사형을 면하기는 했으나 그는 변방에서 귀양살이를 하게 되었다. 『후한서』의 '채옹열전'에 의하면, 채옹은 2년 후 사면되었지만 돌아오는 중에 중상시中常侍 왕보王甫의 동생인 오원五原 태수 왕지王智의 미움을 사게 되어 12년 간이나 망명생활을 했다.

채옹은 이러한 고통스러운 유랑생활 끝에 낙양으로 돌아와 동탁董卓의 권유로 다시 황제의 호위와 궁중의 경비를 맡은 좌중랑장左中郞將의 벼슬에 올랐다.

하지만 그것도 잠시일 뿐 곧 채옹은 옥사하는 불운을 맞았다. 동탁이 서량西涼의 군대를 이끌고 낙양에 들어와 헌제獻帝를 옹립하고 장안으로 천도하는 사건이 일어났다. 이 일로 동탁이 피살되어 거리에 버려졌는데 동탁 편에 있던 채옹은 동탁의 시신을 안고 부둥켜 울었다는 이유로 사도사도司徒 왕윤王允에게 붙잡혀 장안에서 옥중 생활을 하다가 끝내 세상을 떠나고 말았다.

아버지의 인생도 기구했지만 채염 역시 애환이 많았다. 그녀의 고생과 처절한 삶은 아버지의 기구한 운명 탓도 있겠지만 그녀의 수려한

채문희와 호가십팔박

미모 또한 그녀의 앞길을 험난하게 만들었다.

낙양에 돌아와 비교적 평화롭게 살던 채염은 16세에 하동河東 위중도衛仲道라는 사람과 결혼했다. 그러나 행복한 부부 생활도 잠깐 뿐 결혼 후 얼마 되지 않아 남편이 죽었다. 남편을 잃은 아픔을 참아가며 자식도 없이 홀로 지내던 채염은 다시 고향으로 돌아와 생활했다.

그런데 후한 말 동탁의 난이 일어난 직후, 남흉노가 동탁의 잔당을 격퇴하기 위해 낙양에 침입했는데 이 때 아리따운 채염은 흉노의 기마병에게 납치되어 남흉노 좌현왕左賢王에게 바쳐졌다. 남흉노 좌현왕의 첩으로서 총애를 받아가며 12년 지나는 동안 그 사이에 1남 1녀를 낳았다.

조조 덕분에 흉노에서 돌아온 채염

208년에 '문희귀한文姬歸漢' 이라는 역사적 사건이 일어났다. 흉노에 포로로 잡혀가 좌현왕의 왕비가 되어 12년 간이나 생활하면서 두 자녀를 둔

채염이 다시 한나라로 돌아온 것이다. 그녀가 돌아오게 된 데에는 조조曹操의 힘이 컸다. 후한 말 정권을 장악한 조조가 북방 지역을 점령하고 한의 승상이 되어 문치를 펴고 있을 때 그는 흉노에 붙잡혀간 옛 친구의 딸, 채염이 생각났다. 평소 친하게 지냈던 채옹이 후손이 없이 죽은 것을 애통하면서 흉노에 잡혀간 채염을 데려오고자 했다. 이에 조조는 흉노에 사신을 보내 거액을 지불하고 채염과 그 아이들을 데려오도록 교섭했다. 비록 아이들까지 대동하지는 못했지만 조조의 도움으로 채염은 한나라로 돌아오는 데 성공할 수 있었다.

유랑과 곤경으로 점철된 그녀의 반평생이 사실적으로 서술된 장문의 시가 바로 유명한 '비분시悲憤詩'와 '호가십팔박胡笳十八拍'이다.

그 중에서도 비분시는 특히 흉노 왕과의 사이에서 태어난 두 아이와의 헤어짐을 표현한 것으로 천고의 절창으로 알려져 있다.

兒前抱我頸 (아이가 내 목을 끌어안으며)
人言母當去 (사람들은 어머니가 꼭 가야 한다고 하는데)
豈復有還時 (다시 돌아올 날이 있을까요)
阿母常仁惻 (언제나 어질고 정답던 어머니가)
今何更不慈 (이제 무슨 까닭으로 다시 모질어지셨나요)
我尚未成人 (아직은 어린 우리들을)
奈何不顧思 (어찌 다시 한 번 생각해 주지 않으시나요)
見此崩五內 (이를 보니 오장이 무너져 내리는 듯 하고)
恍惚生狂癡 (정신이 아득하여 미칠 것 같도다)
號泣手撫摩 (울면서 손을 잡으니)
當發復回疑 (떠나려 하매 다시 망설여지는구나)

이 시는 '후한서' 後漢書(권 84 列女傳 董祀妻傳)에 실려 있는 것으로, 두고 온 아이들에 대한 그리움과 애환을 잘 그리고 있다. 이 비분시는 후한 말의 혼란한 시대상과 그녀가 흉노로 붙잡혀가서 겪게 되는 고통을, 그리고 후에 돌아와서는 황폐화된 자신의 옛 터전을 보고서는 슬퍼하는 심정을 잘 담아내고 있다.

조조의 도움으로 한나라로 돌아온 채염은 다시 동사董祀의 처가 되어 남편으로부터 지극한 총애를 받았다. 그런데 남편 동사가 둔전도위屯田都尉의 벼슬에 있을 당시 범법행위로 죽음을 당할 위기에 처했다. 채염은 다시 조조를 찾아가 남편을 구해달라고 요청했다. 조조는 그를 가엾게 여겨 동사를 사면시키기로 하고 그 대신 친구 채옹의 글을 얻고자 했다. 채옹은 생전에 4천여 권의 장서를 지니고 있었으나, 후한 말 난리로 그의 서적이 거의 소실되었는데 조조는 채염에게 이미 망실된 채옹의 글을 기억하여 써 올리도록 했다. 채염은 손수 종이 위에 붓으로 기억을 되살려 써 내려갔다. 그 결과 채옹의 저서 4백여 편이 복원될 수 있었는데, 명석하고 뛰어난 그녀의 기억력이 입증된 셈이다.

그러나 남편 동사도 곧 죽고 말았으니 채염의 일생은 비참의 연속이었다. 그는 세 번이나 결혼을 한 셈이며 그를 만나는 남자마다 죽거나 감옥행이었으니 매우 기구한 운명을 타고난 여인임이 틀림없다.

채문희기념관(蔡文姬紀念館)

산시陝西성 시안西安시 란톈藍田현 북쪽 1km 지점의 산리三里진 차이왕蔡王촌에 가면 채염의 능묘가 있고 거기에 기념관이 있다. 란톈은 남편의 고향으로 그가 타향에서 세상을 떠났지만 이 지역 사람들이 그의 가련한 생애에 대한 동정과 그의 공적을 기리기 위하여 이곳에 능묘를 만든 것이다. 그동안 초라하게 되어 있던 것을 1991년에 사합원의 기념관, 곧 채문희기념관蔡文姬紀念館을 세우고 성급문화재로 지정했다.

채문희 기념관

　기념관의 진열실에는 채염의 일생을 소개한 자료 및 작품, 후한 말기의
사회 풍속, 남전 지방의 문물들이 전시되어 있다. '뻬이랑批廊' 이라는 장
랑長廊에는 채염이 지은 '비분시' '호가십팔박' 의 석각, 『후한서』 가운데
나오는 '동사전董祀傳', 그 지역 출토의 유명 비석 등 여러 석각이 진열되
어 있다. 글자가 희미한 비석도 있으나 대개 진본들이다.
　대문을 열고 안으로 들어가면 바로 능묘가 나타난다. 원형의 분묘인
데, 둘레를 벽돌로 둘렀으며 거기에는 채염의 재능과 업적을 칭송하는 글
들이 많이 적혀 있다. 묘비에는 "한채문희지묘漢蔡文姬之墓" 라고 쓰여 있고,
묘 비석 앞에 돌로 만든 석양石羊, 석호石虎가 있어 묘를 지키고 있다.

　채염에 대한 재평가와 문학적 의의

　송대宋代 어느 화가가 그려 현재 보스턴 박물관에 소장되어 있는 '채문희

채문희의
묘비

'귀한도蔡文姬歸漢圖' 덕분에 채염의 생애는 서양 사람들에게도 널리 알려져 있다. 백가쟁명百家爭鳴 시기인 1959년, 중국에서는 "문학유산文學遺産" 지를 중심으로 소위 채염의 '호가십팔박胡茄十八拍' 논쟁이 전개되었다. 문인들은 그녀를 다시 이 세상에 불러내어 그녀의 생애를 다시 조명하기 시작했다.

이 논쟁은 후즈胡適, 쩡쩐뚜어鄭振鐸, 류따제劉大杰 등 유명한 학자들이 '호가십팔박' 은 채염이 직접 쓴 것이 아니라 당대의 의작擬作이라고 한 것에 대해 중국의 최고 권위를 자랑하는 역사가인 동시에 정치가인 꿔모뤄郭末若가 이를 반박한 데서부터 시작되었다.

'호가십팔박' 에 대한 의작설擬作說은 문인 소식蘇植 · 東坡이 먼저 제기하면서 송대부터 거의 정설로 받아들여져 왔다. 하지만 꿔모뤄는 채염의 생애에 대한 충분한 검토가 없었기 때문에 그렇게 된 것이라며 '호가십팔박' 의 작자가 채염이라는 것을 강조했다.

물론 여기에는 정치적 의도도 깃들어 있다는 견해도 있다. 꿔모뤄가 조조의 위대성을 부각시키려는 의도에서 출발한 것으로, 흉노에 붙들려 고생한 여인은 채염만이 아니라 당시 도처에 나타나고 있었으며 채염은 이러한 비극적 여인들의 전형적인 예라고 말했다. 그리고 조조는 사적인 감정에서 그녀를 구한 것이 아니라 백성을 위한 문치무공文治武功의 위업에서 기인한 것으로, 이른바 '조조재평가曹操再評價' 운동의 일환으로, '호가십팔박'의 작자가 채염이라는 것을 강조했다는 것이다.

채염은 문학적으로 그 가치가 높이 평가되고 있는 '비분시', '호가십팔박' 등을 남겼는데 그 의의는 다음과 같다.

첫째, 한대에는 조정에서 관의 세력으로 정절을 장려했다. 유향의 『열녀전烈女傳』, 반고의 여동생인 반소가 지은 『여계女誡』 등이 나돌면서 여성의 정절을 고취했다. 그러나 정작 사회에서는 정절에 대해 그다지 심각하게 생각하지 않았던 같다. 그렇기에 채염은 세 번이나 결혼이 가능했던 것으로 생각된다.

둘째, 그녀는 아버지의 유지를 받들어 『채옹문집』을 정리했으며 『후한서』 편찬에도 참여했으니 이것은 중국고전 전적의 보존과 문화보급에 큰 공헌이라 아니할 수가 없다.

셋째, 정사나 야사를 막론하고 채염을 당시 최고의 문인, 음악가, 서예가로 평가하고 있다. 그러나 일생을 보면 시대상을 그리며 파란 많은 인생을 살다 간 사람이라 할 수 있다. 곧 한말, 삼국 초기의 난세의 시대상을 잘 반증해 주고 있다. 채염은 역대 비극적 여인의 전형처럼 보이나 그런 가운데에서도 한 시대상을 그리며 문학적 재능을 보인 여류 시인이며 음악가이다.

넷째, 문학적인 재능과 그녀가 남긴 공적은 물론 이민족과의 끊임없는 전쟁과 화친이 국가의 존망과 직접 결부되어 있는 시대적 상황 하에서 흉노로 인한 희생과 애환을 가진 비련의 여성의 이야기는 이민족의 침입에 시달려 온 중국 사람들의 가슴 속에 애국심의 상징으로 깊이 새겨져 있다.

실로 채염의 인생을 소재로 한 작품이 많이 있다. 베이징 이허위엔頤和園의 창랑長廊에 그려진 "문희귀한도文姬歸漢圖", 역사극 『채문희蔡文姬』 등은 인기를 모으고 있는 작품인데, 그렇게 된 것은 그녀의 문학적 재능도 재능이지만, 제국주의적 침입에 시달려 온 중국인들의 가슴속에 애국심의 상징으로 그녀가 깊이 새겨져 있기 때문이리라.

8장 비련의 여류시인 어현기(魚玄機)
-값진 보물은 구하기가 쉬우나, 진정으로 사랑해 주는 사람을 얻기는 이렇게도 어렵구나!-

여류시인 어현기

어현기

어현기魚玄機(843~868)는 당 말기에 활동한 유명한 여류시인이다. 당대를 초당初唐, 성당盛唐, 중당中唐, 만당晚唐의 4시기로 시대를 구분하는데 중당의 여류시인 설도薛濤의 뒤를 이어 만당에는 어현기가 있다.

어현기는 본래 수도 장안長安에서 창기娼妓의 딸로 태어나 기녀생활을 했다. 그녀는 용모가 수려하고 총명했으며, 독서를 좋아하고, 시에도 능했다. 5세 때 이미 유명한 시인 백거이白居易, 원미지元微之 등의 시를 암송했다. 13세에는 '어가소녀시魚家少女詩'를 지어 많은 사람들에게 감동을 주었고, 15세 때는 당시의 호사가들이 그녀 시를 필사하는 일이 많았다고 하니 그의 문학적 재능을 엿볼 수 있다.

그녀의 자字는 유미幼微 또는 혜란惠蘭으로 불리었으며, 현기라는 이름은 그녀가 나중에 도교사원 함의관咸宜觀에서 여도사로 활동할 당시 붙여진 이름이라고 한다.

천민출신의 어현기와 관료 온정균

어현기가 장안의 관료들에게 널리 알려지게 된 것은 수려한 미모 때문만은 아니었다. 그녀는 시를 잘 지었기 때문에 많은 관료와 문인들이 그를 찾아와 교류했고, 그로 인하여 명성이 장안에 자자했던 것이다.

그녀는 특히 당시 저명한 시인 온정균溫庭筠(812~870)과의 교류가 많았다. 어현기가 온정균을 처음 만난 것은 15세였고, 온정균은 47세였다. 어현기는 온정균을 대시인으로서 존경했

온정균

고 온정균 역시 그녀의 아름다움과 시재를 칭찬하며 사랑하고 아꼈다. 그 결과 온정균은 만당 기녀시인 어현기와의 염문으로 장안에 소문이 자자했고, 어현기도 당대 최고의 시인과 자연스럽게 교분을 가지며 많은 시를 쓰

면서 지도를 받을 수 있었다. 어현기가 온정균을 대상으로 쓴 연정의 시는 많이 남아 있으나, 온정균이 어현기를 상대로 하여 쓴 시는 거의 남아 있지 않다. 그것은 귀족 출신인 온정균이 기녀들과 관계하고 있음을 은폐하려는 사대부적인 기질이 작용한 것이라 볼 수 있다.

온정균과의 교류는 그녀의 시재詩才를 향상시키는 데 커다란 도움이 되었고, 그의 명성을 알리는 데 일익을 담당했다고 평가되고 있다.

이억과의 만남

온정균의 친구 가운데 이억李億이라는 사람이 있었다. 나이는 온정균보다 10살이 적었지만 글짓기를 좋아하는 문인관료였다. 홍문관弘文館 학사로 있던 이억은 온정균의 집에 놀러와 소문으로만 듣던 어현기의 시를 직접 접하고 크게 경탄했다. 온정균은 자신이 3년간이나 시를 가르쳐 온 어현기를 친구 이억에게 소개하여 주었다. 이억은 곧바로 선물을 들고 어현기를 찾아갔다. 어현기의 부모도 준수한 이억의 호의에 감동했다. 당시 그녀는 18세, 꽃다운 나이였고 이억은 40세 전후의 걸출한 인물이었다.

그 후 이억은 그녀가 있는 기루妓樓에 자주 드나들었고 그녀를 자주 만나면서 자신의 별장에도 초대하여 함께 시를 지으며 교류했다. 이억이 비단 옷 등 선물을 사서 보내면 어현기는 시를 써서 답례하기도 하면서 서로 사귀게 되었다. 얼마 후 승진하여 요직에 앉은 이억은 어현기의 몸값을 지불하고 어현기를 아내로 맞이했다. 정부인이 있던 이억은 그녀를 첩으로 맞이한 것이다. 어현기에게는 비록 정부인이 아닌 첩의 신분이라 하더라도 사랑하는 사람과 함께 생활한다는 것이 행복한 일이었다.

그러나 그런 생활도 오래가지 못했다. 이억의 정부인이 이 사실을 알게 된 것이다. 이억은 어쩔 수 없이 어현기를 포기할 수밖에 없었다. 어현기가 이억과 헤어지게 된 데에는 정부인의 질투도 있었지만, 명문 집안과 기생출신의 천한 여자와 교류할 수 없다면서 이억의 여러 집안 어른들이 강력하게 반대했기 때문이라는 해석도 있다.

여도사가 된 어현기

어현기는 이억과 헤어지고 장안으로 돌아와 도교사원인 함의관咸宜觀에 들어가 여도사女道士가 되었다. 도교적 색체를 띤 '현기玄機'라는 이름도 이때 얻어진 것이다. 도교가 성행하던 당대에는 많은 도관道觀이 곳곳에 세워졌고 남녀불문하고 출가하여 도사가 되는 일이 많았다. 궁정의 공주나 궁녀가 출가하여 여도사가 되는 예도 적지 않았다.

당시 여도사들은 도교에서 성관계를 통하여 선인仙人의 도를 얻을 수 있다는 이른바 방중술房中術을 근거로 하여 생활하고 있었다. 당초 도교에서는 성욕을 금지하지 않고 자연스러운 기술을 터득하여 성관계를 하면 도리어 만병이 치유되고 수명이 연장된다고 생각하고 있었다. 방중술이 선천적으로 체내에 있는 원정元精(기초 물질) · 원기元氣(에너지) · 원신元神(제어하는 정신)을 결합시키는 역할을 한다고 믿었기 때문이었다. 그렇기 때문에 방중술의 주된 목적은 성관계를 통하여 환정보뇌還精補腦(정기를 환원시켜 두뇌를 보강함)하는 데 있다고 보고, 여성도 방중술에 능통한 것이 바람직한 것이라고 여겨졌다. 결과적으로 방중술이라는 명목으로 남녀가 접촉하는 일이 많았던 것이다.

그러므로 관료나 문인들도 기방보다는 도관에 들러 여성들을 대하고 시문을 교류하는 것을 선호하여 여도사가 있는 도관은 문인들의 사교의 장이 되었다. 여도사인 어현기는 이런 도관에서 독특한 위치에 있으면서 찾아오는 많은 문인관료를 만나 시문을 짓고 연정에 대한 감정도 살렸던 것이다.

출생 배경은 그녀의 문학세계를 더욱 발전시키고

어현기는 천한 창기 출신이었지만 그것은 도리어 그녀의 시의 세계를 폭넓게 만들었다. 중국의 여류시인들은 대부분 관료 집안 출신의 여성들로 어려서부터 가정에서 엄격한 유교적 교양을 익히는 것이 일반적이었다. 그러므로 유교의 틀 속에서 벗어나지 않도록 엄한 교육을 받았고 그 결과 시를 지어도 항상 일정한 틀 속에 한정될 수밖에 없었다.

그러나 어현기의 경우는 달랐다. 그녀는 창기의 딸로서 처음부터 그런 틀에서 벗어나 있었다. 자랄 때도 그런 틀 속에 얽매기를 강요받지 않았다. 도리어 틀에서 뛰쳐나와 다른 사람들이 넘지 못하는 두꺼운 벽을 가볍게 넘나들 수가 있었고 자유분방한 사고로 시를 지어 나갔기 때문에 다른 여류 시인과는 달리 특출한 존재로 부각되었던 것이다.

어현기는 장안뿐 아니라 한양漢陽, 무창武昌, 악천鄂川, 구강九江 등지를 자유롭게 유람하면서 느낀 감정을 시로 표현했다. 이 때 많은 시를 지었다고 한다.

오늘날 그녀가 지은 시 50여수가 전해지고 있는데 『전당시全唐詩』에 48수, 『북몽쇄언北夢瑣言』, 『당재자전唐才子傳』에 몇 수가 전해지고 있다.

그녀가 이억에게 보낸 시 가운데 다름과 같은 시 구절이 있다.

羞日遮羅袖(수일차라수) 늦잠자고 나 해 보기 부끄러워 명주 옷소매로 얼굴 가리고
愁春懶起粧(수춘나기장) 봄날 시름겨워 일어나 화장하는 일도 게을리 하고 있도다
易求無價寶(이구무가보) 값 진 보물은 차라리 구하기 쉽고
難得有心郎(난득유심랑) 진심으로 사랑해 주는 사람은 오히려 얻기가 어렵구나
枕上潛垂淚(침상잠수루) 밤으로 침상머리에서 눈물 흘리고
花間暗斷腸(화간암단장) 낮에는 꽃밭에서 남몰래 애간장 태우도다.

옛 남편이었던 이억을 그리며 "값 진 보물은 차라리 구하기 쉽지만 진정으로 사랑해 주는 사람은 오히려 얻기가 어렵다"고 개탄하면서 많은 남

성들을 상대하지만 참된 사랑을 그리워하는 그녀의 마음이 잘 표현되어 있다.

26세의 짧은 인생

이억으로부터 버림을 받고 날개 꺾인 새의 신세가 되어 홀로 장안에 돌아온 그녀의 마음을 누가 알아 줄 수 있었을까?

그녀는 장안의 함의관에서 수행을 쌓고 시를 지어 외로움을 잊으려 노력했고, 많은 관료와 문인들을 만나면서 자신의 신세를 달래려 했지만 결국은 방탕한 생활로 치닫고 말았다. 한 남자로부터 버림받은 충격이 그녀의 감정과 영혼에 실로 엄청난 타격을 준 것이다. 실연의 상처로 인해 그녀는 광적으로 남자를 소유하려 했다.

그녀가 함의관에서 지내던 어느 날 진위陳韙라는 한 악사를 만났다. 어현기는 새로 만난 남자에게 몸과 마음을 주며 다시 행복을 얻으려고 꿈꾸었다. 그런데 이것이 어찌 된 일인가? 그 꿈도 산산 조각나고 말았다. 그녀의 시녀 녹교綠翹와 진위가 정을 나누고 있음을 알게 되었다. 그러자 그녀는 이성을 잃게 되었다. 어현기는 녹교를 채찍으로 무참히 때려죽이고 말았다. 자신의 행동에 놀란 그녀는 녹교의 시체를 함의관 후원에 아무도 모르게 묻었다. 후에 어현기는 진위와 주변사람들에게 녹교가 짐을 싸서 함의관을 나가버렸다고 말했다.

그러나 얼마 후 함의관에 찾아온 한 사람이 후원에서 바람을 쐬다가 땅을 판 흔적과 주변에 새끼 끈들을 발견하게 된다. 그는 이것을 자신의 시종에게 말했고 시종은 그것을 아졸로 있는 형에게 말했다. 그런데 이 아졸은 수년전 진위가 이른 새벽에 함의관에서 나오는 것을 보고 어현기에게 협박하여 돈을 얻어내려다가 어현기가 웃어넘기면서 아무 반응이 없자 자존심이 상해 그녀에게 앙심을 품고 있던 사람이었다. 그는 동생이 말하는 이야기를 듣고 녹교가 실종되었다는 것과 관계가 있다고 생각하고 함의관에 들어가 삽으로 땅을 파보았다. 바로 녹교의 시체가 거기에 있었던 것이다.

당시 장안의 시장인 경조윤京兆尹으로 있던 온장溫璋은 아졸이 호소한 내용을 근거로 조사에 나서 어현기를 취조했다. 어현기도 더 이상 자신을 변호하지 않고 자신의 범행을 순순히 인정했다. 사건 당사자인 진위도 불러 조사했으나 그는 사정을 모른다하여 석방되었다.

어현기가 살인하고 옥에 갇히게 되었다는 소문은 즉시 온 장안에 퍼져 사람들을 놀라게 했다. 이억을 비롯하여 많은 조야朝野의 인사들은 그녀의 재주를 아까워하면서 구명 운동을 전개했으나 사형선고를 받고 26세의 젊은 나이에 형장의 이슬로 사라지고 말았다. 결국 유교적 풍토에서 '덕행이 우선이고, 문장은 말이다.' 라는 본말사상本末思想에 입각하여 처리된 것이다. 덕행이 없는데 어찌 시나 문장만 좋다고 그를 추앙할 수 있느냐는 판단이 작용한 것이다.

기녀와 여도사가 지니는 문화사적 의의

기녀와 여도사들은 어느 시대나 시문, 음악, 기예 등에 접할 수 있는 위치에서 지배층과 접하면서 일정한 기예와 교양을 갖추고 있었다. 또한 황제나 고관명사 시인들과 교류하면서 사회 문화를 지탱하는 기저가 되기도 했다. 그러므로 기녀나 여도사들은 단순히 문화를 향수하고 소비하는 것만이 아니라 때로는 문화에 새로운 기운을 불어넣고 흐름을 창출해내는 에너지를 공급하면서 문화의 중계자와 발신자의 기능을 발휘했음을 간과해서는 안 될 것이다. 어현기도 이런 기능을 담당한 당말 대표적인 여류 시인이라 할 수 있다.

26년 이라는 짧은 일생을, 그것도 살인의 죄명을 쓰고 비극적으로 세상을 떠난 어현기는 훗날 많은 사람들에게 화두가 되었다. 그녀의 살인 사건에도 불구하고 그녀가 중국 여류시인으로서 큰 비중을 차지하는 것은 그녀의 뛰어난 작품성 때문이다. 당시 사상적으로 엄한 봉건적 범주를 벗어나지 못했던 많은 여류시인의 폐쇄성 짙은 작품에 비하여, 사물에 대한 솔직하고 대담한 묘사와 인간 본연의 감정이 표현된 그녀의 주옥같은 작품은 독자들에게 큰 감동을 준 것이다.

실로 그녀는 타고난 문학적 재능을 발휘하면서 자연을 노래하고, 문인들과 세상사를 논하던 진보적인 여성이요, 저명한 여류시인이다. 그러나 그녀가 오로지 실연의 상처로 인해 자신의 운명을 재촉하여 26년의 짧은 생애를 살다간 비련의 여인으로 기억되고 있음은 마냥 아쉽기만 한 일이다.

9장 중국 제일의 여류 문인 이청조(李淸照)
-꽃과 달은 옛날 그대로이건만-

중국사에 여류 문인이 등장하는 일은 그리 흔하지 않다. 남존 여비의 유교사상에 기인한 것이리라. 그러나 송대의 이청조李淸照는 중국 문학사상 가장 뛰어난 여류시인으로 평가되고 있고, 오늘날에도 그녀의 작품은 널리 애송되고 있다.

중국의 문학 장르를 말할 때 흔히 "한문漢文 당시唐詩 송사宋詞 원곡元曲"이라 하듯이, 당대에는 시詩가 문학을 대표했다면, 서민적 사회였던 송대에는 문예의 꽃이 피면서 규칙에 얽매이지 않고 음곡에 따라 노래하도록 지어진 사詞가 널리 유행했다. 사는 오언절구五言節句나 칠언율시七言律詩와 같은 형식에 얽매이지 않고 긴 구나 짧은 구를 이어가면서 시에서 표현하기 곤란한 섬세한 미적 의식이나 정감을 개인의 독백 형식으로 진술했는데, 이청조는 바로 이런 사의 명인이었다.

명대의 문호 양신楊愼이 '송대의 이청조는 사詞의 대가로 진관秦觀, 황정견黃庭堅 등과 자웅을 겨룰만한 특출한 인물이다"라고 평가하고 있듯이, 이청조는 송대 유행한 사의 대가이다. 그녀는 남당의 황제 이욱李煜, 송대 진관秦觀, 주방언周邦彦 등과 함께 아녀 문학을 대표하는 인물이 되었으며, 이들을 흔히 '완약파婉約派'로 부르고 있다.

이청조의 유년시절

이청조李淸照(1084~1151경)는 11
세기 말에 산동山東성 지저우濟州(현
山東省 濟南市)에서 태어났다. 그녀
의 생몰연대는 확실하지 않으나 대
체로 1084년에 태어나 1151년에 생
을 마친 것으로 알려져 있다. 호는
'이안거사易安居士', 또는 '수옥漱玉'
이라 했으며 양송(북송과 남송)의
전란시대에 활동한 저명한 여류 사
인詞人으로 그녀의 글은 우아하고
섬세하면서도 당시의 구어를 사용

이청조

하여 친근감이 있어 중국 사람들에
게는 아주 인기가 있는 문학가이다.

그녀는 문학적 분위기가 짙은 가정에서 성장했다. 그녀의 아버지 이격비
李格非(자는 文叔)는 진사에 합격하여 예부원외랑禮部員外郎이 되었으며 북송
시대의 저명한 문장가이다. 유명한 문장가 소식蘇軾이 이격비를 특별히 아꼈
는데, 소식을 따라 학문을 크게 익혔으며 '소문후사학사蘇門後四學士(李格非,
廖正一, 李禧, 董榮을 이름)'라고 불릴 정도로 명성이 높았다. 이격비는 산
문, 시, 사에 뛰어났는데, 이런 재능이 이청조에게 전해졌다고 한다. 이격비
는 영리를 구하지 않은 청렴한 관리 생활을 하면서 여러 저작물을 남겼지만,
저작물이 거의 망실되고, 단지 『낙양명원기洛陽名園記』만이 전해질 뿐이다.

이청조의 어머니 역시 범상한 인물이 아니었다. 그녀의 어머니는 한국
공漢國公 왕준王準의 손녀라는 설도 있고, 과거 시험에서 장원을 한 왕공진
王拱辰의 손녀라는 설도 있어 확실하지는 않지만, 어쨌든 명문집안 출신임
은 확실하며 그녀 역시 문학적 소양을 갖추고 있었다. 이처럼 이청조는 문

학적 분위기가 농후한 가정에서 풍부한 역사와 문학 자료와 친근감을 가지고 성장했던 것이다.

산수가 수려한 지난濟南에서 천진난만한 유년 시대를 보내던 그녀는 어려서부터 글 읽기를 좋아했다. 일찍이 그녀는 경사자집経史子集, 시사가부詩詞歌賦 및 여러 문체에 눈을 돌려 문학적 재능을 키워나갔다.

결혼

이청조는 18세에 조명성趙明誠(자는 德甫)과 결혼했다. 조명성은 이청조보다 3살 위의 사람이었으며 당시 인재들이 모이는 태학에서 공부하고 있는 태학생이었는데, 금석문에 지대한 관심을 가지고 있었다. 그리고 조명성의 아버지 조정지趙挺之도 고관에서 봉직하고 있었으니 그 역시 명문 가문 출신이다.

당시 대체로 그러했듯이 그들도 서로 만난 적이 없는 상태에서 결혼했지만 이들은 서로 사랑하며 상대를 존경했다. 결혼 1년 후에 정쟁에 휘말려 남편과 한 때 별거생활을 한 적이 있었으나, 곧 재결합하여 행복한 결혼 생활을 보내었다. 결혼 초의 생활은 부유했고 남편 조명성과 함께 공동으로 서화 금석문을 수집 정리하는 일에도 시간을 보내었다.

조명성은 아내의 해박함과 문학적 재능에 감탄하여 그녀가 활동할 수 있도록 도와주었다. 송대는 여성에게 전족纏足을 시키는 등 여성을 남성의 부속물처럼 여기던 시대였지만, 조명성은 이청조를 동등하게 대했다. 그는 출중한 재능과 소탈한 성격을 가진 아내를 존중했으며, 이청조가 자신의 재능을 남김없이 발휘할 수 있도록 외조를 했던 것이다. 이청조 역시 남편이 공명심이나 부를 탐하지 않고 오직 학문에만 몰두하는 일에 존경을 표하면서 그를 사랑했다. 조명성은 나중에 금석문에 해박한 지식을 갖게 되더니만, 결국 구양수를 이어 저명한 금석학자가 되었는데, 이는 이청조의 도움이 컸던 것이다.

성품과 취향이 비슷했던 이들 부부는 '선 결혼 후 연애先結婚後戀愛', 이른바 '먼저 결혼하고, 후에 연애한' 전형적인 사례가 되었던 것이다.

당쟁과 전란으로 인한 수난

훗날 이청조의 아버지는 당쟁에 휘말려 정치적 모함을 당하고 그녀의 가문도 자연 몰락했다. 당시 왕안석王安石(1021~1086)이 부국강병을 위하여 신법을 내세우자, 보수파들은 이를 반대했고, 결국 사마광을 중심으로 한 구법당과 왕안석을 중심으로 한 신법당이 대립하는 이른바 당쟁이 일어났는데, 이 때 이청조의 아버지는 구법당에 속해 신법을 반대했다. 조정에서는 사마광 등 300여 명의 구법당 인사들을 간당奸黨이라 하여 그 이름을 돌에 새겨 전국 여러 곳에 세워(이것을 '원우당적비元祐黨籍碑'라 함) 탄핵할 정도로 억압했는데, 이청조의 아버지 이격비도 그 대상이 되었다.

그런데 이청조가 시집을 간 그 이듬해, 친정아버지 이격비는 탄핵되어 옥에 갇혔다. 반면 시아버지 조정지는 구법당을 탄핵하는 중심인물로 활동했다. 이청조가 당시의 재상에게 마음을 현혹시키는 장문의 편지를 써 보내었기에 이격비가 구출되기는 했지만, 많은 구법당 관료 학자들이 제거되고 이격비 가정도 몰락하게 되었다. 반면 조정지는 반대파 탄핵에 대한 공이 인정되어 후에 재상의 자리에까지 올랐던 것이다. 그러니 알고 보면 이청조는 정적政敵의 집안에 시집을 간 셈이었다.

나중에 이청조와 조명성의 가정은 경제적으로 어려움을 당했다. 친정집은 몰락한 사대부가 되었고, 시아버지는 관직을 멀리하고 금석학에만 몰두하는 아들 조명성에게 돈을 대주지 않았다. 그리하여 이들 부부의 생활은 상당히 빈궁했다. 하지만 가난도 그들의 의지를 막지는 못했다. 그들은 그림, 명서 등 골동품 구입에 돈을 아끼지 않았다. 돈이 모자라면 옷이나 다른 물건을 저당 잡히면서라도 꼭 사고 말았다고 한다. 둘이서 20여 년을 이렇게 살다 보니 돈은 없었지만 사랑과 문화적 보물은 오히려 곳곳에 넘쳐 있었다.

하지만 이들 부부의 행복도 시대의 아픔과 같이 했으니, 금의 침입으로 그들의 행복은 산산이 부서지고 말았다. 1126년, '정강靖康의 변'이 일어난 것이다. '정강(정강은 흠종의 연호)의 변'이란 여진족이 세운 금金 (1115~1234)이 북송을 침입하고 휘종徽宗;上皇, 흠종欽宗 등을 포로로 잡아감으로써 북송이 멸망당한 사건을 말한다. 요를 멸망시킨 금에 대하여 송은 세폐 歲弊의 지불, 영토 일부의 할양 등을 조건으로 화의를 맺었으나, 송이 약속을 지키지 않았으므로 금군이 카이펑을 함락하고(1126), 이듬해에는 휘종·흠종을 비롯한 황후·태자·비빈·대신 등 3천여 명을 포로로 잡아갔을 뿐 아니라 많은 재물을 약탈하여 갔는데, 이로 인하여 북송은 멸망하고 말았다.

이후 흠종의 동생 고종高宗이 즉위하여 송왕실을 재건하고 남쪽으로 내려와 린안臨安(오늘의 杭州)에 도읍하니 이를 남송(1127~1279)이라 한다.

이런 전란 가운데 이청조 부부도 사람들을 따라 남쪽으로 피난했다. 정처 없는 피난길에도 이들 부부는 오직 서화 및 골동품에 대한 애착뿐이었다.

피난 생활 중, 이청조 남편 조명성은 남송 지배 하에서 호주湖州의 지사 知事로 명을 받았다. 평소 관직에 관심 없던 조명성이었지만 나라가 여진족에 빼앗기는 것을 그저 보고만 있을 수 없어서 선뜻 응했다. 그리하여 호주 지사로서 성을 관할하고 있었는데, 이것이 어찌된 일인가. 호주 지사가 된 지 얼마 안 되어 조명성은 거기서 갑자기 병으로 세상을 떠나고 말았다.

이청조는 당시 전란으로 인하여 그동안 모아 놓은 금석물 및 서적을 많이 잃었다. 전란으로 불에 탄 서적이 약 백만 책에 이르렀다고 한다. 피난하면서 이청조는 '귀래당歸來堂(조씨의 도서관)'에서 많은 서화골동품書畫 骨董品 중 좋은 것만을 골라 수십 척의 배에 싣고 건강建康(오늘날의 南京)까지 가지고 왔는데 서적만 하여도 15대 수레분에 이르렀다고 한다. 그 때만 하여도 아직도 서적 2만권, 금석각 2천권 외에 여러 많은 골동품을 지

이청조

이청조
조상

니고 있었다. 그러나 다시 금의 침입을 받았고, 거느리던 종자나 호위자들도 모두 뿔뿔이 도망치는 바람에 이들 책과 골동품을 많이 잃게 되었고, 때로 도난을 당하기도 했다. 그러한 때에 설상가상으로 1129년에 남편까지 병사했으니 그녀의 아픔은 이루 말할 수 없었다.

이청조는 고향도 사랑하는 남편도 전란 중에 잃고 말았다. 그 때 이청조의 나이 45세였는데, 남편이 병사하자 이청조는 큰 충격을 받게 되었다. 이것은 그녀의 일생에서 커다란 전환점이 되었다.

꽃이 피고 달이 뜬 한가위 밤에 이미 세상을 떠나 없는 남편과의 다정했던 옛날을 회상하면서 그녀가 지은 시가 유명하다

십오 년 전 달빛 어린 꽃 아래서(十五年前花月底)
서로 함께 그 꽃 보며 시를 지었도다.(相從曾賦賞花詩)
지금 보니 그 꽃 그 달 옛날 그대로이건만(今看花月渾相似)
이내 마음 어찌 옛적과 같으리오(安得情懷似往時)

한없이 깊어만 가는 외로움을 달랠 길 없어 몸부림치는 작가의 모습이 눈에 선하다.

이청조는 갑자기 남편도 잃고, 대부분의 재산도 거의 잃어버렸다. 그녀는 외로운 신세가 되어 강절 지방의 항저우杭州, 위에저우越州 등지를 돌아다니며 지내다가 만년에는 진화金華로 가 동생 집에 의거하여 생활했다.

그러던 중 그녀는 다시 남편이 그토록 애착을 가지고 작업하던 『금석록金石錄』이라는 책을 완성하는데 온 힘을 쏟았다. 금석록은 철, 동, 비석 등에 새겨진 글을 모아 연구한 책으로, 예술품과 책을 팔아 생계를 유지해 가면서 『금석록』을 완성했는데, 이것은 중국 역사 연구에 귀중한 자료가 되었다.

이청조는 문학상 뛰어난 업적을 남겼다. 그녀는 시詩, 사詞, 문文, 부賦 등의 장르에 탁월한 작가이지만 무엇보다도 그녀의 명성을 높인 것은 사詞

이다. 젊었을 때 이미 『사론詞論』을 펴 일가를 이루었다. 그녀가 지은 사詞의 작풍은 사체와 음률의 어울림을 중요하게 여겼으며 서정적인 점이 두드러지고 있다. 우미 섬세함을 기조로 하면서도 당시의 구어口語를 대담하게 삽입하여 재기 넘치는 작품들을 많이 지었다. 특히 유랑 후의 작품에는 인생의 고독과 불안을 투시한, 청렬淸洌한 맛이 가미된 송사宋詞의 최고 수준을 나타냈다. 그녀는 이안체易安體를 창립했고, 아울러 남당의 황제 이욱李煜, 송대의 진관秦觀, 주방언周邦彦 등과 함께 이른바 '완약파婉約派'를 이루어 중국문학사상에서 차지하는 비중이 크다.

이청조는 남편이 죽은 3년 후에 장여주張汝舟와 재혼했다. 남편과의 사별, 금의 침입으로 인한 전란, 거기에 몸에 병까지 들어 더욱 생활을 처참하게 만들었을 때, 장여주가 찾아와 그녀를 격려하자 심약해 있던 이청조는 그에게 마음을 주고 재혼했다. 외로웠던 이청조는 의지할 대상을 찾았던 것이다.

한편 장여주가 50세가 다 된 이청조를 아내로 맞은 것은 그녀의 재능이나 용모를 보고 한 것이 아니라 그녀의 재산이 탐이 나서였다. 그렇기에 장여주는 그녀가 가지고 있던 재물만을 탐하면서 학대하는 일이 많았는데, 이로 인해 그들은 서로 자주 다투게 되었다. 끝내 이청조는 못살게 구는 남편과 약 100일 만에 헤어지고 말았다.

그녀가 재가한 데에 대해서는 일부 비난의 목소리가 없지 않다. 이청조의 탁월한 문학적 소양에 대해 긍정적으로 평가하면서도 이청조가 절개를 지키지 않고 다시 재가를 했다는 데에 대한 비난이다. 그러나 왕안석도 과부의 재혼을 권하고 있듯이 당시에는 재혼이 비난의 대상이 아니었던 것 같다. 또 당시 몰락한 가정의 여인의 몸으로 혼자 『금석록』이라는 방대한 거작을 집필하고 출판하는 일은 그렇게 쉬운 일이 아니었을 것이라는 동정심을 발휘하는 사람도 있다.

결국 이청조가 정력적으로 완성하여 내놓은 금석록은 후세에 길이 남는 문화적, 역사적 거작으로 높이 평가되고 있다.

생에 대한 예리한 묘사는 사색의 여운을 남기고

그녀의 작품 세계를 보면, 전반기에는 밝은 면이 많았으나 후반기에는 쓰라림, 애달픔 등 어두운 면이 많다. 당쟁, 전란, 거기에 남편의 죽음, 재혼, 방랑 생활 등 시대의 아픔과 환경의 변화는 그녀의 삶을 애달프게 했던 것이다. 그렇기에 그녀의 작품가운데에는 이런 상황을 극복하기 위한 인간의 고뇌와 번민을 많이 그렸는데, 그녀의 작품은 표현이 섬세할 뿐 아니라 심정과 자연 풍경에 대한 세밀한 묘사를 통하여 사람들에게 사색의 여운을 남겨주고 있어 중국 문학사에서 중요한 위치를 차지하고 있다.

말년의 작품 『성성만聲聲慢』은 자연의 정경과 심경을 잘 묘사하고 있는데, 후반부를 소개하면 다음과 같다.

滿地黃花堆積 (널리 펼쳐진 정원의 황화(국화 꽃) 떨어져 쌓이는데)
憔悴損 (시들어 하나도 남김없이 다 지고 있으니)
如今有誰堪摘 (지금 어디서 더 따낼 것이 있으랴)
守著窗兒 (창가에 기대어 그대 돌아오기만을 기다리는데)
獨自怎生得黑 (외롭게 어찌 밤을 맞으리오)
梧桐更兼細雨 (떨어지는 오동잎 거기에 더불어 내리는 가랑비)
到黃昏 点点滴滴 (황혼에 이르러 뚝뚝 떨어지니)
這次第 (이러한 정경)
怎一个愁字了得 (어찌 한낱 '수(愁)' 라는 한자만으로 다 표현해 낼
　　　　　　　수 있으리오)

라고 하면서 국화 꽃 시들어져 가는 가을의 정경을 보면서 고독한 생활로 인한 자신의 우수憂愁의 심정을 잘 묘사하고 있다.

이청조는 나라를 빼앗기고 남편을 사별하고 재혼하여 실패하는 등 실의에 찬 생활을 하다가 1151년에 지난에서 67세의 나이로 생을 마쳤다.

산둥성의 지난시에 가면 천성광장泉城廣場 맞은편에 맑은 샘이 있는 표돌천공원趵突泉公園이 있다. 지난시에서는 그 공원 안의 수옥천반漱玉泉畔에 그 고장 출신의 여류 작가 이청조를 기념하기 위하여 이청조기념당李淸照紀念堂을 만들어, 공원을 찾아오는 시민들과 관광객들로 하여금 이청조를 기리도록 하고 있다. 산둥성 칭저우靑州시에서도 칭저우시 박물관 옆에 이청조기념관李淸照記念館을 설립하여 유물들을 진열하여 두었다. 약간 초라한 모습이지만 이청조 부부상, 침실 등이 있으며 찾아오는 사람들로 하여금 송대 여류작가의 모습을 떠올리게 한다.

이청조는 그간 『이안거사문집易安居士文集』, 『이안사易安詞』 등 7권의 수필과 6권의 사집을 냈으나 거의 다 없어지고, 다만 『수옥사漱玉詞』를 중심으로 여기저기서 조금씩 전해지고 있을 뿐이다. 그녀의 작품은 남송 시대의 『악부아사樂府雅詞』 가운데 있는 「이이안사李易安詞」 23수, 명말 『수옥집漱玉集』의 17수, 청말 『수옥사漱玉詞』의 50수, 조만리趙萬里 편집의 『수옥집漱玉集』 60수, 중화인민공화국시대의 『이청조집李淸照集』 78수 등이 있으며, 인민문학출판사人民文學出版社에서 간행한 『이청조집교주李淸照集校注』는 비교적 잘 정비된 전집으로, 오늘날 남아 있는 이청조의 작품(사, 시, 문 등)을 총망라하여 수록하고 있어 이청조 작품 이해에 큰 도움을 주고 있다.

유럽이나 미국에서는 이청조에 대한 관심이 많고, 그녀의 시사詩詞에 대한 많은 번역서가 나와 있다. 그러나 한국에서는 중국문학 중 사의 장르가 가장 뒤진 감이 든다. 오늘날 중국에서는 한시를 구체시舊體詩라 부르면서 한시보다는 시사를 더 애호하고 있는 편이다. 그래서 이청조는 누구나 잘 알고 있는 사인詞人이다. 여성 특유의 예리한 묘사와 사색의 여운을 남겨주는 그녀의 작품은 오늘날 많은 독자들에게 사랑을 받고 있으며, 특히 젊은이들은 사의 내면성과 음률에 도취하면서 그녀를 영원히 잊을 수 없는 사인으로 추앙하고 있다.

10장 악비(岳飛)와 진회(秦檜)
-싸울 것인가? 화평할 것인가?-

북송을 멸망에 이르게 한 정강(靖康)의 변(變)

12세기 송宋 나라가 당쟁으로 인하여 내부적인 혼란이 일어나고 있을 무렵, 중국 동북부에서는 요遼의 지배 하에 있던 반농반목의 여진족女眞族이 금金(1115~1234)나라를 세웠다.

송은 이 시기에 연운 16주燕雲16州의 실지를 회복하고자 새로 일어난 금과 동맹을 맺고 요를 공격하여 12세기 초에 요를 멸망시켰다. 송은 요를 멸하는 데는 성공했으나 금과 직접 국경을 접함으로써 또 다른 위협을 받게 되었다. 목적을 달성한 송은 금에 대해 보상금을 지불하는 조건으로 옌징燕京(지금의 베이징)을 손에 넣었지만 그 약속을 잘 이행하지 않았기 때문에 금의 분노를 샀다. 그리하여 금의 군대는 옌징을 점령하고 파죽지세로 남하하여 수도 카이펑開封을 위협했다.

금군의 기세에 두려움을 느낀 휘종徽宗(1100~1125)은 황제 자리를 흠종欽宗(1125~1127)에게 물려주고 남쪽으로 피난했다. 조정에는 주전파主戰派와 주화파主和派로 나뉘어 다투었고, 새로 제위에 오른 흠종도 어떻게 해야 좋을 지 갈피를 못 잡고 있을 뿐이었다. 1126년, 수도 카이펑을 포위한 금은 많은 금은재물을 요구하고, 산시山西의 중산中山·허젠河間·타이위안

太原의 3진三鎭 등지를 할양해 줄 것을 요구했다. 송은 어쩔 수 없이 금의 요구를 수락하고 화약和約을 맺어 위기를 모면했다.

화약을 맺고 금군이 철수하자, 송 조정 내부에는 주전론자들을 중심으로 한 강경론이 대두했다. 배상금을 지불하지 않고, 3진 할양의 약속을 지키지 않았으며 도리어 금의 치하에 있는 거란인들에게 모반을 부추기는 등 내부 교란을 획책하면서 항전의 태도를 취했다. 거듭되는 송의 배신행위에 격노한 금은 1126년 11~12월에 재차 대대적인 군사행동을 일으켜 40일간에 걸친 공방전 끝에 카이펑을 함락시켰다. 금은 카이펑을 점령하고 많은 재물을 몰수했다. 금은 송조를 멸하고 흠종 시대의 장방창張邦昌을 내세워 초楚국을 세웠다. 그리고 1127년 3월, 흠종, 휘종을 비롯하여 황족과 궁녀·관료·기술자 등 3,000여 명을 포로로 삼아 뚱베이東北 지방의 오국성五國城(지금의 黑龍江省 依蘭縣)으로 압송해 갔으며, 휘종이 많은 돈을 들여 수집한 귀중한 서화, 골동품 및 궁중의 온갖 보물들도 모두 가져갔다. 이로써 송조는 일시 끊어졌는데, 이 사건은 당시의 연호를 따서 '정강의 변' (1126~1127)이라고 한다.

남송의 성립

'정강의 변' 으로 여러 황족들이 모두 금에 포로로 끌려갔으나 흠종의 아우 강왕康王 조구趙構만이 수도를 떠나 허베이河北에 머물러 형세를 관망하고 있었기 때문에 화를 면할 수 있었다. 부친과 형인 두 황제가 북으로 끌려가자 천하의 인심은 강왕에게 쏠리고 있었다. 1127년 5월, 흠종의 동생 강왕이 북송의 남경이었던 응천부應天府(지금의 河南省 商丘)에서 즉위하고 연호를 '건염建炎' 으로 고쳤다. 이가 고종高宗(재위 1127~1162년)으로서 송 왕조를 떠나 일으켰는데, 역사적으로 그 이전 흠종 시기까지를 북송(960~1127), 그 이후를 남송(1127~1279)이라 부른다.

고종은 황제가 되자 곧 미증유未曾有의 국난에 대처하지 않으면 안 되었다. 그는 우선 주전파 관료를 기용하여 진용을 재정비했다. 군대를 소집하여 방위체제를 갖추어 나갔다. 이러한 고종의 태도는 금을 크게 자극했고, 금은 마침내 다시 남침하기 시작했다. 금의 공격이 맹렬하여지자 고종은 응천부를 버리고 양저우楊州, 항저우杭州, 원저우溫州 등으로 도피하며 지내다가 1132년에 린안臨安(오늘날 항저우)에 도읍하고 금에 대항했다.

송군은 금군에 비하여 상대가 안 될 정도로 군사력이 약했기 때문에, 고종은 금의 침입을 막기 위하여 각지에 의용군을 편성하여 대항했다. 그런 부대 가운데에는 한세충韓世忠, 악비, 장준張俊 등 유명한 장수도 있었다.

금군이 남송 영내 깊숙한 곳까지 쳐들어 왔지만 남송을 멸하지 못한 것은 이런 의용군들의 호된 반격 때문이었다. 그래서 금나라의 지배 영역은 대체로 황하 이북의 허베이, 산시 지방에 국한되어 있었고, 허난, 산둥 이남은 위성국으로 삼아 중국인으로써 중국인을 지배하게 하는 것이 상책이라 여기고 있었다. 이에 금은 1130년에 유예劉豫를 옹립하여 카이펑을 수도로 삼아 제(齊)국을 세워 금의 전위대 역할을 하게 했던 것이다.

악비와 진회

금과의 전투가 계속되는 동안 남송에서는 주전론과 주화론, 양론이 격렬하게 대립했다. 주전론의 대표적인 인물은 악비이다. 악비岳飛(자는 鵬擧, 1103~1141)는 허난성 샹저우相州 탕인湯陰에서 태어났다. 그는 원래 농민 출신이었으나 어려서부터 학식과 무예를 닦아 문무를 겸비한 인물로 성장했다.

북송 말기, 금나라가 자주 군사를 일으켜 침입하자 이에 맞서 각지에서 의용군이 일어났는데 악비는 1122년에 카이펑을 방위하고 있던 종택宗澤이 모은 의용군에 참가하여 군인이 되었다. 이후 그는 금군과의 싸움에서 두각을 나타내 절도사節度使가 되었고, 나아가 남송의 유력한 군벌세력 중의 하나가 되었다. 그는 북벌에 나서 후베이성에서 허난성까지 진격해 큰 공을 세웠다. 악비군이 이르는 곳마다 백성들은 크게 환영했으며 중원 각 지의 부대는 '악岳' 글자를 깃발에 새겨 넣어 악비와 연합하여 금군 토벌에 나섰다. 이들을 '악가군岳家軍' 이라 하는데, 이 악가군의 연전연승은 중원 천지를 크게 고무시켰다. 이 때문에 금나라 군대에서는 "산을 무너뜨리기는 쉬워도 악비의 군대를 무너뜨리기는 정말 힘들다." 라는 말이 떠돌 정도였다. 그러나 잃어버렸던 영토를 다시 찾으려는 그의 노력은 주화파主和派의 반감을 불러일으켰다.

주화파 가운데 대표적 인물은 진회이다. 진회秦檜(자는 會之, 1090~1155)는 장쑤江蘇성 난징南京 출신이다. 그는 1115년에 과거에 합격했으며, '정강의 변' 때 포로로 잡혀갔다가 1130년에 탈출하여 고종에게 돌아온 사람이다. 그가 포로로서 금에 있을 당시 금의 중신 다란撻懶의 휘하에 있었다는 것을 감안하면 이 두 사람 사이에는 어떤 묵계가 있었을 지도 모른다. 진회는 다란과 함께 모의하여 양국의 화의和議를 성립시키기 위해 밀정으로서 일부러 석방되었다는 소문이 떠돌아다닐 정도로 열심히 화의를 추진했다.

진회가 금나라에 포로로 잡혀갔다가 돌아오자 고종은 금의 사정을 잘 알면서 주화파에 있던 그를 환대하고 곧바로 예부상서禮部尙書에 앉혔다가 그 이듬해에 재상宰相으로 삼았다. 그 후 일시 재상 직에서 물러났으나 곧바로 복귀하여 화친 교섭에 나섰다. 그는 1131년부터 1132년까지, 그리고 1138년부터 1155년까지 두 차례에 걸쳐 재상을 지내며 주화파의 대표적 인물이 되었던 것이다.

금과의 굴욕적인 화약(和約)

당시 주화파의 우두머리였던 재상 진회는 전쟁이 더 이상 계속되면 엄

악왕묘

청난 대가를 치르게 될 것이라는 판단을 했다. 그리하여 그는 교섭의 장애가 되는 일선의 장군들을 모두 제거해야한다는 생각을 했다. 군인들의 힘이 계속 커지는 것을 우려한 진회는 화평을 갈망하는 고종의 뜻을 받들어 강경수단으로 악비, 한세충 등 주전파 군벌세력의 실권을 박탈해 버렸다. 진회는 일선의 장군들에게 논공행상論功行賞을 행한다는 구실을 붙여 소환했다. 악비는 금과의 화친에 반발하여 장군직을 내놓고 물러나게 된다. 그러자 진회는 이때를 놓치지 않고 계략을 세워 악비를 옥에 가두고 악비와그 아들 악운에게 왕의 명령에 불복종하고 반란을 꾀했다는 터무니없는 반역죄를 뒤집어씌운 후 옥중에서 극비리에 독살, 처형해 버렸다. 그때 악비의 나이 39세였다.

악비 본인은 이처럼 젊은 나이로 억울하게 감옥에 갇힌 뒤 살해되었고, 그의 양아들 악운岳雲과 악가군의 간부인 장헌張憲도 사형을 당했다. 그리고 그의 집은 몰수되고 나머지 가족들은 악비의 장인이 살고있던 광남廣南

지방으로 이주하였다.

1142년에 또 다시 금나라와 굴욕적인 화약을 맺었다. 이로써 송과 금은 회이허淮河와 따산관大散關에 이르는 선을 양국의 국경선으로 정하고 송은 금에 대하여 신하에 예를 다하기로 하며, 매년 은 25만 냥과 비단 25만 필을 바치기로 하고 평화를 유지하게 되었다. 화약의 결과 고종의 생모와 휘종의 시체가 반환되었다. 이 화약으로 진회는 황제의 신임을 받게 되었으며, 그 후 20년간 재상에 있다가 1155년에 66세로 세상을 떠났다. 린안에 수도를 정한 남송은 강남의 풍부한 경제력에 힘입어 그 후 몽고에 멸망할 때까지 1세기 반 동안 평화가 지속되었다.

'민족의 영웅' 에서 '충성스런 군인' 으로

항저우에 가면 '악왕묘岳王廟' 가 있다. 시후西湖의 서북단 치샤링棲霞嶺 남쪽 기슭에 위치해 있으며 간신들의 모함으로 죽은 남송의 충신 악비의 공덕과 충심을 기리기 위해 세운 사당이다. 이것은 1221년 남송 때에 지어진 것인데, 악왕묘에서 가장 눈에 띄는 것은 충렬사忠烈祠 대전 안에 자리 잡은 악비의 좌상이다. 좌상의 악비는 모든 사람들이 높이 우러러볼 수 있도록 앉은키가 4.5m나 되고, 화려한 보라색 비단옷을 걸치고 있는 모습이다. 악비의 좌상 뒤편의 검은 액자는 황금색으로 '환아하산還我河山' 이라는 네 글자가 적혀 있다. 금나라에 빼앗긴 강산을 자신이 돌려받겠다는 뜻이다. 또 그 앞에는 악비를 모함에 빠뜨린 진회와 심복들의 철상이 꿇어 엎드리고 있는데, 전에는 이 철상들에 침을 뱉고 난후 악비의 묘에 참배했다고 한다. 악비 좌상의 좌우와 뒤쪽 벽면에는 악비의 생애를 보여주는 큼직한 기록화들이 있다. 이 벽화 중에는 악비와 그의 어머니가 함께 그려진 벽화가 있는데 악비가 전쟁터로 나갈 때 그의 어머니가 떠나는 아들의 등에 나라에 충성하고 백성을 지키라는 글을 써 주는 모습의 그림이다. 그의 어머니

악비 어머니가 아들의 등에 '정충보국' 이라고 새겨주는 그림

는 '정충보국精忠報國' 이라는 네 글자를 악비의 등에 썼는데, '국國' 자의 마지막 점은 찍지 않았다고 한다. 악비가 전쟁에서 승리하고 살아서 다시 돌아오면 그때 마지막 점을 찍어주겠다는 것이다. 그러나 악비는 전장에서 여진족들에게 죽임을 당한 것이 아니라, 동족의 모함에 의해서 죽게 된다.

악비묘는 중국의 한족 민족주의를 신봉하는 사람들에게는 성지와도 같은 곳이다. 수많은 중국인들이 이 악비묘를 단체로 찾는다. 세계 여러 곳에 퍼져서 살고 있는 화교들도 찾아와 악비의 애국적인 행동을 높이 평가한다. 악비는 위기에 빠진 송나라를 구해 한족들에게 자긍심을 심어주었고, 그의 투철한 충성심은 중국인들에 의해 크게 칭송을 받아 왔다. 그는 민족의 영웅으로, 외부의 침략과 압박에 저항하는 정신을 가진 무장으로서 존중되어 왔다.

악왕묘입구의 진회

　반면 이 묘 앞에는 초라한 철상鐵像이 있다. 이 철상은 악비를 모함에
빠뜨려 죽음에 이르게 한 진회 부부와 다른 간신 2명의 철상들이다. 이들
은 무릎을 꿇고 손은 포승줄에 의해 뒤로 묶인 채, 돌바닥 위에 고정되어
있다. 악비를 죽인 이들은 생전에는 가까스로 징벌을 면할 수 있었으나,
후세 사람들이 이러한 무리들의 철상을 만들어 악비의 무덤 앞에 무릎을
꿇림으로써 민족 반역자에 대한 분노를 터뜨리고 있는 것이다. 진회부부
의 상에 '침을 뱉지 마시오.'라고 경고문을 써 놓았으나 사람들은 여전히
침을 뱉으며 중오하고 있다. 진회 자신도 악비를 죽이는 것에 갈등을 겪으
며 고민하고 있었는데, 그의 부인의 종용으로 끝내 사형을 결심했다고 전
해진다.
　또한 허난성 주시엔전朱仙鎭(지금의 河南省 開封縣西南)에도 악비묘岳
飛廟가 있다. 이것은 명대(1478)에 세워진 것으로, 주시엔전은 악비가 금군
을 대파한 곳이었기 때문에 그것을 기념하여 세운 것이다. 1986년에 허난

안양 탕인현에 있는 악비묘

성 인민정부가 이 사당을 성급문화재로 지정하여 보존하고 있다.

그리고 허난성 안양安陽에도 악비묘岳飛廟가 있다. 이 악비묘는 그의 고향인 안양시 탕인湯陰현성의 서남쪽에 위치하고 있는데, 탕인은 악비의 고향으로, 오늘날에도 경광선京廣線의 탕인역에서 하차하여 역을 빠져나오면, 곧바로 화강암의 기석에 장엄한 모습을 한 악비 동상이 눈에 들어오면서 악비를 생각나게 한다. 이곳 탕인현에는 악비에 관한 유적지와 일화가 많이 얽혀 있는 곳이다.

이 악비묘가 언제 처음 세워졌는지는 확실하지 않으며, 현존하는 것은 명나라의 경태景泰 원년(1450)에 재건된 것으로, 총면적 4000 평방미터에 백여 칸의 전우殿宇들이 배치되어 있다. 악비묘는 원래 "정충묘精忠廟"라 하였으나 후에 "송악충무왕묘宋岳忠武王廟"라 불러 오늘에 이르고 있다. 악비묘 입구의 첫 번 채 건물인 '정충방精忠坊'은 정교하고 아름답기로 유명한 목조 패루이다. 이를 지나면 경내에 악비 기념관이 있고, 악비가 직접 쓴 시문, 악비 찬양 시문, 역대 유명인들의 시문 등을 새긴 300여개의 비갈이 널려 있어, 중원 지방의 서예와 문학예술의 보고라 일컬어지고 있다.

당시의 금과 송의 역관계를 볼 때, 화북을 탈환하는 것은 꿈같은 이야기로, 진회가 화평의 길을 택한 것은 남송이 살아남을 수 있는 유일한 방법이었고, 화약을 추진한 진회는 시세를 잘 읽었다는 옹호론도 있다. 또 송 왕조는 태조 이래 문치주의로서 군벌 세력을 억누르는 정책을 취하고 있었으니 송의 국책을 착실히 따르고 있었다는 해석도 있다. 북에서 쫓겨나와 불안정한 왕조를 안정시킨 것은 진회의 정치적 수완에 힘입은 바 크다는 이론이다. 이처럼 근년에는 그에 대한 재평가가 일어나고 있다.

최근 중국에서 악비에 대한 평가에 논란이 일고 있다. 지난 2002년 '중·고교 역사교육 지침'을 개정하면서 '악비는 더 이상 민족 영웅이 아니다.'라고 내부 역사서술을 바꾼 것으로 알려져 있다. 공식적인 발표는 없었지만 인터넷을 통해 악비가 '민족영웅'에서 '충성스런 장군'으로 격하된 일부 내용이 유출되어 네티즌들 사이에 치열한 논쟁이 벌어지기도 했다. 중국 당국이 악비를 민족 영웅이 아니라 충성스런 장군으로 역사적 위치를 격하시킨 것은 악비가 무찌른 금나라 역사가 중국 역사의 일부라는 입장에서 더 이상 민족의 영웅이 아니라는 설명인데, 이것은 최근 중국에서 일고 있는 역사 왜곡의 선상에 있다.

당시 송나라는 현재의 중국과 같이 한족 주변의 소수민족을 통일하지는 못한 나라였다. 한족으로만 이루어진 송나라에서 악비는 말 그대로 한족의 영웅이었던 것이다. 송나라와 금나라의 전쟁을 중국 내부의 분쟁으로 해석하는 것은 과거의 역사를 오늘의 시점에서 왜곡하는 것이다. 이것은 고구려사를 그들의 민족사로 보려는 것과도 맥락을 같이 하고 있다.

시대와 민족을 넘어 침략에 항거하는 의로운 사람이라는 보편성을 지니고 있는 악비에 대하여 오늘의 현대인들이 역사를 왜곡하여 기술하는 우를 범해서는 안 될 일이다.

11장 청렴한 관리, 공정한 재판관으로 추앙 받는 송대(宋代)의 포증(包拯)

중국 안후이安徽성은 유명한 인물들을 많이 배출한 성으로 알려져 있다. 춘추전국시대 제齊나라의 재상이었던 관중管仲, 유방劉邦을 도와 한나라를 세운 장량張良, 삼국지의 조조曹操와 주유周瑜, 중국 한의학의 명의로 알려진 화타華陀, 송대의 성리학적 전통을 세운 정호程顥와 정이程頤 형제, 성리학을 완성한 주희朱熹, 명나라를 세운 주원장朱元璋, 청말 개혁에 앞장섰던 이홍장李鴻章, 중국 5·4운동을 주도했던 문학가 호적胡適, 중국공산당 창당의 주역인물인 진독수陳獨秀 등이 모두 안후이성 출신이다.

그런데 특별히 세인世人들에게 존경을 받는 인물이 있는데 바로 북송北宋시대 청백리의 대명사로 불리는 포증包拯이다. 포증은 한국에서도 이미 TV드라마를 통해 '포청천包靑天' 이라는 이름으로 알려진 인물이다. 중국 사람들은 지금도 청렴한 공무원을 보면 "저 사람은 포공이다."라고 말한다.

효성 지극한 포증

포증(999~1062)은 북송 진종眞宗 함평咸平 2년(999)에 루저우푸廬州府 허페이현合肥縣(지금의 안후이성 허페이)에서 태어났다. 부친 포의包儀는 조산대부朝散大夫(종5품)라는 관직을 역임한 학자로, 그의 집안은 전통적인 학자 관료 집안이었다. 포증의 자는 희인希仁으로 흔히 사람들은 그를 존경하는 뜻에서 '포공包公', '포대제包待制', '포청천包靑天', '포대인包大人' 등으로 부르고 있다. 송대의 역사서 『송사宋史』의 기록에 의하면 그는 공평무사公平無私한 인물로 고관에 대해서도 겁을 내지 않았다. 그리고 그는 절대로 웃지 않

포증

았는데 그가 웃는 날은 황하가 맑아지는 날로 비유하고 있다.

그는 어렸을 때부터 효성이 지극하고 두뇌가 명석했다. 그는 28세(1027)라는 젊은 나이에 과거 시험에 급제하여 대리시大理寺의 평사評事에 임명되었다가 곧 젠창현建昌縣(지금의 장시성 용시우(江西省 永修))의 지현知縣(현의 우두머리)으로 승진했다.

그러나 그는 고향을 떠나 노부모와 떨어져 지내는 것을 늘 마음 아파했다. 그래서 그는 관직에 오른 지 얼마되지 않아 부모님을 봉양하기 위해 관직을 사임하고 귀향했다. 몇 년 후 양친이 연이어 세상을 떠나게 되자 그는 무덤가에 초막을 짓고 3년 상을 치르며 효성을 다했다.

부모님을 여읜 후 그는 고향에서 정직하고 소박한 생활을 보내다가 다시 조정의 부름을 받아 인종仁宗 경우景祐 4년(1037)에 톈창현天長縣의 지현에 임명된다. 후에 그는 단주지주端州知州, 감찰어사監察御使, 삼사호부판관三司戶部判官, 전운사轉運使 등을 역임했고, 수도 카이펑開封으로 들어가 삼사호부부

드라마 『포청천』의 포증

사호부부사司戶部副使, 지간원知諫院 등을 지냈다. 1062년 그는 추밀부사樞密副使 (정2품) 직임을 수행하던 중 병을 얻어 향년 64세의 일기로 생을 마쳤다.

그가 죽은 후 조정에서 그를 예부상서禮部尙書에 추증하고 시호를 "효숙孝肅"이라 했다. 현존하는 그의 문집으로는 『포증집包拯集』, 『포효숙공주상의包孝肅公奏商議』 등이 있다.

지혜로운 판관 포증

그의 지혜로운 재판에 대해서 이런 일화가 전해진다. 그가 톈창현 지현으로 있을 때, 특이한 소송사건 하나가 발생했다. 한 농부가 밤에 소를 외양간에 매어두었는데 다음날 아침에 일어나 보니 그 소가 땅바닥에 드러누워 입에서 피를 흘리고 있었다는 것이다. 이를 이상하게 여긴 농부가 소의 입을 벌려보니 누군가가 소의 혀를 잘라 놓았던 것이다. 분통이 터져 참을 수 없었던 그는 즉시 관청으로 달려가서 고소하고 포증에게 소의 혀를 자른 사람을 잡아달라고 부탁했다.

미궁에 빠진 이 사건을 어떻게 처리할까 고심하던 포증은 생각 끝에 그 농부에게 이 사실을 아무에게도 말하지 말고 곧장 집으로 돌아가 소를 잡아 팔아버리라고 일렀다. 개인이 사적으로 소를 도살할 수 없는 것이 당시의 법이었지만 관가에서 허락했고 또 혀가 잘린 소는 얼마 살지도 못할 것이라 생각되어 포증이 시키는 대로 했다.

다음날 아침, 한 사람이 관청으로 찾아와 아무개가 임의로 몰래 소를 도살했다고 고발해 왔다. 포증은 그 밀고자에게 사실 내용을 자세히 물어본 후, 즉시 큰 소리로 호통을 쳤다. "네 이놈! 네가 남의 소의 혀를 잘라놓고 도리어 그 사람이 소를 도살했다고 고발하느냐!" 그는 겁에 질려 땅에 엎드려 머리를 조아리고 죄를 실토했다. 자신은 그 농부에게 원한이 있어 소의 혀를 잘랐다는 것이었다. 이런 일이 있은 후, 포증의 지혜로운 판결에 대해 크게 알려지기 시작했다고 한다.

그 후 포증은 여러 곳의 지방관을 역임하는 동안 백성들의 억울한 사건을 해결해 주고 과중한 세금을 감면하여 생활을 안정시켜주었다.

염라대왕과 포증

1056년 12월, 인종仁宗은 부패하고 혼란한 정국을 해결하고자 포증을 카이펑부의 지부知府에 임명했다. 카이펑부는 황실의 내외척과 권문세족들이 모여 있는 곳으로, 관직에 있는 사람이면 그 누구도 뇌물을 받지 않은 사람이 없을 정도로 부패했다.

카이펑부의 지부에 임명된 포증은 당시 대리인을 거쳐야 했던 소송과정에서 일어나는 부정부패를 척결하기 위해 관청 앞에 북을 걸어 놓고, 억울한 일을 당한 백성은 대리인을 거치지 않고 직접 와서 북을 치도록 했다. 북소리가 울리면 관청은 문을 열어 백성이 억울한 사정을 고하도록 했다. 이렇게 되자 관리들은 더 이상 중간에서 백성의 재물을 갈취할 수 없게 되었고, 또한 포증의 법집행이 엄격하여 카이펑의 권문세족들도 함부로 부정부패를 저지를 수 없게 되었다.

재현된 포청천 재판 모습

　포증은 카이펑부에서 재직하는 30여 년 동안 비리 있는 수많은 관리들의 관직을 박탈시키거나 강등시켰는데 포증에 의해 탄핵된 사람들 가운데 특히 강서전운사江西轉運使 왕규王逵와 송상宋庠, 장요좌張堯佐 등의 탄핵은 전국을 뒤흔든 대사건이었다. 그의 강직한 성품 때문에 염라대왕에 비유되면서 '포염라', '철면대인' 등과 같은 별명이 붙었고, 민간에서는 "청탁이 통하지 않는 사람은 염라대왕과 포증이다."라는 노래가 전해졌다고 한다. 그의 강직함을 잘 나타내 주고 있다.

　포증은 친척과 친구들에게도 매우 엄격했다. 친척들이 그의 후광을 입으려고 해도 그에게는 통하지 않았다. 세월이 갈수록 친척과 친구들도 그의 강직한 성품을 파악하고는 더 이상 개인적인 일로 그를 찾아가지 않았다.

　1061년, 인종은 포증을 중용中庸하여 그를 추밀부사樞密副使로 승진시켰다. 그는 고관이 된 후에도 일반 평민과 같이 소박하고 검소한 생활을 했는데, 1062년 5월 중병을 얻어 세상을 떠났다. 임종 시에 그는 다음과 같은 유언을 남겼다고 한다. "후대에 자손들이 벼슬을 하여 부정부패를 저지르면 고향으로 돌아오지 못하게 하라. 그리고 그들이 죽은 이후에도 우리 포씨包氏 집안의 선산에 묘를 쓰지 못하도록 하라."

그가 남긴 시 가운데 두안저우端州(지금의 광둥성 쟈오칭(廣東省 肇慶))의 관청 벽에 씌어진 시가 있는데 그의 인격을 잘 나타내주고 있다.

청심위치본(淸心爲治本) 청심, 곧 맑고 깨끗한 마음은 다스림의 근본
직도시신모(直道是身謀) 직도, 곧 바른 도는 자기 자신을 위한 도모이다.
수목종성동(秀木終成棟) 잘 뻗어 자란 나무는 마침내 건물 동량재 되고
정강불작구(精鋼不作鉤) 좋은 강철은 굽혀진 갈고랑이로 안쓰인다
창충서작희(倉充鼠雀喜) 창고 가득차면 쥐와 새, 탐관오리가 좋아하고
초진토호수(草盡兎狐愁) 풀이 말라 없어지면 토끼와 여우가 슬퍼한다.
사책유유훈(史冊有遺訓) 역사에는 교훈이 있으니
무이래자수(毋貽來者羞) 앞으로 올 후세에 부끄러움을 남기지 말지니

아시아를 뒤 흔든 포청천, 왜 인기 있을까?

포증을 주인공으로 삼은 인기 드라마로 '포청천'이 유명하다. 포청천은 대만과 홍콩의 합작으로 제작된 드라마지만, 대만, 홍콩, 중국은 물론 한국, 일본, 말레이시아에서도 대 인기를 모았고 인도네시아에서도 포청천을 모르는 사람이 없다고 한다. 이 드라마는 아시아 전체를 뒤 흔들며 대단한 인기를 불러일으켰다.

포증은 송대 행정관이지만 청렴한 관리, 공정한 재판관으로 널리 추앙을 받고 있기 때문에 일찍부터 그를 소재로 한 소설과 희곡이 유행했다.

남송南宋과 금대金代에 이미 포증을 주인공으로 삼은 소설과 희곡이 출현했고, 원대元代에는 포공희包公戲, 포공전설包公傳說, 설서화본說書話本 등 그를 이상적인 재

안휘성 허페이(合肥)에 있는 포공사

판관으로 찬양한 작품이 크게 성행했다. 명대에는 각종 전기傳奇 지방희地方戲와 수백 권에 이르는 재판 소설 『포공안包公案』, 『용도공안龍圖公案』으로 더욱 발전했으며 청대에는 『삼협오의三俠五義』소설을 써 내었다. 이 소설은 그동안 명 재판관으로만 다루어 오던 포증을 협객들과 함께 등장시켜 놓았다는 것이 특색이다. 이 『삼협오의』는 후에 『칠협오의七俠五義』라는 무협 장편소설로 발전했다.

　지금도 중국의 지방희는 물론 희곡과 소설 속에서 포증을 주제로 한 작품이 많이 전해지고 있다. 1993년부터 그를 주인공으로 한 「포공」 극집이 계속 쏟아져 나오면서 약 500여 편의 영화가 제작되었다고 하니 포증에 대한 인기를 짐작할 수 있다.

　중국인들은 포공을 신으로 숭배하면서 사당을 찾아가 그를 참배하고 있다. 그의 공평무사한 판결, 청렴결백한 생활과 예리한 통찰력은 오랜 세월동안 많은 대중들의 존경을 받으면서 자연스럽게 신적인 인물로 승화된 것이다.

포공에 대한 숭배는 마카오에서 가장 성행하고 있다. 지금도 마카오에서는 매일 포공의 사당을 찾아가서 복을 기원하는 사람들의 행렬이 끊이지 않고 있다. 이러한 숭배는 포공이 선한 사람을 보호해주고 악한 사람을 징벌해 주며, 재앙을 없애주고 복을 내려줄 것이라는 믿음에서 비롯된 것이다. 따라서 포공에 대한 숭배는 사회 정의와 바른 정치의 실현을 기대함에서 나온 것이라고 할 수 있다.

포증의 고향 허페이에 가면 시가지 남쪽의 빠오허包河 공원 내에 포증을 모신 사당, 곧 '포공사包公祠'가 있다. 이것은 명의 홍치 원년(1488)에 여주지부 송감宋鑑이 포공을 기념하기 위하여 '포공서원'을 세운데서부터 시작했는데, 이것이 오늘날의 '포공사'가 된 것이다.

이처럼 포증은 시대나 지역을 막론하고 변함없이 인기를 끌고 있다. 그 이유는 무엇일까? 그것은 현실 사회의 정치가나 관료들의 부패가 많기 때문이다. 실제로 권력자가 징계를 당하는 일이 드문 일이기에 그만큼 서민들은 포공의 활약에 쾌재를 부르는 것이다. 이 세상에 포증과 같은 청렴결백한 관리가 나타나길 절실히 바라는 것은 한편으로는 지금까지 바른 정치를 행한 지도자가 없었다는 것을 반증하는 것이기도 하다.

청렴한 관리, 공정한 재판관으로 널리 추앙 되고 있는 포공의 이야기는 이상적인 정치가 실현되지 않는 한 영원히 계속될지도 모를 일이다.

12장 황도파(黃道婆) 그녀는 누구인가?
-중국 방직 기술의 혁신가, 중국 최초의 여성 과학자-

중국에는 전통적으로 '남경여직男耕女織' 이라는 말이 통용되어 왔다. '남자는 밭을 갈고 여자는 베를 짠다.'는 뜻으로, 이는 곧 농업과 수공업이 상호 결합된 가족단위의 자급자족적 생산구조 하에서 농촌 경제가 이루어졌음을 의미한다. 이로 인하여 여성들은 가정에서 길쌈 등 가사 일에 얽매이게 되었다. 거기에 남존여비의 사상이 바탕을 이루면서 여성의 사회 진출은 희박한 일이었다.

이런 까닭으로 중국에는 여성과학자가 드물다. 중국 과학자들을 소개한 책『중국고대과학가전기中國古代科學家傳記』상, 하(1992, 1993)에 235명의 중국 과학자들의 전기가 실려 있는데, 그 가운데 여성은 단 한명뿐이다. 그녀가 바로 중국 방직 기술의 혁신가로 알려져 있고, 중국 최초의 여성 과학자라 할 수 있는 황도파黃道婆(1245?~1306?)이다.

황도파의 성장과정

상하이에 가면 "황 할머니 황 할머니! 우리에게 실타는 것 가르쳐 주고, 베 짜는 것도 가르쳐 주세요. 하루에 실 두통 내고, 베 두필 짜도록 말이에

요."라는 노래가 전해지고 있다. 중국의 방직 기술 혁신가 황도파의 뛰어난 방직 기술을 칭송하는 노래이다.

그런데 황도파의 정식 이름은 알 수 없고, 그의 생몰 연대도 확실하지 않다. 다만 지금의 상하이시의 서남쪽의 교외에 당시 쑹장松江의 우니징烏泥涇이라는 마을이 그녀의 고향이라는 것만 알려져 있다. 그녀는 말년에 이곳에서 방직 기술을 개발하여 이곳 경제를 크게 발전시킨 공이 큼으로 그녀

황도파

를 그저 '황도파' 라 불렀는데, '황도파' 라는 말은 '황 할머니' 라는 말이다.

원래 황도파는 12 · 3세 때에 생활이 어려워 다른 집의 양녀(민며느리)로 들어가 생활했다. 옛날 중국에서는 흔히 '동양식童養媳' 이라 하여 남의 집 여자 아이를 어렸을 때부터 데려다 양녀로 삼아 양육하고 나중에 성장하면 며느리로 삼는 일종의 '민며느리제' 풍습이 있었는데, 그녀도 다른 집의 민며느리로 들어가 생활하게 되었다.

양녀로 들어간 집에서는 하루종일 밭일, 베짜는 일을 쉴틈없이 해야했다. 그렇지만 식구들은 그녀를 게으름 피운다하여 심하게 때리고 광에 가두고, 밥도 주지 않을 뿐 아니라 잠도 재우지 않았다. 그녀는 어디에 하소연할 데도 없었다. 더 이상 견딜 수가 없었던 그녀는 잔꾀를 내어 천장을 뚫고 그 집에서 도망쳐 나와 도교 사원에 피신했다. 그런 연유로 인해 그녀는 '황도고黃道姑(황도 아줌마)' 라고도 불리게 되었다.

사원에서 숨어 지내고 있던 그녀는 언제 어떻게 양가집에 발각되어 붙잡혀갈지 몰라 불안하여 멀리 도망가고자 했다. 마침 황포강가에 나가 정박해 있던 배에 몸을 숨기고 멀리 남방으로 떠났는데, 그 배가 이른 곳이

황도파

하이난다오海南島였으며, 이 일로 그녀는 하이난다오의 남단 야저우崖州에서 생활하게 되었다.

하이난다오에서 방직 기술을 익히고

하이난다오의 남단 야저우崖州에는 소수민족인 리黎족이 많이 살고 있었다. 이곳의 리족은 김쌈에 재능을 가지고 있어, 일찍부터 방직 기술이 앞선 민족이었다. 남송대에 제학복건로시박提學福建路市舶으로 있던 조여적趙汝适이 동남아시아의 여러 지역, 하이난다오 및 양광 연안 등지의 산물, 무역, 풍속 등을 다루어 『제번지諸蕃志』라는 지리책을 발간(1225)했는데, 거기에 보면, "리족의 부인들은 양잠은 하지 않고 오직 솜이불, 명주, 여막黎幕만을 짜는 일에 종사했다"라든지 송대 방작房勺이 지은 『박택편泊宅編』에도 "민광閩廣(福建과 廣東)일대에는 방적이 크게 성행했다"고 말하고 있듯이 하이난다오의 리족들은 방직에 뛰어난 재능을 지니고 있었다.

그로 인해 하이난다오 일대에서 생산되는 면직물은 질이 좋기로 유명했다. 제품이 섬세하고 색의 조화도 잘 이루어져 인기가 있었다. 리족 사람들은 단단하고 두꺼운 두라면兜羅綿(버마지방의 '두라'라 하는 살구씨로 만든 다소 질이 떨어지는 면의 일종), 황리포黃梨布(파인애플 잎사귀로 짠 천) 등의 천을 짜고, 거기에 여러 가지 색깔을 넣었는데, 이들 천은 전국각지로 팔려나갔다. 이 지방에서 생산되는 면직물은 공납품으로써 남송의 수도인 린안臨安(지금의 항저우)에 들어갔는데 이러한 면포가 20여 가지가 넘었다고 한다. 당시 중국 내지는 목화재배가 이루어지고는 있었으나 방직 기술이 낙후한 상태에 있었으며 방직 기술 및 제품의 질이 하이난다오의 것에 비하여 크게 뒤져 있었다.

황도파는 하이난다오에 도착한 후, 그곳 사람들과 함께 일하면서 리족의 선진적인 방직기술을 부지런히 익혀, 그녀는 유능한 방직 기술자가 되었다.

고향으로 다시 돌아 온 황도파-방직기술의 전수와 새로운 방직 도구 개발

하이난다오에서 지낸 20여 년이 지나는 동안, 어느덧 그녀는 중년이 되어 있었다. 오랜 객지 생활과 더불어 나이가 들어감에 따라 고향이 그리워지기 시작했다. 저녁이 되면, 저녁노을에 아련히 떠오르는 전원이 생각나곤 했다. '낙엽귀근葉落歸根(낙엽이 떨어져 뿌리로 돌아간다. 사물이 근본으로 돌아간다는 뜻)' 이라는 말이 있듯이 객지로 나와 중년이 된 그는 노년이 되어가자 고향에 뼈를 묻히고 싶었다.

이리하여 1295~6년쯤 황도파는 씨 빼는 도구, 솜을 내는데 사용되는 솜활 등 남방 리족의 우수한 기술과 도구를 손수 짊어지고 고향으로 돌아왔다. 그녀의 나이 이미 50대에 접어들어 있었기 때문에 사람들은 그녀를 '황도파' 곧 '황할머니' 로 불렀다.

그녀가 고향에 돌아왔을 때, 그의 고향 우니징烏泥涇(현재의 상하이 쉬훼이徐彙구 화징전華涇鎭)은 목면 재배가 성하고, 베 짜는 사람도 많이 있었지만, 생산기술과 도구는 낙후된 상태였다.

그녀는 배워 온 방직기술을 고향사람들에게 전수하고 스스로 면방직 기구들을 개발하여 나갔다. 곧 천에 꽃무늬 넣는 방법을 전수하여 질 좋고 정교한 아름다운 베를 짜 내었는데, 주변의 도시와 마을에서도 이 기술이

황도파와 베틀

널리 확산되어 나갔다. 이로 인하여 송강 지역에서는 방직업이 크게 성하고, 이곳에서 생산한 면포는 더욱 정교하고 아름다웠다. 의류 뿐 아니라 이불도 많이 생산되었는데 특히 황도파는 하이난다오의 '야저우崖州 이불' 을 본 따 이불에 아름다운 꽃무늬를 넣은 '오니경烏泥涇 이불' 을 보급하여 인기를 모았다. 중국의 유명한 남인화포藍印花布도 황도파의 손에서 나온 것이었다.

황도파가 기술을 전수한 13세기 후반까지는 베 짜는 공정 중, 목화씨를 빼내는 일부터 너무 힘들고 번거로운 일이었다. 잘 마른 씨라 하더라도 목화씨가 목면 내부에 딱 달라붙어 있어 좀처럼 잘 떨어지지 않았다. 직접 손으로 일일이 씨를 빼내거나 쇠막대기로 밀어서 빼내기도 했지만, 힘든 일이었고 효율성도 낮았다.

이런 때에 황도파는 선진 기술을 전하면서 발로 밟아 돌아가게 한 씨아 (攪車, 踏車, 土法軋花機, 軋棉車, 목화씨를 뽑아내는 기구) 틀 안에 두 개의 축을 갖춘 씨 빼는 도구를 만들어 사용했다. 이 틀 안에는 위쪽으로 직경이 작은 축이, 아래로는 비교적 굵은 축이 있어, 이것들이 서로 반대방향으로 돌도록 장치되어 있다. 씨아 틀 사이에 목화를 넣고 발로 밟아 돌리면 양축이 서로 엇갈려 돌아감에 따라 솜은 앞으로 빠져 나오고 씨는 뒤쪽으로 떨어지도록 되어 있는 장치를 개발한 것이다. 다시말해 황도파의 조면기繰綿機(씨 빼는 기계)는 방직공구의 제일보라 할 수 있다. 원대 왕정王楨이 쓴 『농서農書』에 소개된 씨아는 두 사람이 손으로 돌리는 것으로 소개되어 있는데, 이것을 크게 바꾼 것이다.

또한 그녀는 솜활彈綿弓(무명활), 물레 등 직기의 도구를 개조했다. 씨아를 통해 씨가 빠진 솜은 솜활로 타는데, 이 솜활은 참대나무를 휘어서 활처럼 만들었다. 활 끝의 진동에 따라 찌꺼기는 떨어지고 솜은 뭉게뭉게 피어나게 된다.

그리고 그녀는 방차紡車(물레)를 개량했다. 원래는 방추가 하나인 방차를 사용했으나 그녀는 이것을 개량하여 3개의 방추를 이용한 방차를 만들어 내었다. 이것은 방직기의 커다란 진전이었고 수동 방직기의 최고 수준이라 할 수 있다.

그녀가 개조한 이들 선진 방직기는 원말 면직물의 생산을 증대시켰다. 당시 쑹쟝 지역에 면직업으로 생계를 유지하는 집이 천여 호에 이를 정도로 많은 사람들이 방직업에 종사했다. 그리고 여기서 생산되는 면포는 전국으로 팔려나갔고, '쑹쟝면포 천하 제일' 이라는 명예를 얻게 된 것이다.

황도파 묘소와 기념관

역사상 중국 사람들은 여러 신을 설정하여 섬겨왔다. 상업신으로는 관우關羽, 주신酒神은 두강杜康, 목공신은 노반魯班, 잠신蠶神은 마두랑馬頭娘(山海經의 西陵氏, 嫘祖), 옥신獄神은 고도皐陶 등으로 말하고 있는데, 황도파는 방직신으로 섬겨지고 있다. 그녀의 방직 기술을 높이 평가하여 그렇게 된 것이다.

1334년에는 정식으로 사당까지 세웠다. 현재 상하이시 난취南區에는 그녀를 모신 '선면사先棉祠' 가 세워져 있다. 또한 상하이 서남쪽 룽우龍吳로의 상하이 식물원 내에도 그녀를 기리기 위한 사당을 만들어 놓았다. 원래 고

황도파 흉상

향에 있던 작
은 사당을 상
하이 식물원을
조성할 때에
이곳으로 가져
온 것이다. 사
당 내에는 황
도파와 관련된
자료가 전시되
어 있고, 상하
이 20세기 초
면방직품들이 전시되어 있으며 그녀의 조상彫像도 세워져 있다.

  상하이시 쉬훼이徐彙구 화징쩐華涇鎭 뚱만춘東灣村에는 황도파 묘소와 기
념관이 있다. 황도파는 야저우에서 그의 고향 쏭쟝부 우징진(현재 상하이)
으로 돌아와 방직기술을 발전시키던 중, 60세에 세상을 떠났다. 향민들은
방직업 발전에 기여한 그녀의 업적을 기리어 무덤에 비를 세우고 사당을
지어 제사했다. 허나 이 묘는 몇 차례 방치되어 오다가 1957년 상하이 인민
정부에 의해 보수되었다. 묘소에 '원대 방직가 황도파의 묘元代紡織家黃道婆
之墓'라는 비석을 세우고 그 뒷면에는 그의 업적을 새기어 놓았다. 그 후
1962년 다시 중수하고 부귀영화를 상징하는 한백옥漢白玉의 석비를 세웠
고, 주변에 소나무, 측백나무, 회양목, 회나무 등을 심어 묘소를 잘 단장했
다. 1984년에 대지를 더 확장한 후, 거기에 커다란 봉문을 만들고, 푸른 벽
돌로 바닥을 깔았으며, 삼면에 담장을 두르는 등 곱게 단장을 했다. 묘 앞
에는 "원황도파묘元黃道婆墓"라는 한백옥 석비가 서 있는데, 이것은 유명한
서화가인 웨이원보魏文伯가 쓴 것이다.

  1987년에는 황도파가 잠들고 있는 묘지 옆에 원 명시기의 건축양식으

로 된 '황도파 기념관'을 세우고, 이 일대를 상하이시급 문화재로 지정했다. 기념관에는 『중국통사中國通史』저자로 유명한 쪼우구청周谷城이 쓴 "衣被天下"(천하 제일의 의복과 침구)라는 현판이 걸려 있고 기념관 앞에 2.2m의 생동감 있는 황도파 조상도 세워져 있어 이곳을 찾는 사람들에게 황도파의 공적을 되새기게 한다.

황도파가 그려진 기념우표

약 300평의 기념관에는 3개의 소 전시실이 마련되어 있다. 주 전시실에는 황도파와 관련된 사진, 그림, 여러 유물 등을 진열하여 놓음으로써 그의 생활과 중국 방직사에 기여한 그의 공적을 알 수 있게 했다. 다른 두개의 전시실에는 방직용 도구와 면방직품을 나누어 전시하고 있는데, 방직 도구 전시실에는 씨아기, 제사기, 직포기 등 30여점의 물건들이 전시되어 있고, 면방직품 전시실에는 각종 면포, 남인화포, 각종 의류품, 이불을 비롯한 다양한 침구용품 등 300여점의 면방직품이 전시되어 있다. 여기에 진열된 많은 전시품들은 '상하이 문물관리위원회' 관계자들이 쟝쑤江蘇, 저장浙江성 등의 각 지방에서 수집한 것들이며, 그것도 대부분 명청 시기부터 보존되어 내려온 진품들이기에 방문자의 눈길을 끌고 있다.

전시실에는 저장 일대의 농촌에서 수집한 길이 넉자의 대나무로 된 솜활竹弓이 있다. 솜활은 원래 한자밖에 되지 않았던 것인데, 황도파가 넉자나 되는 큰 솜활을 만든 것이다. 이것을 흔히 '황도파 솜활'이라고도 부른다.

2006년 12월에는 황도파 노년기의 모습을 그린 화상이 발견되었다 하여 화재가 된 일이 있다. 그간의 화상들은 대개 젊었을 때의 모습을 그린

황도파 묘

것으로, 사실 50세 이후 상하이 지방에 와서 활동하던 노년의 화상이 없어서 아쉬워하던 차에 이번에 발견된 화상은 약 56세 정도로 보이는 화상이란다. 황도파가 하이난다오에서 상하이로 와 활동하던 때의 것이라 하여 크게 의미를 부여하면서 관심을 모았다.

황도파가 끼친 영향 및 의의

중국에서는 원래 고대부터 목화가 있기는 했으나, 그것으로 옷감을 만들어 이용하는 기술은 그리 발달하지 않았다. 송나라 이전 시기에는 오히려 변방에서 방직 기술이 발달해 있었고, 상하이 일대는 낙후한 편이었다. 그런데 황도파는 하이난다오의 선진 기술을 쑹쟝 일대에 전수하고 발전시킨 중국 역사상 대표적인 방직 기술자요, 여성 과학자이다.

원대에서부터 명청시기에 걸쳐 우니징이 있는 쑹쟝을 비롯하여 양자강 하류 일대는 전국 면업의 중심지로 발전했다. 황도파는 하이난다오의 선진 기술을 바탕으로 씨아, 솜활 등 방직 기구를 개발했고 아름다운 색깔을 넣어 짜는 법을 창안해 내었다. 황도파의 방직 기구 개선과 기술 개발은 이 지역의 방직업을 발전시켰고, 나아가 중국의 사회 경제에 커다란 영향을 미쳤으며 명말 청조 중국 자본주의 맹아를 불러 일으켰던 것이다. 청말·민국초기를 거쳐 오늘에 이르기까지 상하이 일대가 크게 번영하고 전국제일의 상업지역이 된 것도 황도파가 남긴 공적이라 해도 과언이 아닐 것이다.

세계사적인 의미에서도 면화는 '산업혁명'의 원동력이 되었다. 1793년에 엘리 휘트니(Eli Whitney 1765~1825)가 목화 씨 빼는 기구인 조면기繰綿機(cotton gin, gin은 engine의 줄인 말로 '목화 엔진'이라는 뜻)를 발명함으로써 미국의 면직물 산업을 혁명적으로 발전시켜 미국 산업혁명의 주역이 되었다는 것은 잘 알려진 사실이다. 그런데 황도파는 이보다 이미 500년이나 앞서 씨 빼는 도구를 제작하여 활용했던 것이다.

우리나라에서는 1363년에 문익점文益漸(1331~1400)이 서장관書狀官이 되어 원元나라에 갔다가 돌아오면서 붓대 속에 목화씨 몇 개를 감추어 가져왔고, 이를 장인 정천익鄭天益과 함께 고향에서 재배하고 물레를 만들어 면방직의 길을 열었는데, 이것은 대략 황도파가 중국에서 면방직을 시작한 지 반세기 뒤의 일이다.

황도파는 역사상 유일무이한 여성 과학자로 평가 받고 있다. 중국에서는 역사적인 인물을 선정하여 기념우표를 발행한 적이 있다. 1980년 11월에도 과학자를 그린 우표 4종이 발행되었는데, 그 가운데 한 인물이 황도파였다. 물론 황도파 외에 여성으로서 기념우표에 그려진 인물이 있기는 하지만 이들 모두가 혁명가였다. 황도파 한 사람만이 유일한 여성 과학자로서, 종이를 발명한 채륜蔡倫, 대수학자 조충지祖冲之 등과 나란히 과학자로서 그 위업을 보였던 것이다.

실로 그녀는 미국의 휘트니보다 500년이나 앞서서 목화씨 빼는 기구를 고안해 내었고, 중국사에서 보기 드문 방직 기술의 혁신가요, 최초의 여성 과학자라는 점에서 그 역사적 의의가 크다 하겠다.

13장 대하(大夏)정권의 흥망과 명승(明昇)의 고려 귀화

한국 명씨(明氏)의 본관은 중국 쓰촨(四川)에

1982년 3월 30일, 충칭시내重慶市 江北區 上橫街에서 방직공장 확장 공사를 하던 중에 한 고분이 발견되어 세인들의 이목을 집중시켰다. 4월 18일까지 계속된 발굴 작업 끝에 그것이 바로 쓰촨四川에서 대하국大夏國을 세운 명옥진明玉珍의 능묘睿陵(예릉)임이 판명되었다. 능묘에서 향비목香榧木으로 만들어진 목곽과 잣나무柏木로 된 목관, 그리고 귀중한 현궁비玄宮碑가 발견되었다. '현궁(玄宮)'이란 제왕의 지하궁궐을 의미하는 것으로, 그 내부에서 발견된 현궁비는 엷은 푸른색을 띤 동석銅石인데, 높이 145cm, 폭 57cm, 두께 23.5cm의 비석이다. 이것은 명옥진에 대한 귀중한 역사 자료가 되고 있다.

또한 금잔, 은기, 비단 명정, 도포, 곤룡포 등 여러 의복 및 옷감 등이 발견되어 복식사 연구에도 큰 도움을 주었다.

명옥진의 아들 명승明昇이 고려로 귀화하여 정착함으로써 명씨明氏를 개창하게 되었다는 것은 보학譜學에 관심 있는 이들에겐 잘 알려진 사실이다. 『서촉(연안)명씨대동보(1986, 卷1, p.3)』에 "우리 명씨는 중국 대하의 왕이신 명옥진明玉珍 시조의 후손으로서 서기 1372년壬子에 2세 되시는 명승왕께서 모후 팽씨彭氏를 모시고 고려 송도에 정착하시면서 국빈으로 충훈세록의 예우를 받으셨다."고 기록하고 있다. 한국의 성씨 유래를 다룬 『한국성씨보감』에도 명씨의 시조 및 본관 유래에 대하여 "시조 명옥진은 원말元末 촉蜀에 웅거하여 1363년 충칭에서 황제가 되고, 국호를 대하라 하여 선정을 베풀다가 1366년에 죽고 아들 명승이 왕위를 계승했으나 당시 새로이 건국한 명에게 나라를 빼앗기고 1372년(공민왕 21년)에 고려에 귀화했다. 공민왕은 명승에게 양현을 주고 송도(개성)에서 살게 했으므로 우리나라 명씨의 연원이 이뤄졌다."라고 기록하고 있다.

이처럼 명씨 후손들은 명옥진을 시조로 삼고 그가 통치하던 쓰촨을 본관으로 삼아 '서촉(연안)명씨' 라 칭하고 있는 것이다.

원말(元末) 농민반란과 명옥진의 쓰촨성 입성

13세기 초 몽골족 칭기즈칸은 몽골고원을 통일한 후 남하하여 1234년에 금金을 멸망시켰다. 이후 몽골은 계속된 원정을 통해 사상 최대의 영토를 소유하여 유라시아 전역을 지배했다. 쿠빌라이는 수도를 몽골고원의 카라쿤룬喀喇崑崙에서 대도大都(지금의 北京)로 천도한 후, 1271년에는 국호를 원元이라 칭하고, 나아가 중국의 정통 왕조임을 자처했다. 이후 1279년에는 화이허淮河 이남의 남송南宋을 멸망시킴으로써 중국 전역을 차지한 대제국을 이루었다.

그러나 약 100여 년 간 번영을 누려오던 원 왕조는 말기에 정치가 문란해지고 경제가 피폐해졌다. 특히 마지막 왕인 순치시대(1333~1368)에는 정치권이 부패하고, 경제가 혼란하여 왕조에 대한 반란이 끊임없이 일어났다. 원말 국가권력의 이완과 지배층 간의 권력투쟁으로 특정 세력이 정국을 전횡하고, 조정의 가혹한 경제 수탈과 토지의 황폐화로 농민은 고통을 받으며, 곳곳에 유랑민이 속출하여 사회는 극도로 불안한 상황에 있었다. 게다가 1351년 황허黃河 범람 및 재해 등으로 생활에 위협을 받고 있던 농민들은 현실도피의 수단으로 백련교白蓮教를 신봉하면서 원조전복元祖顚覆을 부르짖고 반란을 일으켰던 것이다.

송宋의 화덕火德을 부흥시킨다는 뜻에서 머리에 붉은색의 두건을 둘러 동료의식을 나타내었기에 이들을 흔히 '홍건군' 또는 '홍군'이라 불렀다. 홍건군의 중심인물인 유복통劉福通은 잉저우를 중심으로 그 세력을 확산시켜 나갔다. 홍건군은 그 수효가 처음에는 3,000여 명에 불과 했으나 4개월 후에는 무려 10여 만 명으로 늘어났다. 그들은 허난河南, 산둥山東, 허베이河北성 일대를 근거지로 세력을 펴나갔으며, 1355년 유복통은 보저우亳州를 공략하고 그곳에서 한산동韓山童의 아들 한림아韓林兒를 추대하여 '소명왕小明王'이라 하고, 국호를 '송宋', 연호를 '용봉龍鳳'이라 하여 몽고족을 몰아내고 한민족 국가를 재건한다는 의지를 굳건히 했다.

한산동·유복통 집단의 홍건군이 반원反元을 부르짖고 일어나자, 각 지방에서 원조타도를 부르짖는 농민반란군이 일어났다. 이들 세력 중 명옥진은 쓰촨을 중심으로 반원운동反元運動을 전개한 대표적인 인물이다.

명옥진의 원래 성은 '민旻' 씨였다. 명교(마니교)를 신봉했기에 성을 '명' 씨로 개칭했다고 한다. 그는 원의 명종 시대인 1329년 9월 9일에 후베이湖北성 쑤이저우隨州의 한 농민의 아들로 태어났다. 그의 가문은 대대로 농사일에 종사했다. 그는 신장이 8척이나 되었다고 한다. 그는 기골이 장대하고, 곧은 성격으로 의협심이 있어 마을에 쟁송爭訟이 있으면 모두 그에게 와서 해결할 정도로 신임을 얻고 있었다.

당시 곳곳에 군웅이 일어나자, 명옥진은 1351년에 중세重稅에 시달리고 있는 농민들을 모아 군대를 일으켜 반원운동을 전개했다.

1352년 정월, 큰 세력을 펴고 있던 서수휘徐壽輝는 명옥진의 세력에 공격을 가하며 항복을 요구했다. 명옥진은 향리를 보호할 생각으로 휘하麾下의 무리를 거느리고 서수휘 군대에 들어갔다. 1353년 서수휘는 명옥진을 원수元帥로 삼아 미엔양沔陽을 지키도록 했다.

1357년, 명옥진은 군대를 이끌고 쓰촨을 공격하기 시작했다. 먼저 쿠이저우蘷州를 거쳐 4월에 충칭에 이르렀다. 그는 충칭重慶을 공격하면서 병사들에게 파괴와 약탈을 금하여 성민들에게 안도감을 주었기에 인근 부대에서도 투항하는 병사들이 끊이지 않았다고 한다.

명옥진은 수년간 여러 곳에서 세운 공적이 인정되어 서수휘로부터 상장군통군도원수上將軍統軍都元帥에 임명되었고, 후에 광서양강도선위사廣西兩江道宣慰使를 거쳐 농촉사전행성참정隴蜀四川行省參政에 임명되었다. 이로써 명옥진의 쓰촨성 경략經略이 시작되었다.

대하정권의 수립

명옥진이 쓰촨지역의 원조 세력을 제거하면서 지방 정세를 안정시키고, 나아가 독자적으로 새로운 정권을 수립하는데 있어서 먼저 해결해야 할 문제가 있었다. 그것은 천완국과의 관계이다. 명옥진은 쓰촨에서 자립하고 있었으나 실질적으로는 서수휘 휘하의 천완 정권에 예속되어 있었기 때문에 명옥진은 어떻게 해서든지 천완국의 지배를 벗어나야만 했다.

마침 명옥진이 쓰촨성 여러 지역을 공략하고 있을 당시, 천완정권의 내부에 갈등과 분열이 일어났다. 어부 출신으로 전투에 능한 예문준이 천완국의 승상이 되어 권력을 전횡하면서, 주군 서수휘를 암살하고자 기도했다. 결국 사전에 발각되어 예문준의 계획은 실패하고 황저우黃州로 달아났는데, 이번에는 예문준의 부하인 진우량이 예문준을 살해했다. 예문준을 살해한 진우량은 '평장平章'이라 자칭하고, 장저우江州로 도읍지를 옮겨 천완정권의 권력을 장악했다. 마침내 1360년, 진우량은 차이스지採石磯(馬鞍山市에서 남으로 6km 떨어진 곳)의 강가에서 서수휘를 죽인 후, 황제로 즉위하고, 국호를 '대한大漢'이라 했다.

명옥진

이처럼 천완 정권에 내분이 일어나자, 명옥진은 진우량을 증오하면서 그와 관계를 끊었다. 반면 살해된 서수휘에 대해서는 묘당을 세워 주고 세시에 맞춰 그를 제사함으로써 의리를 지키며 민심을 사로잡았다.

하지만 명옥진은 당장 진우량과 싸울 수 있는 상황은 아니었다. 쓰촨 지역의 원조 세력이 제거되어 정세가 안정되기는 했지만, 진우량 토벌은 신중을 기할 일이었다. 만약 진우량을 토벌하기 위하여 대병력을 출동시킨다면, 후방이 비게 되어, 산시와 윈난에 잔존한 원조 군대의 침공을 받을 수 있기 때문이었다. 이러한 상황에서 군사를 출동시키는 일은 모험이었고, 쓰촨 백성들에게는 무모한 일이 아닐 수 없었다.

이러한 때에 원조의 진사였던 유정劉楨은 명옥진에게 칭제하여 독립할 것을 건의했다. 명옥진은 그의 건의에 따라 1362년에 '농촉왕隴蜀王'이라 칭한 후, 1363년 정월 초하루에 황제로 즉위하고, 국호를 '대하大夏', 연호를 '천통天統'이라 하고 나라를 세웠다. 그리고 이때 선천력先天曆이라는 역법을 제정하여 공포했다.

원말에 각 지역의 군웅들도 모두 국명과 연호를 가지고 있었듯이 명옥진도 독자적인 국호와 연호를 구상하여 지배체제를 갖추어 나라를 세웠던 것이다.

대하정권의 중앙과 지방의 지배기구

명옥진은 나라를 세운 뒤 먼저 중앙 지배기구를 마련했다. 중앙기구는 주대周代의 제도를 모방하여 6경六京체제를 채택했다. 주대에는 천天, 지地, 춘春, 하夏, 추秋, 동冬의 6관을 두어 다스렸는데, 대하에서도 그것을 따라 육경을 두었다. 백관을 총리하는 직인 총재冢宰, 天官, 토지와 인민을 관할하는 사도司徒, 地官, 종묘 제사 등 예악을 담당하는 종백宗伯, 春官, 군정을 담당하는 사마司馬, 夏官, 사법과 형옥 및 규찰을 관장하는 사구司寇, 秋官, 토목·공작 등을 담당하는 사공司空, 冬官 등 육경제도를 채택하여 지배체제를 갖추었던 것이다.

뿐만 아니라 왕실의 문서작성을 담당하는 한림원翰林院, 최고 교육기관인 국자감國子監, 지방 학교인 제거사提擧司를 설치하여 인재를 양성했다. 종묘를 세워 조상을 제사하고, 사직단을 두어 천지에 제사했으며 아악雅樂을 정리했다. 그리고 군사기구로는 중앙에 추밀원樞密院, 지방에 만호부萬戶府를 두었다.

지방 행정기구도 원대의 제도를 답습하여 쓰촨을 8도로 나누어 다스렸다. 부에는 자사, 주에는 태수, 현에는 현령을 두어 다스렸던 것이다. 8도의 영역은 지금의 쓰촨성의 대부분과 산시陝西성, 깐쑤甘肅성, 꾸이저우貴州성, 윈난雲南성, 후베이湖北성 등의 접경 지역이었다. 이것은 원의 지배를 벗어나 독자적인 지방 정권을 수립한 것인데, 가장 강성한 시기의 영역은 동쪽으로는 이릉彝陵(지금의 湖北 宜昌), 서쪽으로는 윈난의 중칭中慶(지금의 昆明), 남쪽으로는 보저우播州(지금의 貴州 遵義), 북쪽으로는 싱웬興元(지금의 陝西 漢中)에 이르고 있었다.

1365년 이후로는 원의 제도를 따라 6경 제도를 폐지하고 중서성, 추밀원, 평장 등의 관직을 두었다. 곧 민정을 담당하는 최고기관으로 중서성, 군정을 담당하는 최고 기관으로 추밀원, 지방의 인민을 다스리는 평장을 두고, 종래 중앙부서에서 봉직하던 인물을 그대로 발탁하여 정사를 돌보도록 했다.

대하국이 초기에 주나라의 제도를 본떠서 행정조직을 갖추었다가 어느 정도 안정된 후에는 원나라의 제도를 본떠 다시 정비한 것을 어떻게 해석할 수 있을까? 명옥진이 초기에 중국 고대의 전통적인 주의 6경제도를 채택한 것은 그의 반원적인 태도의 표명이라고 생각된다. 그가 쓰촨성에서 원의 지배를 배격하기 위해 내세운 명분은 다름 아닌 민족주의에 호소한 것이었다. 이민족인 몽골족을 타도하고 한민족을 부흥시킨다는 것을 이념으로 삼고 있었기 때문이라 할 수 있다.

흥미로운 것은 이러한 정신이 명씨대동보에 잘 나타나 있다는 것이다. 족보에서 시조 명옥진을 설명하는데 "1대 시조 명옥진은 송 상흥 기원후 54년 신미년에 수주에서 태어났다一世 始祖 明玉珍, 宋祥興 紀元後 54年 辛未 誕降于隨州."라 서술하고 있다. 여기에서 상흥祥興은 남송의 마지막 황제 조예趙昺의 연호로, 명옥진의 출생 기년을 원대에 대지 않고 남송 마지막 황제 조예에 대고 있다는 것은 바로 이런 연유에서라고 해석할 수 있다.

대하국의 멸망과 명승의 고려 귀화

1366년 2월 6일, 명옥진은 원난으로 물러난 원조 세력과의 전투 중 병으로 세상을 떠났다. 즉위 5년, 그의 나이 겨우 38세 때의 일이다.

그는 여러 신하들에게 동심협력同心協力할 것을 부탁하고 눈을 감았으나, 이후 대하정권은 흔들리기 시작했다. 그가 죽은 후 내부적으로 신하들 사이에 알력과 다툼이 벌어진 것이다. 아들 명승明昇이 뒤를 이어 즉위했지만, 그의 나이 겨우 10살에 불과했고, 황제가 너무 어리기 때문에 황후 팽씨彭氏가 섭정하기는 했으나 관료들 사이에 많은 알력 및 살해 사건이 계속됨으로 국력은 급속도로 쇠퇴하기에 시작했다.

최고의 개국공신인 만승이 살해당한 이후, 관료들은 왕실의 권위를 불신하며 잘 따르지 않았다. 그야말로 대하국의 기반이 흔들리게 된 것이다.

명明을 세운 주원장朱元璋은 먼저 쓰촨의 대하국 정벌에 나섰다. 쓰촨은 새로 건국한 명조에 좋은 목재를 제공하는 곳일 뿐 아니라 윈난의 원의 잔존세력을 제거하기 위해서도 먼저 점령해야 할 지역이었다.

1370년 겨울, 주원장은 충칭과 쿠이관夔關을 먼저 공격했다. 1371년 봄, 명의 군 총사령관 부우덕傅友德은 10만 병력을 이끌고 청뚜成都 공략에 나섰다. 명군은 도중의 여러 지역을 점령하면서 충칭으로 진격하여 나갔다. 충칭 성 안에서 수비하고 있던 장병들은 차츰 대하 정권이 와해되어 가고 있음을 알게 되었다. 1371년 6월, 명군이 충칭에 도착하자 대하의 승상 오우인은 전세가 기울여져 있음을 알고 명승과 황태후 팽씨를 부축하여 국새를 가지고 투항을 선언함으로써 대하정권은 막을 내렸다. 이 때 명승의 나이 15세였다.

충칭을 점령한 부우덕과 요영충은 명승과 황태후 팽씨를 데리고 7월에 난징에 도착했다. 그들은 국새, 금인, 면류관, 의장, 은인 58개, 동인 640개 등 많은 인장과 왕실 의관 등을 명 태조에게 바쳤다. 명 태조는 명승에게 귀의후歸義侯라는 벼슬을 주고 난징에 머물러 살도록 했다.

난징에 도착한 명승은 명 태조의 후대에도 불구하고 늘 우울하고 힘든 나날을 보냈다. 그래서 명 태조는 이들을 고려에 귀양 보내어 살도록 조처했다.

명승, 황태후, 진우량의 아들 진리 일행 등 남녀 27명은 환관 연안답리延安答理 및 손내시孫內侍의 호송을 받으며 1372년 1월에 배를 타고 황해를 건너 당년 5월에 고려 송도에 도착했다.

이들은 명 태조가 보낸 서신을 가지고 공민왕을 알현했다. 공민왕은 명승에게 연안延安, 백천白川 두 개의 현縣을 주고 송도 북부 이정리梨井里의 흥국사興國寺에서 거주하게 했으며, '군도 되지 말고不做軍 민도 되지 말도록

명옥진의 황포

하라不做民' 고 하면서 예우했다. 이로써 18세의 청년 명승은 고려에 귀화하게 되었으며, 이후 한국에 명씨가 퍼지게 된 것이다.

그럼 명승의 귀화는 명태조의 일방적인 요구에 의한 것인가? 표면적으로는 공민왕이 어쩔 수 없이 이들을 받아들인 것처럼 보이나 실은 고려 측에서는 또 다른 현실적인 외교 관계와 문물 교류를 기대하고 있었다. 명 태조가 홍무 4년(1371)년경부터 고려에 대하여 비교적 강경하고 위압적인 태도를 취하고 있었기에 고려는 명과 원만한 관계를 유지하여 중국 선진 제도와 문물을 받아들이려 했던 것이다. 공민왕은 정몽주, 홍사범 등을 통하여 명의 촉지방 평정을 축하하는 글을 명태조에게 보내면서 우호적인 관계를 형성하려 했다. 그런가 하면 국왕은 고려인 자제들이 명의 국자감에 입학할 수 있도록 허용해 주기를 원하고 있었고, 일년다공一年多貢을 통해 중국의 정치제도와 여러 선진 문물을 받아들이려 했던 것이다.

이런 양국의 관계 속에서 명승의 귀화가 성립되었고 그는 국빈의 대우를 받으면서 생활하도록 배려를 받았다. 그 이듬해에 명승은 총랑聰郎 윤희종尹熙宗의 딸과 결혼했다.

조선시대에 들어와 이성계가 등극할 때에 명승의 어머니 팽씨가 용포곤의를 지어 태조에 바쳤으며, 태조도 이를 만족했다고 한다. 이로써 팽씨는 중국 궁정의 복장을 조선에 보급하는 데 기여한 셈이다.

명승은 조선 태조 때 화촉군華蜀君에 봉해지고, 태종 때에는 충세훈록忠世勳祿의 예우를 받았다. 이후 후손들이 명옥진을 시조로 하고, 그가 황제로 웅거한 서촉을 본관으로 삼아 한반도에서 630여 년 동안 이어오고 있는 것이다.

대하국의 역사적 의의

비록 대하 정권이 오래 지속되지는 못했지만, 그것이 가지는 의의와 성격은 간과할 수 없다.

첫째, 원말명초元末明初의 혼란기에 사회 안정을 위한 노력이다. 명옥진은 교육을 강조하고, 능력 있는 자들을 발탁했으며 특히 과거제(진사과)를 시행하여 인재를 등용했다. 이것은 당시 쓰촨의 사회 안정과 교육문화 수준을 높이는 데에 기여했다. 또한 대하정권은 근검절약, 부세경감 등을 강조하면서 농민의 생활 안정을 꾀했다. 특히 지폐인 교초의 남발로 인한 극심한 통화팽창通貨膨脹이 만연하던 당시 천통통보天統通寶, 천통원보天統元寶 등 주조 화폐를 사용함으로써 물가안정에 힘썼다.

둘째, 대하정권의 정치기구 조직 초기에는 주나라의 제도를 표방하여 6경을 두었지만, 나라가 안정되자 송·원대의 제도를 도입했다. 초기 주대의 제도를 택한 것은 정권 수립의 명분상의 문제와 관련이 있는 것으로,

한국의 명씨들이 시조 명옥진에 제사하고 있는 모습

쓰촨에서의 새로운 정권 수립의 명분을 반원反元과 민족주의에서 찾으려 했던 것으로 해석할 수 있다.

셋째, 그는 몽골 유풍을 없애고 전통적인 한漢문화를 일으키려 노력했음을 엿볼 수 있다. 몽골민족은 좌左보다 우右를 더 숭상했는데, 대하국은 우보다 좌를 숭상했다. 이것은 쓰촨에서 반원운동을 전개하는 과정 가운데 나타난 민족주의적 태도의 발로라고 해석된다. 한국의 명씨 족보에 명옥진이나 명승의 출생을 원대의 연호를 사용하지 않고 원에 의해 멸망한 남송의 연호를 굳이 사용하고 있는 것도 대하정권의 반원정신과 민족문화 숭상의 전통을 계승하려는 데서 나온 것으로 해석된다.

넷째, 명승의 고려 귀화를 통해 한국 명씨明氏의 뿌리가 내리게 되었을 뿐 아니라, 중국의 황실제도 및 궁정 문화가 조선 왕조에 전해지는 계기가 되었다.

실로 명옥진의 대하정권과 명승의 고려 귀화에 대한 문제는 중국의 쓰
촨사四川史, 원말명초元末明初의 사회상, 14세기 한중관계사를 이해하는 데
큰 도움이 되고 있다.

14장 순절의 충사(忠士) 방효유(方孝孺)

방효유方孝孺(1357~1402)는 명나라 홍무(1368~1398) · 건문(1399~1402) 시기에 활동한 유명한 사상가, 정치가, 학자이다. 그는 사상이나 논저 면에서 중국 역사상 제일이라고 할 수는 없지만, 생의 마지막을 참으로 비참하게 마쳤기 때문에 사람들에게 널리 알려져 있는 인물이다.

역사상 3족을 멸하거나 9족을 멸한 예는 있어도, 방효유의 경우처럼 제자와 친구들을 합해 한 개의 족族으로 간주하여, 10족을 멸한 일은 방효유의 경우뿐으로, 실로 전무후무한 일이다. 그의 이러한 비참한 죽음은 영락제의 즉위 조서 거절에서 비롯되었던 것이다.

즉위조서

중국에서는 황제가 나라를 다스리면서 조서를 비롯하여 많은 문서를 발하는데, 그 문서의 많고 적음은 재위연수와 비례한다고 해도 과언이 아니다. 제위 기간이 길면 발하는 문서가 자연히 많아지게 되고, 재위 연수가 짧으면 발하는 문서도 적기 마련이다. 이것은 각왕조의 창업군주든 그 뒤를 이은 황제든 일반적으로 나타나는 현상이다.

황제가 발하는 여러 문서 중, 황제 즉위를 알리는 문서가 즉위 조서이다. 이것은 어느 황제나 공통적으로 나타나고 있는데, 즉위 조서에는 두 종류가 있다. 하나는 국내용의 조서이고, 다른 하나는 주변 여러 나라에 즉위를 알리는 조서이다.

방효유

명대 황제 문서의 최대 특징은 "봉천승운황제조왈奉天承運皇帝詔曰" 이라 한 머리말이다. 이 부분은 기본적으로 천하에 알리는 조서, 황제가 관리들에게 내리는 성격에 따라 들어가는 말이 다른데, 조서詔書에는 "봉천승운황제조왈奉天承運皇帝詔曰" 이라 하고, 제서制書에는 "봉천승운황제제왈奉天承運皇帝制曰" 이라고 표현했던 것이다.

"봉천승운奉天承運" 이라는 말은 명·청 시대에 사용된 용어로, '하늘을 받들어 명운을 잇는다.' 는 뜻을 지니고 있는데, 홍무제 때부터 사용되었다. 원대에는 "상천권명上天眷命" 이라는 말이 사용되었고, 주원장이 홍무제로 즉위하기 이전인 오왕吳王 시대에는 '오왕영지吳王令旨' 라 했으나, 홍무제로 즉위하여 내린 조서에는 "봉천승운 '이라는 말로 바꾸었던 것이다.

홍무제가 명왕조를 창업하면서 최초의 즉위조서를 내린 이후, 수많은 조서들이 발표되었는데, 실은 황제가 내린 여러 문서는 황제 자신이 직접 작성한 것이 아니라 한림원에서 기초했다. 따라서 즉위조서도 한림원에서 담당했다.

그런데 만약 조서 작성이 잘못 작성될 경우 화를 입는 경우가 많았기 때문에 즉위조서 작성자는 신경을 쓰지 않으면 안 되었다. 그러므로 조서

작성자는 영예보다도 오히려 두렵고 불안하여 어찌할 바를 모르는 경우가 많았다고 한다.

　명초에도 조서 문제로 큰 화를 입은 대표적인 인물이 바로 방효유이다. 그는 건문제를 도와 개혁정치를 실현하려다 영락제의 즉위 조서 작성을 거절함으로써 희생되었다.

　한국도 그러했지만 중국에서도 연좌제는 무시무시한 형벌이다. 반역을 하거나, 왕권에 대항하면 3족(부모·형제·처자 또는 친가·외가·처가), 9족(9대에 걸친 직계친족 또는 부계 4친족+모계 3친족+처가 2친족)이 참혹한 죽음을 면하기 어려웠다. 여기에다 10족이라 해서 죄인의 스승이나 문하생을 포함하기도 했다.

건문신정과 정난의 변

　명왕조를 창업한 홍무제의 황제 독재 권력은 최고 상태에 이르렀다. 이갑제를 기초로 한 통치기구는 완비되었으며, 정치, 군사의 전권을 한 손아귀에 장악했다. 그러나 부인 마황후馬皇后를 잃고, 또 황태자를 잃은 후, 오로지 제국의 안전을 바라며 지내던 주원장이 1398년(홍무 31년)에 71세의 나이로 생애를 마쳤다. 6일 후에 홍무제 서거의 유조에 따라 황태손 주윤문朱允炆이 제2대 황제로 즉위했으니 이가 곧 혜제惠帝 건문제建文帝(1399~1402)이다.

　건문제는 당시 22세의 젊은 나이에 제위에 올랐다. 그는 어릴 적부터 왕실에서 착실히 전통적인 유가사상교육을 받아 왔다. 그는 학문을 좋아했고, 문학적 재능도 있었으나 한편 신경이 예민하고 여성적인 성격의 소유자라고 평가되고 있다.

　건문제는 4년간의 통치 기간에 내란을 진압하여 왕조의 기초를 새롭게 다졌다. 그는 북쪽으로 물러간 원元(1206~1368)의 잔존세력을 격퇴시켰다.

그는 태조 홍무제와는 달리 독재성을 버리고 대신들의 의견을 수렴하려 노력했다. 그는 조정의 안정을 꾀하면서 인의를 바탕으로 정치를 개혁하여 나갔는데, 역사학자들은 이것을 "건문신정建文新政"이라고 부른다.

방효유 흉상

건문제는 법치法治보다 덕치를 우선 순위에 놓는 이른바 덕치주의에 입각한 '관인寬仁'의 정치를 폈다. 형벌을 너그러이 하고, 죄인들을 덕으로 교화했으며, 그 결과 전국의 죄수들이 예전보다 3분의 2나 줄어들었다고 한다.

그는 주현州縣을 통합하여 현실에 맞는 지방제도를 실시했고, 관제를 개편하여 간소화했다. 경제방면에서도 개혁이 이루어졌는데, 중세에 시달리고 있던 쟝수江蘇성, 저장浙江성 일대의 농민들에게 세금을 줄이는 개혁을 시행했다. 토지 겸병을 막고 사회 안정을 꾀하기 위해 정전제를 실행하려 했으나, 제한 사항이 많아 결국 실현하지는 못했다. 그러나 젊은 황제의 이러한 문화적 · 정신적 · 기술적인 업적은 후대에 높이 평가되고 있다.

건문제의 측근이 되어 정치의 보좌를 담당했던 인물들은 과거 출신 문관들인 황자징黃子澄, 제태齊泰 그리고 송렴宋濂의 제자인 방효유 등이었다. 모두 연소하고 예리한 관료들이었으나 현실정치에 대한 경험은 부족한 편이었다.

건문제는 즉위 초부터 커다란 문제를 안고 있었다. 홍무제가 제국의 방위를 위해 각지에 분봉해 놓은 번왕들이 있었는데, 이들의 세력이 큰 걱정

거리가 되었다. 특히 북평에 강력한 군대를 지니고 있는 숙부 연왕이 큰 걸림돌이었다. 그리하여 한대의 오초 칠국의 난을 연상하면서 제왕들의 세력을 약화시키려 했다. 결국 건문제는 황자징 등의 의견에 따라 번부를 없애고 제왕의 세력을 약화시키는 '제왕삭번諸王削藩' 정책을 취했다.

그 중에서도 최대의 관심은 연왕이었다. 연왕의 세력을 꺾기 위해서는 주변에 있는 제왕, 곧 주왕, 제왕, 상왕, 대왕, 민왕을 먼저 치되, 그 중에서도 연왕의 친동생인 주왕을 먼저 침으로써 연왕의 수족이 될 수 있는 세력들을 절단해 내는 방법을 취했다. 이리하여 여러 제왕이 폐해지고 유폐되기도 했다.

이와 같은 상황을 보고 있던 연왕은 형제들의 구원을 호소하기도 했으나, 뜻을 이루지 못하자 거병하여 경사에 들어갔다. 그의 거병의 명분은 '청군측지악淸君側之惡'으로 당시 조정에서 과격한 정치를 행하는 제태, 황자징 등 황제 측근의 간신을 제거한다는 것이었다. 그래서 자신의 군대도 '군측의 악難을 깨끗이 진정淸=靖하는 군사'라 하여 '정난사靖難師'라 칭했다. 이렇게 하여 숙질간에 빚어진 황실내의 다툼이 이른바 '정난의 변(1399~1402)'이다. 이후 연왕燕王은 군사를 일으켜 조카 건문제를 물리치고 1402년에 영락제永樂帝(1402~24 재위)로 즉위했다.

정난의 변에서 패배한 건문제는 황궁이 불타고 있을 때 사라져 버렸다. 사서에 기록된 건문제의 죽음에 관한 내용은 아주 간략하다. 『명태종실록』은 다음과 같이 기재하고 있다. "연왕 주체가 인마를 이끌고 궁중으로 쇄도해 들어갈 때, 건문제는 이미 종적을 알 수 없었다. 며칠간의 조사를 거쳐, 최후로 연왕의 병사가 잿더미 속에서 건문제의 시체를 발견한다. 사체는 이미 새카맣게 타있었고, 사지가 온전하지 못했다. 연왕 주체는 비통함을 금치 못하고 시체를 끌어안고 통곡했다. 너는 왜 하필 이런 짓을 했느냐. 나는 너를 도와주려고 한 것인데."라고 함으로써 불에 타 죽은 것으로 적고 있다.

그러나 일설에는 황궁의 비밀통로를 이용하여 도망쳤다는 주장도 있으며, 이후 학자들 중에서 비밀통로를 찾으려는 노력을 보이기도 했다. 『명사고증』이라는 책에서는 "궁중에 통로를 만들어 토성 밖으로 통하게 했다. 높이가 1장 2척, 넓이가 8척이어서 사람과 말이 지나가기에 충분했다"고 적고 있다. 1978년에는 명나라 황궁의 근처에 해당하는 태평문 안의 공장 신축공사 중에 높이 2미터 50센티미터, 넓이는 2미터정도의 지하통로가 발견되어 세인의 관심을 불러 일으켰다. 만일 건문제가 도망쳤다면 아마도 이 지하통로를 통해서 도망쳤을 것이라는 추측도 가능하다.

영락제가 정화를 동남아, 중동과 아프리카까지 보낸데 대하여도 해외로 도망쳤을지도 모르는 건문제를 수색하기 위한 것이었다고 하면서 건문제의 도피설을 주장하는 사람도 있다.

방효유의 최후

건문 원년(1399) 7월 4일 연왕이 거병하여 정난의 변이 일어났다. 1402년 5월에는 강북의 양주까지 진군하여 왔다. 당시 건문 정권의 실권을 장악하고 있던 방효유는 연왕군의 진군을 막기 위하여 연왕에 대하여 할지강화割地講和를 제의했다.

그러나 연왕은 강화에 응하지 않았다. 연왕은 삭번 정책의 희생이 된 주왕, 제왕의 안부를 물으면서 할지강화를 받아들이지 않고 건문 정권을 비난하며 진군했다. 조정의 간신들을 제거하고 조정을 바로 잡는다는 것이었다.

이리하여 연왕이 이끈 정난사는 양자강을 넘어 난징 공세에 들어갔다. 1402년 6월 13일에 난징이 함락되고, 건문제는 성이 함락될 때에 자취를 감추었다. 그리고 새로운 군주 연왕이 6월 17일 봉천전에서 영락제로 즉위함으로써 시국에 대 변혁이 일어났다.

寧海에 있는 방효유의 향리 溪上方

정난의 변 종식으로 건문정권이 와해되고 영락정권이 탄생했는데, 이러한 정변은 건문제 하의 여러 신하들의 신변에 큰 변화를 가져다주었다. 정권의 와해라는 격변을 만난 여러 신하들의 행동 양식은 서로 달랐다. 발 빠르게 연왕을 맞아들여 신정권에 참여한 사람이 있는가 하면, 연왕으로부터 간신의 누명을 쓰고 체포되어 처형당한 사람도 있고, 도망한 사람도 있고, 스스로 목숨을 끊은 사람도 있었다. 이 때 방효유는 건문제를 생각하며 최후에 장렬한 죽음을 택했다.

6월 13일 연왕군은 난징으로 입성하고 이어 방효유를 체포했다. 그러나 연왕이 북평을 떠나기 전에 참모인 요광효姚廣孝(1335~1418, 법명은 道衍)가 한 말이 생각났다. "응천부應天府에 학문으로 일세를 풍미한 방효유方孝孺가 있는데, 그가 굴복하지 않는다 하더라도 절대 그를 죽여서는 안 됩니다. 만약 그를 죽인다면 도도하게 이어온 천하의 학문이 맥을 잇지 못하고 끊기게 됩니다. 어떤 어려움이 있더라도 그를 회유하여 중임을 맡기소서. 그를 얻는 것이 곧 천하를 얻는 것이옵니다."라면서 그를 결코 죽이지 말 것을 당부했다.

이에 연왕은 방효유를 중용하여 즉위조서를 작성하게 했다. 당대의 대학자인 방효유에게 즉위 조서를 기초하게 함으로써 외관을 꾸미려고 했다. 그의 뜻대로만 일이 잘 된다면 조카의 황위를 찬탈했지만, 그 당위성과 정통성을 어느 정도 회복할 수 있다고 생각했던 것이다.

연왕 앞에 방효유가 끌려왔다. 방효유는 연왕을 거들떠보지도 않았을 뿐만 아니라 오히려 상복을 입은 채 대성통곡하며 죽은 선황제를 위해 비통의 눈물을 흘리고 있었다.

이를 본 연왕은 끓어오르는 노기를 억누르고 다가가 방효유에게 "방공方公, 너무 상심 할 필요가 없소. 나는 주공周公이 성왕成王을 보필한 것처럼 왕을 보좌하려는 것뿐이오."라고 하면서 연왕은 옛날 주나라의 주공이 조카 성왕을 도와 선정을 베푼 사실을 들어 자신의 군색한 입장을 변명했다. 그러나 방효유는 신랄하게 반박했다. "그렇다면 성왕께서는 지금 어디에 계시오이까?" "성왕은 이미 스스로 분사焚死했소이다."라고 연왕이 대답했다. "성왕이 붕어하셨다면 어찌 성왕의 장자를 황제로 옹립하지 않는 것인가요?" "그는 아직 나이가 어리며, 나라의 장래를 위해서는 계승의 법보다도 능력이 있는 강력한 지도력이 있는 사람이 필요한 것이오"라고 했다. 방효유가 또 묻기를 "그렇다면 성왕의 동생이 대위를 잇도록 하심이 도리가 아니오이까."

연왕의 얼굴이 벌겋게 달아올랐다. 호전적인 성격대로라면 당장 방효유의 목을 쳤을 것이나 노기를 가라앉히며 회유의 손길을 거듭 내밀었다. "선생께서 즉위조서를 기초해 준다면 앞으로 선생의 가르침을 받아 인의를 토대로 왕도를 정립하고 태평 성세를 열도록 노력하겠소." 그러면서 연왕은 지필묵을 방효유 앞에 대령시켰다. 방효유는 다시 한 번 하늘을 우러러 탄식하다가 붓을 크게 휘두르며 '연적찬위燕敵簒位(연나라 도적이 제위를 찬탈하다)'라는 네 글자를 큼직하게 쓴 뒤에 붓을 팽개치며 "차라리 나를 죽이시오. 내 손으로 조서를 기초하여 선황제께 배역의 죄를 범할 수는 없소."라고 외쳤다.

연왕의 두 눈에 분노와 살기가 요동쳤다. 연왕의 불같은 호통이 방효유의 머리에 떨어졌다. "이런 오만무례하고 썩은 선비를 보았는가? 네가 정녕 죽음이 두렵지 않은 모양이구나."

방효유는 호통에 굴하지 않았다. "이 자리에서 목이 잘리고 뼈가 부러지더라도 조서의 기초는 작성할 수 없소. 지금까지 이 방효유는 제자들에게 의는 큰 것이고 목숨은 작은 것이라고 가르쳐 왔거늘, 어찌 죽음이 두려워 불의와 몸을 섞겠소."

연왕의 두 주먹에 불끈 힘이 실렸다. "네 죄가 구족九族에 미쳐도 말인가?" "구족이 아니라 십족을 참수한다 해도 내 뜻을 꺾지는 못할 것이오. 선비의 붓은 결코 무도한 칼날에 베이거나 꺾이지 않는다는 사실을 모르셨소이까?"

연왕은 호통을 쳤다. "그 입을 닥치지 못하겠느냐." 방효유는 절개 곧은 시선으로 대꾸했다. "내 말이 귀에 거슬리거든 혀를 자르고 입을 찢으시구려. 죽음이 두려워 바른 말을 아끼는 사람은 결코 아니오니."

연왕은 방효유의 입을 귀밑까지 찢으라는 끔찍한 명령을 내렸다. 참혹한 피의 숙청이 시작된 것이다. 극도로 분노한 연왕은 입을 양쪽 귀밑까지 찢어놓았고, 방효유는 부릅뜬 눈으로 연왕을 쏘아보며 입이 찢기는 고통을 참아냈다.

그것도 연왕은 방효유를 고통스럽게 하기 위해 방효유의 일가친척을 모조리 잡아 모두 형장으로 끌고 나와 방효유가 보는 앞에서 한 사람씩 한 사람씩 살해했다. 이리하여 방효유의 구족이 살해되었다. 구족을 살해하고도 분을 삭일 수 없었던 연왕은 방효유의 문하생과 친구들을 모두 잡아들여 이를 십족으로 규정하고 목을 벴다. 가장 참혹한 것이 9족을 멸하는 것이었는데 이렇게 10족을 멸한다는 것은 전례 없는 일이었다. 이 때 방효유는 이를 뜬눈으로 지켜보면서도 선비의 기개와 강한 의지로 의분을 가지고 참아내었다.

자고로 가장 엄격한 형벌은 9족을 멸하는 것이었으며 그보다 더 참혹한 형은 없었다. 이 때 참수된 사람이 무려 847명에 이르렀으며, 유배의 길에 오른 사람은 그 수효를 헤아릴 수 없었다고 한다.

부귀와 영화를 마다하고 절개를 굽히지 않았던 방효유는 취보문聚寶門 밖으로 끌려가 책형磔刑(사지를 찢어 죽이는 형벌)으로서 최후를 맞았으며, 그가 마지막으로 남긴 절명시絶命詩가 전해내려 오고 있다.

天降亂離兮 孰知其由(하늘이 이 세상에 난리를 내리시니 어느 누가
그 까닭을 알소냐)
奸臣得計兮 謀國用猶(간신이 흉계로 나라를 농락하니)
忠臣發憤兮 血淚交流(충신은 의분 발하며 피눈물 함께 흘리도다)
以此殉君兮 抑又何求(이로써 임금을 위해 순사하려 하니 이 외에 또
무엇을 구하리오)
嗚呼哀哉兮 庶不我尤(오오 슬프도다. 대저 나의 잘못은 아니거늘).

그는 나이 46세로 생을 마쳤다. 하늘도 두려워 숨을 죽이고 날짐승도 슬피 울며 날개를 접었다는 그날의 숙청을 두고 후세의 사가들은 이렇게 입을 모았다. "진시황도 잔인했지만 죄인을 다스릴 때는 삼족을 멸했다. 그런데 영락제는 십족을 참수했으니 그 잔인함은 진시황을 능가함이 아니겠는가?"

방효유는 자를 '희직希直' 또는 '희고希古'라 했고, 호는 '손지遜志', 또는 '정학正學'라 불렸다. 그는 저장성浙江省 닝하이寧海 사람으로, 대대로 관료를 배출한 유학자 집안에서 태어나 비교적 좋은 가정환경에서 성장했다. 그의 아버지 방극근方克勤이 '공인의 안'으로 희생을 당하기는 했지만, 학자적 분위기에서 성장했다.

그는 어려서부터 총명하여 3살에 이미 수를 헤아렸으며 총명하고 용모 단정했다. 책읽기를 즐겨했으며 이미 6세에 시를 지었다고 한다. 방효유

는 당대의 한유韓愈에 비유되어 고향에서는 그를 소한小韓라 불렀으며 당대의 한유가 다시 태어났다고 마을 사람들은 좋아했다고 한다.

방효유는 10세 때 당대의 석학인 송렴宋濂에게 배우고 그 문하에서 제1인자라는 칭송을 받았고, 송학을 계승 발전시켰으며, 곧은 절개로 홍유의 반열에 올라 명망을 얻었다. 그는 처음 홍무연간洪武年間(1368~98)에 주원장朱元璋에게 두 번이나 추천되었지만 받아들여지지 않다가 건문제 때 기용되어 한림원翰林院의 한림학사翰林學士가 되어 국사 대사를 간여하게 되었는데, 이로써 방효유는 건문제 곁에서 황제를 보필하던 제일인자로 활약했던 것이다.

그의 저서로 『손지재집遜志齋集』, 『방정학선생집方正學先生集』 등이 전해지고 있다.

청대 광서 17년(1891) 여름에 태주 지부 진휼陳譎이 방효유를 기리기 위해 그의 고향 시상溪上坊에 비를 세운 적이 있으나 오랫동안 훼손되어

방효유 탄생
650주년 기념
간담회

있었다. 그러다가 2001년 6월, 방효유 순절 600주년을 맞아 닝하이현 유지들에 의해 시샹퇀 마을에 높이 3.5m, 폭 5m 크기의 방효유 기념비가 세워졌다. 머리에는 유리기와를 올렸고 용과 진주를 장식했다. 비석면에는 "명유방정학고리明儒方正學故里"라는 일곱 자가 크게 새겨져 있으며 두 마리의 용이 조각되어 있다.

2007년에는 닝하이에서 방효유 탄신 650주년을 맞아 여러 기념행사를 거행하였다. 그를 제사하고 유적지를 탐방하고, 좌담회를 개최하여 방효유의 강직함과 호연지기를 기리면서 그의 정치사상과 순절의 정신을 드높였다.

방효유는 황제의 믿음과 존중을 받으며 건문제 곁에서 충성을 다 했으며, 비록 정난의 변에 비참한 말로를 맞았으나, 역사는 그를 유명한 사상가요, 정치가요, 순절殉節의 충사忠士로 높이 평가하고 있다.

15장 제위 찬탈자 영락제, 5차례에 걸쳐 몽골원정에 나서다

명대 역사에서 왕조를 창업한 군주는 주원장 태조 홍무제이지만 수성한 군주는 제3대 성조成祖 영락제永樂帝(1402~24)라고 말해지고 있다. 이런 영락제의 정치를 평가할 때, 중국 역사상 빛나는 한 시대로 평가하게 되는 요소 중의 하나는 지속적으로 전개된 대외 원정이다. 그는 제위 기간 동안, 안남(베트남)에 출병하고 정화鄭和를 통하여 남해원정(1405~1433)을 감행했으며 몽골족의 토벌을 감행했다. 그 가운데서도 '오출삼려五出三犁', 곧 몽골족 토벌을 위해 '다섯 차례 친정하여 세 번 몽골 본거지를 뒤엎었다'라는 식으로 표현하면서 영락제의 몽골 친정을 높이 평가하고 있다. 10세기 이래, 북방민족에게 압도되어 온 중국인에게 있어서, 영락제의 대외 원정 사업은 한민족의 영광을 재현한 장한 일이라는 데에서 연유한 것이다.

역사적으로 보면, 황제가 직접 병사를 이끌고 주변 민족을 토벌한 경우는 많지 않다. 물론 직접 군대를 이끌고 친정한 황제가운데 북위의 태무제太武帝(423~452 재위), 북송의 진종眞宗(998~1022), 명의 정통제正統帝(1449), 청의 강희제康熙帝(1661~1722) 등이 있기는 하나 영락제처럼 연달아 5차례나 군대를 이끌고 친히 원정에 나선 예는 실로 보기 드문 일이다.

또한 그는 수도를 난징에서 베이징으로 옮겨 그곳을 정치적, 군사적 중심지로 삼아 명조의 기반을 확립했고, 22년의 치세 기간 동안 활발한 대외활동을 통해 15세기 초 명나라 중심의 국제 지배 질서 체제 구축에 주역을 담당한 인물이 되었다.

건문제의 제왕 삭번책과 정난의 사건

명나라를 세운 주원장朱元璋 태조 홍무제(재위 1368~1398)는 전국통일의 위업을 완성하고서 완벽에 가까울 정도로 중앙집권정책을 확립했다. 그러나 이면을 들여다보면, 구조적으로 중앙집권체제를 분파시킬만한 요소를 자체 내에 지니고 있었다. 그것은 바로 홍무제가 취한 제왕분봉책諸王分封策이었다. 원을 몰아내고 난징에 도읍한 홍무제는 강남의 곡창지대를 확보했기에 정치상의 중심지와 경제상의 중심지의 일원화를 달성한 셈이었으나 북방의 군사방어에 대한 문제가 뒤따랐다. 장성의 요지에는 원조의 잔존 주력부대가 주둔하고 있었으므로 그들의 침입을 막기 위한 대군을 배치하지 않으면 안 되었다.

그런데 북변 지역에 군대를 배치한다 해도 난징에 도읍을 한 홍무제로서는 그 군대를 관리한다는 것은 쉬운 일이 아니었다. 그렇다고 북변 방위군의 통수권을 재지의 장군들에게 위임한다면, 마치 당대唐代의 번진藩鎭처럼 그들이 중앙의 명령에 복종하지 않게 될 확률이 높았다.

이러한 문제점을 해결하기 위해 홍무제는 북방 군사상의 취약성을 보완하고 해결하기 위해 북방 및 지방 요지에 자제들을 분봉하는 이른바, 제왕분봉책을 시도했다. 또한 자식들의 제위 계승 싸움을 막기 위한 발상에서도 이 제왕분봉책을 이용했다. 그는 자식들을 측근에 두지 않고 북변이나 지방의 요지에 분봉시켜 이들로 하여금 제국방위의 임무를 담당하게 함으로써 국초에 흔히 있을 수 있는 자식들 간의 제위 계승 싸움을 원천적으로 막는다는 간접적인 효과를 기대했다.

결국 홍무제는 1370년(홍무 3년)에 장자인 의문태자懿文太子를 제외하고 둘째 아들부터 모두 각지의 왕으로 분봉했는데, 1391년(홍무 24년)까지 25명의 제왕이 출현했다. 이들은 봉지封地에 왕부를 두고 거주했고, 주임무는 국토방위였기 때문에 다수의 군대가 배속되어 있었다. 그 병력은 적은 경우에는 3천여 명, 많은 경우는 1만 9천여 명이 주어졌다. 특히 장성을 따라 배치된 제왕은 이보다 더 많은 군사력을 부여받았는데, 이들을 '새왕塞王' 이라 했고, 북변 제일방위선으로 삼았다. 그 중에서도 진왕秦王, 진왕晉王, 연왕燕王은 그들이 지니고 있는 호위군만을 통괄할 뿐 아니라 지방 일반군대에 대한 감찰의 기능도 가지고 있었다.

그런데 1398년(홍무 31년) 윤閏 5월 초열흘에 태조 홍무제가 71세의 일기로 세상을 떠나자, 6일 후에 그의 뒤를 이어 22세의 황태손 윤문允炆이 2대 황제로 즉위했다. 이가 곧 혜제惠帝 건문제建文帝(1399~1402)이다.

건문제에게는 즉위 초부터 변방에 있는 제왕들의 세력이 큰 문제였다. 비대해진 제왕의 세력은 필연적으로 중앙의 황제권을 위협하는 존재가 되었기 때문이다. 그 중 건문제에게 가장 두려운 존재는 오늘날 베이징에 세력을 펴고 있던 숙부 연왕이었다.

연왕은 일찍부터 부왕 홍무제로부터 신임을 받아왔던 인물로, 홍무제가 넷째 아들인 주체朱棣를 애써 국방상 중요지역인 북평(현 베이징)에 연왕으로 봉한 것도 지략과 용감성을 갖춘 그의 재능을 이미 인정하고 있었기 때문이었다.

이에 건문제는 황자징黃自澄 방효유 등을 등용하여 그들의 의견에 따라 제왕삭번책 곧 제왕의 세력을 삭감하는 강경 방침을 결정했다. 우선 연왕의 친동생으로서 카이펑에 봉해져 있는 주왕周王에게 창끝이 향했다. 이어 제왕齊王, 상왕湘王, 대왕代王, 민왕岷王 등의 제왕을 폐하고 서인으로 삼아 연왕의 수족이 될 수 있는 세력들을 제거해 나갔다. 연왕은 자신의 차례가 임

박하여 왔음을 절
감하고 거병하고
자 했다.

그러나 연왕은
조카를 몰아낸다
는 비윤리적 행위
로 인한 민심의 향
배를 걱정했다. 이
때 측근의 요광효
는 그러한 연왕에
게 거병할 것을 부
추겼다. 요광효姚光
孝(1335~1418, 법
명은 道衍)는 궁궐
의 간신배들을 제

明成祖 朱棣

영락제

거하는 것은 천도天道라면서 연왕에게 거병의 정당성을 제기했다. 그렇지
않아도 연왕은 홍무제가 죽었다는 소식을 듣고 난징으로 내려가고 있을
때에 건문제가 선왕의 유조를 핑계 삼아 난징으로 내려오지 못하게 한 일
이 있어 불만을 품고 있었고, 거기에 더욱 건문제가 연왕을 견제하려고 삭
번책을 시행하고 있었기 때문에 요광효의 명분 제시는 연왕의 거병을 크
게 고무시켰다.

이에 연왕은 1399년 7월 "군측의 악을 제거한다淸君側之惡"는 대의명분
을 내세워 거병했다. 연왕은 홍무제의 유훈에 따라 당시 과격한 정치를 행
하는 황자징 등 건문제 측의 간신을 제거하고자 했다. 그래서 그는 자신의
군대도 군측의 악惡을 제거靖하여 진정시키는 군사라는 의미에서 '정난사
靖難師'라 했다.

이것이 이른바 '정난靖難의 사건(1399~1402)이다. 이 싸움은 1399년 7월부터 1402년 6월 난징이 함락될 때까지 4년간 지속되었는데, 병력과 병기의 부족에도 불구하고, 정보와 전략에 앞선 연왕이 건문제를 제압하고 승리했다. 1402년 6월 13일, 수도 난징이 함락되자 20세였던 건문제는 자신의 궁정에 불을 놓고 분신자살했다고 전해지기도 하고, 남쪽으로 도주했다는 설이 있으며 그의 능은 존재하지 않고 있다.

영락제의 몽골 회유정책

건문제를 넘어뜨리고 정난의 사건으로 제위에 오른 성조 영락제(1402~1424)에 대해 강남지방의 여론은 대단히 나빴다. 제위 찬탈자라는 비윤리적인 평가로 인하여 난징은 영락제의 심기가 편한 땅이 아니었다. 더욱이 영락제는 북변 방위의 필요성에 의해서 북쪽 지방을 중요시했다.

당시 북변 지방을 보면, 주원장에 의해 멸망한 원조가 멀리 외몽고 지방에서 세력을 폈다. 홍무 3년(1370년) 원 순제가 응창應昌(현 내몽고 多倫 동북지역)에서 죽은 후에 대를 이어 황태자 아유시리다라愛猷識理達臘가 몽골제국의 옛 수도 카라코룸和林(현 몽골국 哈爾和林)에서 제위에 올라 소종昭宗으로서 통치했다. 역사에서는 이것을 '북원北元'이라 칭하는데, 소종은 적극적으로 국력을 회복하는데 노력했으나 내부에 세력 다툼이 끊이지 않았다. 제위는 6대에 걸쳐 계승되었으나 건문 4년(1402년)에 칭기즈칸의 방계인 구이리치鬼力赤가 제위를 찬탈했다. 제위를 찬탈한 구이리치는 '원元'의 국호를 떼어버리고 국호를 '타타르韃靼'로 바꾸고 황제에서 칸汗으로 고친 후 중흥을 도모했다.

이 무렵 몽골 서부 지역에는 신흥 세력인 오이라트瓦剌 부족이 대두했다. 그들은 수렵으로부터 목축으로 이행한 삼림의 사람들이었지만 세력을 신장시켜 동부의 타타르부에 대항했다. 이리하여 몽골 내부에는 타타르와 오이라트의 대립·항쟁이라는 정세가 출현했다.

영락제는 몽골 고원의 동쪽 타타르부의 칸 번야시리本雅失利(1377~1413, 在位1408~1413)에게 여러 차례 사신을 파견하여 통교를 유도하고, 나아가 번야시리의 투항을 유도했다. 영락제는 몽골족으로서 명에 귀부하는 각 부족에 대하여는 관리로 임명하거나 왕으로 봉했다. 더불어 금·은, 의복, 식량 등의 물품을 하사하면서 몽골 각 부족을 회유했다. 경제적으로는 차마호시茶馬互市, 민간교역, 관방무역 등의 방식을 취하여 몽고 각 부족과의 교류를 확대했다.

그러나 번야시리의 태도는 완강했다. 영락 7년 4월 번야시리는 타타르에 파견된 명의 사신 곽기郭驥를 살해하고 남침을 꾀했다. 이렇게 되자 그때까지 자중하고 있던 영락제도 더 이상 참을 수 없었다. 타타르의 처사는 중화의 천자로서 그대로 묵과할 수 없는 일로 여겼던 것이다.

5차례에 걸친 영락제의 몽골 친정

타타르의 번야시리가 명의 사신 곽기郭驥를 살해한 사건이 일어나자, 영락제는 그간 취하여 오던 회유의 방법을 버리고 침략이라는 단호한 태도를 취하여 일격을 가할 자세를 취했다. 먼저 영락 7년(1409) 7월에 구복丘福을 정로대장군으로 임명하여 10만의 대군을 출병시켰다. 하지만 이 원정군은 몽골군을 경시하고 진격하다가 참패를 당하고 말았다. 포로의 말만 믿고 진격하던 구복의 부대가 번야시리의 매복 부대에 패배한 것이다.

구복이 전투에서 패배했다는 소식은 영락제를 더욱 격분시켰고, 마침내 북변 몽골족을 치기 위하여 직접 군대를 이끌고 친정하기를 결심했다. 몽골세력의 확장을 막고 화이華夷 질서의 확립과, 제위 찬탈이라는 오명을 씻기 위해서라도 그는 몽골 원정에 나서지 않을 수 없었던 것이다. 더욱이 능력 있고 믿을만한 장수들을 찾기 어려운 상황에서 영락제는 친히 군대를 이끌고 출정하게 되었다고 할 수 있다.

영락8년(1410년) 2월 1일, 영락제는 그 장손 주첨기朱瞻基에게 베이징을 지키도록 하고, 호부상서 하원길夏原吉로 하여금 보필하도록 한 후, 4일에 명의 사신 살해와 변경 침입을 성토하면서 친정 조서를 반포했다. "대大로써 소小를 격파하고, 순順으로 역逆을 취하고, 치治로써 난亂을 공격한다."라는 명분을 내세워 원정의 당위성을 강조함과 동시에 몽골 토벌의 여론을 조성했다.

동년 2월 10일, 영락제는 50만 대군을 친히 이끌고 베이징 더승먼德勝門을 출발하여 정식 친정에 나섰다. 이 때 그의 나이 50세였다.

이때 타타르의 번야시리는 대부대로 편성된 명군이 온다는 소식을 듣고 부대를 이끌고 서쪽으로 철수했다. 몽골군의 아로대阿魯台도 군대를 이끌고 동쪽으로 이동하여서 명군의 예봉을 피했다.

1410년 몽고족을 정벌하고 난징으로 돌아오던 중 영락제가 총애하던 권현비權賢妃(1391~1410, 또는 1412)가 20세의 나이로 삶을 마감한다. 조선의 여인으로서 18세에 공녀로 명 궁정에 들어간 그녀는 영락제의 빈嬪이 되고, 곧 6개월 만에 현비賢妃가 되어 황제의 총애를 받았다. 그녀는 자태의 아름다움은 말 할 것도 없고 그녀가 부는 옥피리 소리는 거의 신선의 경지였다고 한다. 게다가 그녀는 시문에도 뛰어났기에 영락제가 늘 함께 대동하고 다녔는데, 이 때 영락제와 함께 몽골 원정에 참여했다가 귀경 중에 궁녀의 시기로 독살당했던 것이다. 그의 묘가 오늘날 중국 산둥성 짜오쫭시棗莊市 이청현嶧城縣에 '첸페이무權妃墓'로서 남아 있는데 현지 사람들은 '냥냥펀娘娘墳'이라 부르고 있다.

1차 원정으로 타타르부의 세력이 약해지자 이번에는 오이라트부의 세력이 대두했다. 이에 1414년(영락 12년) 3월 영락제는 50만 대군을 이끌고 재차 친정에 나섰다. 이때에는 후에 선덕제로 즉위한 황태손도 종군했다.

이 전투는 다섯 차례의 원정 가운데 가장 격렬한 전쟁이었다. 하지만 이 출정을 통해 명의 손실도 막대했다.

대 원정을 위해서는 막대한 국가 재정의 부담이 따르기 마련이다. 한 차례 출정 때마다 대략 미곡 20 · 30만석이 소요되었고, 이것을 전장으로 운반하는 데만도 3만대의 운반차가 필요했기 때문이다. 그리고 병사들 사이에서는 전쟁 기피 풍조가 고양되어 도망병이 출현하기 시작했다.

이런 상황에서 북벌 원정에 대하여 비난하는 여론이 들끓었다. 당시는 안남 지역에도 반란 진압을 위해 군대를 발동시킨 상태였기에 남북 양 방면에 동시에 전쟁을 일으킨다는 것은 웬만한 국력이 아니면 불가능한 일이었다. 그렇기에 호부상서 하원길夏元吉, 병부상서 방빈方賓, 형부상서 오중吳中 등 육부 상서와 한림학사들까지도 3차 친정을 반대했다. 그러나 영락제는 반대하던 장관과 한림학사들을 옥에 가두고, 1422년에 3차 몽골 친정을 감행했다. 이후 1423년 7월에 4차, 1424년 3월에 5차 원정을 감행했는데, 이렇다 할 전과를 올리지 못하고 그저 사막을 배회하는 정도에 그쳤다는 지적도 있다.

영락제는 5차 원정 중, 군량의 부족, 척박한 땅, 피로에 지친 군마 등을 이유로 삼아 철수했는데, 부하들을 이끌고 귀환하는 도중, 7월 18일 유목천楡木川(현 내몽고 자치구의 多倫의 서북쪽)에서 과로로 세상을 떠났다. 영락제는 원정 중에 65세의 일기로 세상을 마쳤다. 그가 죽은 후 묘호를 태종太宗이라 하고, 그의 시신은 12월 19일에 창핑昌平의 천수산天壽山의 장릉長陵에 안장되었다. 이 장릉은 명13릉에 있는 황릉 중에서 제일 큰 능묘다.

몽골원정의 의의

5차례(1410~1424)에 걸친 장기간의 친정은 명조 측에 많은 인적, 물적 손실을 입혔다. 이것은 이후 인종. 선종의 정치에도 영향을 남겨 주었다.

영락제 능

　영락제는 5차례의 친정을 실시했는데, 그 가운데 실제 전투가 일어난 것은 영락 1410년의 제1차 원정과 1414년의 제2차 원정뿐으로, 제3차 이후는 거의 직접적인 전투가 이루어지지 않았다. 그저 수십만의 군대를 이끌고 사막을 행군하면서 영락제의 친정이 있었다는 것을 알리는 정도에 그쳤을 뿐이었다. 원정에 투여된 재정을 고려한다면, 결과적으로 얻은 성과는 별로 없다. 더욱이 영락제가 최후 원정에서 돌아오는 길에 죽음을 맞이한 것을 보면 더욱 그러하다.

　그럼에도 불구하고 영락제가 몽골 원정을 감행한 것은 그 목적이 북방 민족의 제압이라는 측면도 있지만, 그보다는 오히려 내부의 정치적 목적과 밀접하게 관련되어 있었다고 해석하는 경우가 많다. 조카 건문제를 몰아내고 제위를 찬탈했다는 비윤리적 사건이 발생한 이후, 자신을 불신하는 여러 세력들을 멀리 몽골 고원까지 원정시킴으로써 그들의 반항심을 잠재우고, 더불어 영락제의 정치체제에 순응시키려는 내적 정치적 의도가 존재한 것이다. 제위를 찬탈한 영락제가 직접 진두지휘함으로써 그의 전후 처리 및 통수권 확보라는 차원에서 몽골 원정 및 대외 원정이 지속적으로 이루어졌다고 할 수 있겠다.

1421년 영락제는 수도를 난징에서 베이징으로 천도했는데, 이것 역시 정난의 사건 이후 불안정한 정국을 해소하고 자신의 근거지인 베이징을 중심으로 강력한 중앙집권적 정치를 꾀하고자 함이었다.

정난의 사건으로 인한 정국의 불만과 반 영락 세력의 대두 가능성을 가지고 있던 당시에 이루어진 수도 천도와 대외원정은 영락제의 통치에 대한 불만을 약화시키고, 나아가 몽골세력 타도라는 기치아래 전시 비상체제를 구축하여 국내의 거국일치의 통일정책을 펴려는 정치적 의도가 강하게 작용했다고 할 수 있다. 또한 몽골 친정으로 몽골 부족을 명에 복속시킴으로써 '중화中華'와 '이적夷狄'을 통합한 화이 질서의 통합자가 되고, 그렇게 함으로써 중화 천자의 위엄으로써 중국 중심의 세계질서를 구축하려는 영락제의 의도가 5차례의 몽골원정으로 나타났다고 할 수 있겠다.

16장 역사를 투영한 중국의 수도, 그것은 시대를 반영한 거울

전통시대의 수도와 오늘날의 수도는 어떻게 다를까?

인류 역사를 보면, 문명의 성립단계에서 사회가 복잡하게 되고, 지배자와 피지배자의 계층 분화가 생기면서, 원활한 통치를 위해 국가가 출현하게 되는 것이 일반적인 현상이다. 그런데 동서고금을 막론하고 국가가 형성되면 거기에 반드시 수도(도읍지, 왕도, 국도)가 출현하게 된다. 이것은 현대 국가도 마찬가지이다. 한 국가를 다스리기 위한 정치나 군사 조직의 중추적 기능을 위해 수도가 절대로 필요하다는 사실은 고금을 막론하고 동일하다.

그런데, 한편 생각해 보면, 수도의 존재는 단순한 정치 및 군사적 기능의 필요에 의해서 만이 아니라, 지배자의 정권을 정통화하기 위한 무대로서도 없어서는 안 되는 존재라는 것이다. 물론 정권의 정통화의 방법이 서로 다르기는 하지만…

이런 측면에서 전통적인 왕조시대와 근대 국민국가 시대에는 각각 정권의 정통화의 방법이 다르고, 수도의 필요성도 자연 다르게 나타난다고 할 수 있다.

오늘날 한 국가의 수도는 나라의 중앙정부가 있고 일국의 원수가 거주하는 도시이다. 그 수도는 정치적, 문화적 기능은 물론이고 경제적, 군사적 기능도 함께 집중되어 있는 곳이다. 이것은 근대국가가 상비군을 중심으로 한 국민군의 형성을 배경으로 출현했으며 국가가 군대와 경찰을 독점하는 존재라는 것을 의미하는 것이다.

그리고 이러한 국가는 그 정통성을 어디까지나 국민에 근거하고 있고, 국민으로 구성된 국민군에 의해 지탱되고 있는 것이다. 그러므로 오늘날의 수도에는 국민 또는 시민이라는 관념을 자아내는 광장 내지는 공공장소가 있기 마련이고, 또한 그곳은 국민적 행사의 무대가 되는 것이 일반적이다. 1950년대 말에서 1960년대에 걸쳐 마련된 중국 베이징北京의 톈안먼天安門 광장, 미국의 수도 워싱턴 DC의 몰(The Mall) 등이 대표적인 형태라할 수 있으며, 서울 시청 앞 광장이나 여의도 광장도 그런 유의 하나로 볼수 있을 것이다.

반면 중국 전통시대의 수도(왕도, 국도)를 보면 현대 수도와는 다른 구조와 성격을 지니고 있다. 전통시대 중국의 수도는 실제로 오늘날만큼 정치와 군사 권력이 집중되어 있는 곳이 아니었다. 비록 황제라 하더라도 그의 권력은 자의적이 아니었으며 정치적으로, 군사적으로 크게 한정되어있었고, 군사력도 분산되어 있었다. 중국의 정치 체제는 황권의 강화를 위해 권력을 분산시켜 놓은 것이 일반적 특징으로, 권력을 장악한 군주는 자신의 권력에 의해서가 아니라 초월적인 하늘의 힘에 의거하여 정권의 정통성을 보장받으려 했던 것이다.

그렇기 때문에 수도에는 통치를 위한 정치 기구도 존재하지만 동시에하늘이나 신을 섬기는 제단을 두어 그것을 중시하고 천자가 그 제사를 주관함으로써 정통성을 보장받으려 했다. 곧 수도는 여기저기의 제단에 둘러싸인 상태에서 초월적인 하늘이나 여러 신에 제사하는 왕조의례의 무대로서 설계되어 있었고, 이러한 예는 당대의 장안長安(오늘날의 시안)이나명·청대의 베이징의 경우가 전형적인 것으로, 오늘날에도 베이징에 가면 자금성 좌우의 종묘와 사직제단을 볼 수 있고, 또 황성인 자금성을 중심으로 남쪽에 천단天壇, 북쪽에 지단地壇, 동쪽에 일단日壇, 그리고 서쪽에 월단月壇이 오늘날 관광지로, 공원으로 남아있다. 이러한 제단들은 천자가 초월적인 천이나 신의 힘을 빌어서 통치했고, 또한 그런 제사와 의례에 의해 정통성을 보장받으려 하고 있었음을 잘 보여주는 내용이라 할 수 있다.

중국 역대의 수도

중국에는 오랜 역사 변천 가운데 역대 수 많은 도읍지, 곧 수도가 출현했다. 중국사에서 왕조의 수도가 되었던 도시가 많은데, 대표적으로 예를 든다면 시안西安, 長安, 베이징北京, 뤄양洛陽, 난징南京 카이펑開封 安陽(은의 도읍지) 항조우杭州, 臨岸 등 7개 도시이다. 이 7대 도시 중 안양과 항조우는 각각 은의 수도와 남송의 도읍지로 화북과 화남을 모두 통일한 왕조는 아니나, 안양은 중국문명의 원류라 할 수 있는 황하문명의 발상지라는 점에서, 남송의 항조우는 경제적인 번영에 의해 세계적으로 유명한 도시로 알려져 있기 때문에 고도로서의 위상을 그대로 지닌다고 할 수 있다.

그렇지만 화북과 화남을 모두 통일한 정권의 수도로 한정한다면, 시안(장안), 뤄양, 카이펑, 난징, 베이징으로 압축할 수 있으며, 이들은 흔히 중국의 5대 고도로 불리고 있다. 그런데 이들 도시가 통일 정권이든 지방정권이든 불문하고 얼마나 오랫동안 수도로서 존재했는가를 보면, 시안(약 1077년간), 베이징(903년간, 중화민국 시기 포함), 뤄양(885년간), 난징(450년간, 중화민국시기 포함), 카이펑(366년간) 순이 된다.

오늘날의 시안은 옛날 장안長安으로서 유방이 세운 한漢(B.C. 206~A.D. 202), 이연이 세운 당唐(618~907)대에 수도로 번영했으며, 뤄양은 유수가 세운 후한後漢(25~220), 조비가 세운 위魏(220~265), 사마염이 세운 서진(235~316) 등의 수도로 번창한 곳이다.

베이징의 천단

　특히 당나라(608~917)의 수도 장안長安, 西安은 위수 남안에 건설된 성곽
도시이다. 그것은 수나라의 따싱성大興城을 바탕으로 건설된 것으로, 전체
규모가 정사각형에 가까운 사각형이었으며, 크기가 남북 8.6km², 동서
9.7km²에 이르고 있었고, 5.3m 높이의 거대한 성벽으로 주변을 둘러싸인 거
대한 성곽도시였다. 장안의 도시는 성안 북쪽 중앙에 황성을 배치했는데,
황성은 북쪽으로 황제의 거처를, 남쪽으로 정치나 의식을 행하는 공간을 배
치를 했으며 남쪽에는 관청가를 두었다. 그리고 황성의 동남쪽과, 서남쪽에
각각 '동시', '서시' 라는 시장을 두어 활발히 상업 활동을 장려했다.

　도로는 남북으로 11개, 동서로 14개의 큰 도로를 바둑판 모형으로 내
었다. 그 폭도 남북으로 뚫린 도로가 147m, 동서로 뚫린 도로가 69m나 되
었다고 하니, 고대 로마제국의 가장 큰 도로가 12m였다는 것과 비교해 보
면, 아니 오늘날의 넓은 도로와 비교해보아도 엄청난 크기에 놀라지 않을
수 없다. 사람들은 수m의 담장으로 둘러싸인 방坊에 거주하고 있었는데,

서안 고루

당시 그 인구는 백만이었다고 기록되어 있다. 최근에는 70만 정도라는 설도 나오고 있기는 하지만 어쨌든 비잔틴 제국의 수도 콘스탄티노플이나 압바스 왕조의 수도 바그다드와 함께 당시 세계최대의 도시 중의 하나였음은 두말할 나위가 없다.

백만 도시의 장안은 귀족에서 서민에 이르기까지 여러 사람이 모여 살았다. 또한 외국 사절단이나 유학생, 유학승이 항상 4,000여명정도 체류하고 있었고, 그 외 서역의 상인 예술인 등이 많이 있어 장안은 그야말로 국제적인 도시가 되었다. 그리하여 장안은 서역이나 인도 혹은 북방유목세계에서 가지고 온 문화 예술 풍습이 널리 유행하는 국제적인 도시였다.

장안성 한 가운데를 남북으로 달리는 주작 대로를 경계로 동편은 '가동街東', 서편은 '가서街西'라고 했다. 가동에는 관인의 저택이 많았고, 과거수험생, 대상인을 고객으로 하는 음식점, 여관, 각종 고급 전문점이 즐비하게 늘어서 있었다. 가서에는 서역인들이 많이 거주하고 서역 상인들이 많이 모이는 곳이었다.

당대 장안에는 특히 외래 종교가 성했다. 서역인들이 신봉하던 현교祆教(조로아스터교)가 크게 성행했다. 그리고 서방에서 처음 전래된 크리스트교의 일파인 네스토리우스파, 곧 경교景教가 성행했다. 이것은 431년에 베소 종교회의에서 이단으로 단정된 크리스트교의 일파이지만, 그 후 페르시아를 거쳐 당나라에 전래되어 많이 중국에 유행했다. 중국에서는 기록상으로 보아 정관貞觀 9년(635)에 전래되었으며, 장안성내의 일각 의녕방義寧坊에 파사호사波斯胡寺(후에 大秦寺로 개칭)가 세워지기도 했다.

현재 이 비석은 시안의 '비림박물관碑林博物館'에 진열되어 있는데, 그곳을 찾아가면 진열실 안의 "大秦景教中國流行碑(대진경교중국유행비, 중국에서는 '로마'를 '大秦'으로 표현했음)"라 쓰여 있는 커다란 비석이 방문객의 눈길을 끌고 있는데, 필자도 그곳에서 이 비석을 배경으로 살짝 기념촬영을 한 적이 있다. 이외에도 페르시아의 마니에 의해 창시되었다는 마니교도 유행하는 등 종교 면에서도 당대의 국제적인 성격이 잘 나타나고 있다.

그러나 장안은 안사의 난 이후 쇠하여지고, 10세기 초 수도가 뤄양으로 옮겨지면서 도성은 황폐화 되었다. 그 후 장안은 송·원대를 통하여 소도시에 불과했으며 지방 소도시로서 시안부西安府라는 이름이 붙여진 것은 명초의 일이다. 태조 홍무제가 둘째 아들 상㮒을 진왕秦王으로 봉하고, 현재의 시안성을 구축했던 것이다. 그 규모는 당대 장안성의 약 6분의 1에 불과했다고 하며 지금의 종루와 고루도 모두 명대에 만들어 진 것이다.

원래 황하 유역에 통일국가를 형성하여 온 중국은 춘추전국시대에 그 영역이 양자강까지 확대되었는데, 위진남북조시대 이후 강남지방이 활발히 개발되어 강남델타 지방은 경제의 중심지로 부각되었다. 이로 인하여 중국경제의 중심이 서북쪽에서 동남쪽으로 차차 이동하기 시작했다. 당말 오대에서 북송에 이르는 동안 많은 왕조들이 수도를 카이펑에 정한 것도 이러

카이펑의 고성

한 경제 중심의 변화를 고려하여 운하에 의한 남북일체화를 꾀하려는 데서 나온 것이었다. 그런데 군사적 우위를 바탕으로 왕조를 세운 북방민족, 곧 요遼(907~1125), 금金(1115~1234), 원元(1206~1368)은 농경지역과 유목 수렵 지역과의 경계선상에 가까운 현재의 베이징에 도읍을 정했다. 그 결과 많은 전통 중국인은 자연 강남으로 밀려나 남북으로 갈리게 되었다.

거기에 더욱 중국은 황하와 양자강 사이를 흐르는 회하(淮河)를 중심으로, 지리적으로 북과 남으로 갈리게 되었다. 연 강우량 1,000mm를 경계선으로 그 이하의 강우량을 가진 회하 이북의 지방은 밀과 조를 중심으로 한 밭농사 지대가 되고, 그 이상 강우량을 가진 회하 이남은 벼를 중심으로 한 논농사 지역이 되었는데 이런 지리적 조건과 역사적 요인이 함께 작용하여 원말 명초에도 남북분열의 정국이 존재했던 것이다. 원 세조 쿠빌라이(1260~1294)에 의해 원조의 영토적 통일이 이루어졌다고는 하나 남·북 분열의 기운은 여전히 온존하고 있었다.

베이징 자금성

이러한 문제는 명 태조太祖(洪武帝, 1368~1398) 때에도 해결되지 못했다. 그러나 조카 건문제를 몰아내고(정난의 변, 1399~1402) 제위에 올라 명의 3대 황제로 즉위한 영락제가 1421년에 수도를 난징에서 베이징으로 옮겼다. 이후 베이징은 고유명사 '베이징'이 되었다. 그전에는 단순히 보통명사로서 '북쪽에 있는 서울'이라는 의미로 사용되었을 따름이었으며, 수도를 동북지방의 상경上京 임황부臨潢府에 두고 있던 요나라 시대에는 현재의 베이징이 그곳의 남쪽에 위치하고 있었기 때문에 '남경南京'이라 불렸던 것이다.

이후 베이징은 15세기부터 오늘날에 이르기까지 명·청의 수도를 거쳐 현재 중국의 수도로서 위엄을 자랑하고 있다.

중국 역대 수도의 이동축의 변화와 그 동인

이상 중국 고도를 중심으로 수도의 이동 축을 그려보면 시안-뤄양-카이펑-베이징 등 전체적으로 보아 서쪽에서 동쪽으로 이동했다고 할 수 있다.

중국의 지배 영역은 행정구획, 자연 지리적 환경, 종족, 언어, 생활습관, 역사 전통 등 여러 면을 기준으로 하여 내중국(Inner China, Proper China, China 중국 본토)과 외중국(Outer China, 중국 외부 지역)으로 크게 나누어 말해지기도 한다. 이때에 송 왕조처럼 중국내부에 국한된 왕조가 있는가 하면, 당, 원, 청처럼 내중국과 외중국 모두 지배한 시기가 있다. 그런데 내중국과 외중국 전체를 대상으로 한 시기를 기준으로 할 때, 그 전기에는 시안이, 후기에는 베이징이 수도가 되었음을 알 수 있다.

이렇게 시안에서 베이징으로 변천하는 과정에서 카이펑은 과도기의 수도로서 기능하고 있다. 8세기 후반부터 10세기에 걸쳐서 외중국 이민족의 주요 군사거점이 서북에서 동북으로 이동했고, 내중국의 주요 곡창지가 화북에서 화남으로 이동했으며 거의 동시에 유라시아대륙의 간선 교통로가 주로 농업지대와 유목지대 경계선상인 육로로부터 해안 연안부의 해로로 전환하여 간 것도 수도의 변천에 커다란 영향을 주었다. 그리하여 수도가 시안, 카이펑에서 베이징이나 난징으로 이동했는데, 이것은 강남지방의 경제력과 교통로가 육로에서 해로로 전환된 것에 대한 대응이었다고 해석할 수 있다.

이와 같은 수도의 변천은 중국의 역사 활동 공간이 동에서 서로, 북에서 남으로 확대되어 가고 있음을 보여주고 있다. 이것은 동시에 수도와 남방 곡창지대를 연결하는 식량보급로가 확보되고, 수도와 변방을 연결하는 병참선의 근거가 황하에서 대운하로 이행하여 가고 있었다는 것과 밀접한 관련을 가지고 있는 것이다.

오랜 중국사 가운데에 시안과 베이징이 가장 오랫동안 수도가 된 것은 양 도시가 내중국과 외중국의 경계영역, 곧 농업과 목축이 만나는 접점의 남단에 위치하고 있다는 것과 관계가 있다고 할 수 있다. 곧 내중국의 농경지역의 통치와 외중국의 유목지대와의 외교적 정치기능을 함께 지니고 있었기 때문이다.

한편 뤄양이나 난징은 내중국 가운데 위치하고 있었기 때문에 내중국에 기반을 둔 정권의 도읍지로서는 적합하지만, 내중국과 외중국 양 지역을 포괄하는 왕조의 수도로서는 한계를 지닐 수밖에 없었던 것이다.

그런 의미에서 대운하의 연선이지만 황하의 범람지역이기도 한 카이펑이 오대의 후량後梁(907~923), 후진後晉(936~946), 후한後漢(947~950), 후주後周(951~960)의 뒤를 이어 북송(960~1127)의 수도로 된 것은 다음과 같이 설명할 수 있다. 곧 외중국의 서북부와 동북부에 각각 탕쿠트 족과 거란족이 병립하여 화북의 정권에 대치하고 있었기 때문에 양 쪽으로 군사행동을 용이게 할 수 있는 장소, 내중국의 곡창지대가 화북평야에서 양자강 하류에로 이동하여 가는 시기의 경제적 요인, 당시는 육로에서 해로로 간선교통로가 바뀌어 가고 있던 시기에 해당하고 있었기에 최적지로 부각되었다고 할 수 있으며, 카이펑 수도 정립은 시안에서 베이징으로 옮겨가는 과도기였다고 할 수 있다.

중국 수도 변천사를 볼 때, 원대 이후의 베이징은 시안에 비해 여러 면에서 강점을 지니고 있었다. 외중국의 몽골족, 만주지방의 거란족이나 여진족 등 강력한 유목 수렵민이 출현했다는 군사적 요인, 양자강 하류가 주요 곡창지내로 부각되었다는 경제적 요인, 그리고 거기에 외재적인 요인으로서 유라시아 대륙의 교통 간선망이 내륙의 육로에서 해안의 해로로 바뀌었다는 교통적인 요인 면에서 시안보다 훨씬 입지적 요건으로서 강점을 지니고 있었다. 곧 베이징은 유목지대와 농경지대의 접점이었음과 동시에 육로와 해로의 접점에 위치하고 있었던 것이다.

결국 중국 수도의 입지와 변천은 중국 내부의 정치적 군사적 경제적 동향과 유라시아를 연결하는 교통망의 변화와 밀접한 관련을 가지고 있다고 할 수 있겠다.

17장 신사층의 형성 배경과 사회 경제적 기능

신사(紳士)는 명청대에 와서 나타난 하나의 특수 계층이다. 신사란 명청대의 현직 관료·퇴임관료 등 관직경험자와 거인·감생·생원 등 관위 지망생을 포함한 신분으로 당시 지역사회의 정치, 경제, 문화를 지배한 사회계층이다. 이들 신사층이 연출하는 사회적 역할을 이해하는 것은 명청대의 통치 형태 및 사회구조를 연구하는데 중요한 접근방법이라는 입장에서, 그리고 이러한 과정을 통해서 서구의 역사에서 볼 수 있는 사회구조의 개념을 중국사에 기계적으로 적용시키는 무리를 배제하기 위하여, 또는 소위 왕조순환론이나 정체성이론을 비판하여 중국사의 고유한 발전논리를 얻으려는 목적 하에서 신사층에 대한 연구가 1950년대부터 학계의 중요한 관심사가 되어 왔다.

신사층 성립 배경 및 과정

신사가 명대에 들어와서 하나의 사회계층으로 정착되어 간 계기는 몇 가지가 있다. 과거제가 가지는 사회적 기능의 변화, 신사가 가지는 요역우면繇役優免의 특권, 그리고 거인, 감생, 생원의 수량적인 고정화 등이 지적

되고 있다. 특히 요역우면의 특권은 이들에게 경제적 이익과 함께 사회적 지위의 상승효과를 보장해 주었으며, 더욱이 이러한 신분적 특권은 종신토록 보장되어 있었기 때문에 감생·생원은 단순한 학위신분에 불과했지만 이것들은 사회적 신분의 구실을 할 수 있게 했던 것이다.

이들 사회 신분층이 사회변화에 대응하면서 완전한 사회계층으로 성립된 것은 명 중기(15세기 중엽)이후부터이다. 명초에는 학위신분층이 향촌에 옹체하는 현상이 별로 나타나지 않았다. 그것은 국초에 여러 가지 정책을 충실히 수행하여 사회적 안정이 이루어졌기에 학위신분층의 증가는 어느 정도 감내할 수 있었기 때문에 정치·사회적으로 표출되지 않았다. 그러나 명 중기 이후 내각과 환관의 알력으로 인한 중앙 정치질서의 이완, 이갑제의 해제, 상품경제의 농촌침투, 북쪽 몽고세력의 위협 등 정치·사회적 변화는 사회 계층 이동에도 영향을 미쳤다. 그 결과 중기 이후부터는 감생 생원이 입사하지 않고 향촌에 옹체되는 현상이 두드러지기 시작했다. 특히 경태景泰 원년(1450)부터 시작된 예감생제例監生制(기부금을 내고 국자감에 입학하는 제도)가 도입된 이후 그 수가 격증하게 되자 대부분의 감생은 출사로가 막히게 되었다. 이에 감생 생원들은 그들에게 주어진 우면특권 등 사회·경제적 특권을 이용하여 향촌에 정착하면서 '보신가적保身家的' 인 행위를 자행하게 되었다. 이와 같이 신사는 명 중기 이후 당시의 정치·사회적 변화에 대응해 가면서 하나의 사회 신분층으로 고정되어 갔던 것이다.

신사의 사회경제적 기능

명 중기 이후 이갑제 기능의 와해로 이장·이노인의 향촌지배력이 차차 약화되어 가자, 새로이 대두한 신사가 당시 사회의 공백부분을 대신 담당하게 되었다. 이들 신사가 담당한 사회 경제적 기능을 대개 다음의 3가지로 분류할 수 있다.

첫째는 질서유지의 기능이다. 이것은 신사의 공의식과 위기의식에서 나온 것이었다. 이갑제의 향촌질서유지로서의 기능이 약화되어가자 왕조는 15세기 중엽부터 각 지방에 향약과 보갑제를 장려하여 사회질서를 유지하려 했는데 이때 지방 향약과 보갑의 운영에 있어서 그 지도적 역할을 담당한 것이 신사였다. 때로는 지방 민란이나 비적의 공격이 있을 때 신사는 자위단을 조직하여 향촌을 방위했다. 그런가 하면 향촌에 분쟁이 있을 때에는 재판 조정의 역할도 담당했다. 그리고 향약활동을 통해 재해, 수재, 기근 등의 재해에 대한 구제활동을 펴기도 했다. 이와 같이 신사는 명조의 정치 사회질서가 약화되고 이갑제를 통한 공동체 유지 기능이 이완되어가던 시기에 직·간접적으로 사회질서 유지에 참여했다.

둘째는 경제적 역할이다. 이것은 주로 개인 혹은 가문의 이해와 관계된 것으로 경제적 이익추구 활동이다. 신사는 그들에게 주어진 제 특권을 이용하여 광대한 토지를 소유하고 있었다. 또 도로, 교량 등을 수축함으로써 사리를 꾀하기도 했다. 수리시설의 수축 혹은 수리관행의 개혁운동도 이들에 의해 추진되어 갔다. 그리고 조세 징수기구에 관여하여 사리를 꾀하기도 하고 시장개설 수공업에 관여함으로써 시장 혹은 상품유통구조를 지배하는 일도 허다했다. 이러한 신사의 합법, 비합법적인 이익추구활동은 지역에 따라 차이가 있긴 하지만, 명 말에는 '사인의 횡포'라고 말해질 정도로 신사 일반에 공통되는 현상이다.

셋째는 문화적 역할이다. 신사는 향촌에 있어서의 개인적인 영향력 외에 향약이나 사학과 같은 조직과 기구를 통해 또는 서원 등을 통해 중기 이후 지역사회의 교화기능과 문화 활동에 지도적 역할을 담당하여 향촌질서를 유지했다. 그리고 향촌교화와 자기 규제의 면을 공유하면서 여러 서책을 편찬했다. 또한 신사는 향촌여론을 주도하고 있었으며 지방의 중요 문제나 사업에 대하여 건의, 조언, 여론의 환기, 상하관부의 의견조정에

개입하여 영향력을 발휘하기도 했다. 이와 같은 신사의 행동은 그들만의 사리추구를 꾀한다는 입장도 물론 있었지만, 때로는 사대부가 지니는 공의식에 의해 능동적인 대처에서 나온 것이며 때로는 지방관이나 주민의 적극적인 요청에 응하여 추진되는 경우도 많았다.

이와 같이 명·청대의 신사는 사적으로는 그들 개인의 사리를 추구하는 면도 많았으나, 공적으로 향촌에 있어서의 국가지배의 보좌역으로서, 국가에 대해서는 향촌여론의 대변자로서의 역할을 담당했고, 때로는 국가권력과 향촌의 조정자로서의 역할을 담당하는 등 공·사 양면성을 띤 정치·사회적 지배층이었다.

18장 명대의 청백리 해서(海瑞), 그는 누구인가?

> *"부귀에 현혹될 수 없고, 가난 때문에 자신의 생각을 바꿀 수 없으며, 위엄에 굴복할 수 없다."*

중국 역사 가운데 청백리淸白吏의 인물이 많이 있으나, 중국인들은 송대의 포증包拯, 包靑天(999~1062)과 명대의 해서海瑞, 海靑天(1514~1587)를 손꼽는다. 그런데 송대의 포증(포청천)에 대해서는 우리나라 드라마에서도 이미 소개된 적이 있어 여러 사람들에게 잘 알려져 있으나, 명대의 해서, 곧 해청천에 대해서는 의외로 아는 사람이 적은 편이다.

편모슬하에서 강직하게 자란 해서

해서는 강직하고 아첨하지 않으며 대담하게 직간하던 명대 관리로서 후세에 이름을 크게 날린 인물로, 20세기에 다시 각광을 받게 되었다. 그것은 1961년에 베이징시 부시장이며 역사학자인 우한吳晗이 해서가 세종 가정제世宗 嘉靖帝(1521~1566) 의 실정을 직간하다가 파면된 것을 소재로 한 경극 『해서파관海瑞罷官』을 발표함으로써였다. 이 작품이 발표된 이후,

이 작품은 모택동을 비판하고 실각된 펑더화이彭德懷를 해서에 비유하여 은근히 그를 옹호한 것이라 하여 비판을 받았고, 이어서 사태는 문화대혁명으로 발전했으니, 해서는 중국 현대사에도 큰 영향을 끼친 인물이라 할 수 있다.

해서

해서는 중국 명 중기의 저명한 정치가이며 청렴결백한 관리다. 그는 하이난다오海南島 치웅저우瓊州 사람으로, 자는 여현汝賢이요 호는 강봉剛峰이다. 본래 그 조상들은 푸젠성福建省 진장晉江 근처에 살았으나 후에 하이난다오 치웅산瓊山으로 옮겨와 살았으며, 해서는 이곳에서 성장했다.

해서가 활동하던 16세기는 명조가 전성기에서 쇠퇴기로 넘어가는 시기였다. 이러한 때 해서는 몰락한 관료 가정에서 태어났다. 그의 부친은 해서가 네 살 되던 때에 세상을 떠났기에 해서는 편모슬하에서 자란다. 28세의 모친 사씨謝氏는 강직한 성격의 소유자로, 재가하지 않고 삯바느질을 하여 생계를 유지하면서 자식을 바르게 키우려 노력했다. 그런 어머니 밑에서 자란 해서는 어려서부터 효성이 지극하고 매사에 강직했다. 그는 관료가 된 후에도 판단하기 어려운 일은 어머니한테 자문을 구했다고 한다.

그는 어려서부터 총명했고 독서를 즐겼다. 그는 1550년嘉靖 28年에 과거시험의 향시에 합격하여 거인舉人이 되었다. 거인이 된 그는 처음에 푸젠성 난핑南平 현의 조그마한 학교에서 학생을 가르치는 선생으로 봉직했다. 어느 날 학교를 감독하던 제학어사提學御史가 시찰하러 학교를 방문하자 다른 교사들은 모두 제학어사 앞에 무릎을 꿇고 아첨하며 그를 영접했다. 그러나 아부를 모르고 강직한 성격의 소유자 해서는 꼿꼿이 서서 그를 맞이했다. 이곳은 학교이지 행정 관청이 아니니 무릎을 꿇어 맞이할 필요가 없다고 하면서 그대로 서서 학교 사정을 보고했다. 해서는 필가筆架(붓을 걸어놓는 기구)에 걸려있는 붓처럼 꼿꼿하고 바르다고 하여 이후 그에게는 '필가박사筆架博士'라는 별호가 붙게 되었다고 한다.

지방관에서 중앙관으로 발탁된 해서

교사로 봉직하던 해서는 1558년에 저장浙江 성 옌저우嚴州 춘안淳安현의 지현知縣(현의 총 책임자)으로 승진했다. 그의 나이 마흔 다섯 살 때의 일이었다. 당시 관리들 사회에서는 뇌물 수수 행위가 빈번했지만, 새로 부임한 그는 다른 사람들과 달랐다. 그는 청렴결백하고 공정하게 지방을 다스렸다. 그는 사건이 발생하면 상황을 정확히 파악하여 공정하게 처리했으며, 잘못된 것이 있으면 바로 잡아주어 백성들의 억울함이 없도록 했다.

그가 다스리고 있던 춘안현은 평야가 적고 산이 많은 지역으로, 전체적으로 지역 경제력이 다른 현에 비하여 열악한 상태였다. 게다가 지주들은 토지를 은닉하면서 탈세하는 일이 많았고, 농민들의 부담은 상대적으로 가중되었다.

이에 해서는 토지를 재측량하고 토지 대장을 작성하여 탈세를 막았고, 탐관오리가 발견되었을 경우 엄히 척결했다. 해서는 일반 백성들의 폐해를 줄이고 선정을 베풀었기에 사람들로부터 존경을 받게 되었다.

몇 년 뒤 그는 자신의 경험을 바탕으로 삼아 "순안정사淳安政事"라는 책을 펴내기도 했다.

그러나 그는 현을 잘 다스렸음에도 불구하고 승진 기회를 얻지 못했다. 당시 재상이었던 엄숭嚴嵩(1480~1568)을 추종하면서 탐욕과 악행을 자행하던 도어사 언무경鄢懋卿, 절강 총독 호종헌胡宗憲 등의 눈에 벗어나 있었던 관계로, 해서는 호종헌 등에 의해 탄핵을 받아 후광湖廣 싱궈저우興國州의 판관判官으로 좌천되고 말았다.

해서는 비록 자신의 관직이 강등되기는 했지만 판관으로서 임무를 성실히 수행했다. 그는 결코 권력에 아부하지 않고 제기된 소송과 중대사건을 공정하고 강직하게 처리하여 나갔다. 이후 그는 아첨하지 않고 대담하게 직간하는 관리로 이름을 날려 "해청천海靑天"이라는 칭송을 받게 되었다. 청렴결백하기로 유명하고 명재판관으로 활약한 북송의 포승包拯을 '포청천'으로 부르는 데서 연유하여 명대 청렴결백한 관료 해서를 '해청천'으로 부르게 된 것이다.

싱궈저우에서 관리로 봉직하면서 그는 좋은 업적을 많이 남겼다. 무질서한 토지를 다시 정확히 측량함으로써 세원 확보와 재정 안정을 꾀했고, 불필요한 관직을 없애고 관리 수를 줄여 백성들의 부담을 줄여나갔다. 사리사욕을 탐하면서 온갖 악행을 저지르는 세력을 제거하고 농민들의 생활 안정을 꾀하는 일에 힘썼다.

그러던 중 1565년(가정 45년)에 해서는 중앙 관직으로 발탁되어 호부 주사가 되었다. 해서가 중앙관으로 발탁되어 베이징에서 봉직하게 된 것은 엄숭 세력의 쇠퇴에 따른 것이었다. 1562년, 20년 동안 수보로서 권세를 부리던 대학사 엄숭이 가정제에 의해 파면되고, 더불어 그를 중심으로 한 당파 역시 세력을 잃게 되었는데, 이렇게 권세가 뒤바뀌는 상황에서, 사람들은 그간 엄숭 세력에 대적하여 맞서 싸움으로써 명성을 크게 얻고 있던 해서를 차츰 우상화 하면서 그를 생각하게 되었다. 1565년에 이부 문선사文選司(문관의 인사 관리를 맡은 부서)의 낭중 육광조陸光祖가 그를 추천하여 호부에서 봉직할 수 있게 되었다.

황제에게 직간하다 파면된 올 곧은 해서

베이징으로 올라온 후 얼마 안 되어 조야를 놀라게 한 일이 일어났다. 불로장생을 믿었던 당시의 황제인 가정제는 도교에 심취하여 매일 같이 황궁에서 도사와 함께 단약 만드는 일과 수련하는 일에 푹 빠져 있었다. 왕조가 내우외환으로 고통을 받고 있는데도 불구하고, 가정제는 군주로서 정사를 돌보지 않고 있었고, 국사를 처리하는 조정 회의에 20여 년 째 나타나지 않고 있었지만 대신들은 아무도 황제에게 진언하지 않고 있었다. 관직은 비록 낮으나 대담했던 해서는 1565년에 목숨을 걸고 신하로서의 충의를 가지고 황제에게 간언했다. 방사의 방중술을 믿지 말고 조정을 바로 잡아가도록 건의하는 상소였다.

이 때 해서는 자기가 죽으면 들어갈 관을 사서 둘러메고, 처자들을 불러 뒷일을 다 부탁하여 놓고, 죽을 각오로 황제에게 상소했다.

"선도仙桃 복숭아와 천약天藥은 모두 허황된 것입니다. 복숭아라는 것은 손으로 따야 얻을 수 있는 것이고, 약이란 제조한 뒤에야 비로소 쓸 수 있는 것입니다. 그것들이 어찌 저절로 오는 것입니까? 사실 이런 허황된 것은 모두 폐하의 좌우에 있는 간신배들이 거짓으로 꾸민 짓인데, 폐하께서 이를 진실로 생각하심은 실로 큰 잘못입니다. … 지금 군신들은 자리를 보존하기 위하여 아첨하고 있고, 백성들은 징벌이 무서워 입을 다물고 있습니다. 신은 실로 통분을 금할 수 없어 죽음을 무릅쓰고 상소를 올리오니 삼가 폐하께서 들어주시기를 바랍니다."

라고 상소문을 올렸다.

해서의 상소문은 예리한 비판과 충언을 담고 있어 고금에 걸쳐 흔치 않은 문장이라는 평을 받고 있는데, 이 상소문을 접한 가정제는 그 글을 다 읽지도 않고 벽력같이 화를 내면서 상소문을 팽개쳤다. 해서는 가정제의 노여움을 사 마침내 관직이 파면되고 옥고를 치르게 되었다.

가정제가 세상을 떠나자 해서는 융경제에 의해 옥에서 풀려나와 다시 호부로 복귀했다. 그러나 해서의 관직 문제는 여전히 사람들의 골칫거리였다. 내각 대학사와 이부상서는 재삼 고려 끝에 그를 호부 관하의 상보사尚寶司의 사승司丞, 즉 황제의 인장을 관리하는 상보사의 주임으로 승진시켰다. 그러나 그의 일관된 청렴과 충심, 그리고 강직한 성격으로 말미암아 임직한 지 얼마 안 되어 동료들의 반발을 사게 되었다. 이러한 상황에서 이부는 다시 그를 대리시大理寺(형옥 담당 부서)로 옮겨 시승寺丞을 맡도록 했다.

그러나 이곳에서도 해서는 상사와 의견 충돌을 일으켜 신료들의 질시를 받았다. 어쩔 수 없는 지경에 처한 이부는 그에게 한직을 맡겨 처음부터 말썽의 소지를 없애려 했다. 그리하여 해서를 난징南京 통정사사通政使司의 통정通政(정4품)으로 임명했다. 통정이라는 직책은 남방의 각 성에서 올라온 상주문을 살핀 다음 다시 봉하여 베이징의 통정사로 보내는 이른바 문건 송달 기관임으로 이것은 한직에 속했다. 명색은 정 4품의 조정 관리였으나, 이렇게 한직으로 쫓겨나고 말았으니 해서는 더 이상 무용을 떨칠 수 없는 장수가 된 셈이었다.

이러한 자신의 대우를 받아들일 수 없었던 해서는 억울함을 황제에게 진정했다. 이러한 진정은 주효하여 1569년(융경 3년) 강남의 순무巡撫로 다시 임명되었다. 강남 순무의 아문은 소주에 있었는데, 그의 관할 지역에는 10개의 부가 있었다. 이들 지역은 명나라에서 경제와 문화가 가장 발달했던 곳이기도 했지만 빈부의 차가 큰 지방이었고, 또한 비옥한 농토를 대량으로 점유하고 있던 대관료와 대지주들이 집중되어 있던 지역이라 다스리기가 그렇게 쉽지 않은 지역으로, 이곳에 부임한 많은 관리들이 낭패를 당하기 쉬운 그런 지역이었다. 당시 그를 순무로 임명한 사람은 내각 대학사 장거정이었는데, 이부 역시 다루기 힘든 '눈의 가시'인 해서를 이용하여 그를 정치적으로 곤궁에 처하도록 하기 위해 이곳에 보내었다는 설도 있다.

청렴결백한 해서는 독직瀆職, 탐오, 횡령 등의 경제적 범죄행위를 가장 싫어했다. 그는 부임하자마자 난징, 쑹쟝松江, 창저우常州, 쩐쟝鎭江, 회이저우徽州 등을 순시하면서 포고령을 내려 일체의 독직瀆職과 탐오 행위를 엄금하고, 그런 폐해를 제거하는 일에 힘썼다. 폐해를 제거했다는 것은 주로 지방 세력가나 대지주들의 불법행위를 벌하고 그들이 무단으로 점유하고 있던 토지를 환수하여 농민들에게 무상으로 돌려주는 일이었다. 그리고 권세가들의 범죄행위를 철저히 단속하고, 죄질이 큰 경우에는 곧 바로 파직시키면서 엄히 다스렸다.

대관료들과 대지주들은 해서의 이러한 행위를 못마땅하게 여겼다. 그들은 온갖 꼬투리를 잡아서 중앙 관리들과 짜고 황제에게 해서를 모함하곤 했다. 지나치게 편협하고, 지방의 신사들을 못살게 굴고, 악한들을 옹호하고, 자신의 명예만을 추구하면서 조정의 정책을 파괴하고 있다고 황제에게 무고했다. 황제는 이들의 말을 듣고 해서를 파면했다.

이렇듯 해서는 고위 관리들과 대지주들의 공통된 적이 되어, 결국 부임 후 8개월 만에 파면되어 고향 옛 집으로 되돌아가는 신세가 되었다.

고향으로 돌아온 해서는 의지할 곳 없어 외로운 생활이었지만, 독서로 나날을 보내면서 그를 짓누르는 절망감과 공허감을 달래었다. 또한 그의 억울함과 울분을 예전의 동료들과 서신으로 주고받으면서 달랠 수밖에 없었다.

1585년, 만력제萬曆帝, 神宗(1563~1620)는 이미 퇴직하여 15년이라는 긴 세월을 보낸 해서를 다시 기용했다. 해서는 난징의 우첨도어사右僉都御史에 임명되었다가 다시 난징의 이부우시랑吏部右侍郞이 되었는데, 그 때 나이 이미 일흔 두 살의 고령이었다.

고령이지만 해서는 청빈한 생활을 하면서 탐관오리들을 제거하고 합당한 판단으로 민심을 안정시키면서 강남의 발전을 위해 힘썼다.

그러나 연노한 해서는 난징에서 재직 중, 병을 얻어 1587년 11월 13일에 74세의 일기로 세상을 떠났다. 그는 다 망가진 나무 침대위에 누워 눈을 감았는데, 그의 시신 옆에는 침대위의 낡은 이부자리와 옷가지뿐이었고, 그가 남긴 재산은 은 10냥이 고작이었다고 한다. 참으로 일생 동안 청렴하게 살았으며 수십 년 동안 관직에 있으면서 백성들을 위해 좋은 일을 많이 하다가 의연히 세상을 떠났다. 그는 마지막 갈 때에 그럴듯한 관조차 살 수 없는 어려운 형편이었기에 이곳 사람들은 의연금을 걷어 장례를 치렀다고 한다.

해서가 남긴 물품을 보면서 사람들은 슬픔에 잠겨 눈물을 흘리며 통곡했다. 시장 상인들은 가게 문을 닫고 흰색 의관을 정제하고 장례 행렬의 뒤를 따랐다. 강남의 백성들은 강남 순무로서 자신들에게 많은 복리를 증진시킨 그에게 깊은 애도의 정을 표시했다.

하이코우시 교외에 있는 해서의 묘원

하이코우海口시 교외의 빈야춘濱涯村에 해서의 묘원이 있다. 그가 죽은 후 2년이 지난 1589년에 건설한 묘원으로, 황제가 직접 하이난다오에 묘

하이코우시 교외에 있는 해서묘원

지 건설 감독관을 파견하여 건설했으며, 현재 하이코우시 팔경 중의 하나
로 알려져 있다. 해서의 관을 난징에서 운반하여 오던 중 이곳에서 운구하
던 끈이 갑자기 끊어지자, 이곳은 해서 자신이 명당으로 정한 것이라 여기
고 이곳에 분묘를 마련했다고 한다.

　묘원의 면적은 약 5,000m²에 이르고 있으며 "월동정기粤東正氣"라는 글
의 패방牌坊이 있다. 능묘 앞에는 100m나 되는 길이 있는데 모두 화강암을
이용하여 만들었으며 길 양쪽에는 돌로 만든 양, 말, 사자, 거북, 사람상 등
이 있고 야자나무, 소나무, 대나무 등이 사계절 내내 푸르고 울창하게 피
어 있다. 그 앞에 석인, 돌사자, 돌 양, 돌 말, 돌 거북 등이 줄지어 있고, 해
서의 일생을 그림으로 그려 전시해 놓은 해서 문물 전시실도 설치하여 이
곳을 찾는 방문객들에게 교육적 효과를 주고 있다.

　능묘는 악비를 모신 항저우의 '악왕묘岳王墓'와 배치가 비슷하고, 분묘
는 직경 6m, 높이 6m의 크기이며, 묘 앞의 석비에는 "명황칙장자선대부

남경도찰원우첨도어사증태자소보시충계해공지묘明皇敕葬資善大夫南京都察院
右僉都御史贈太子少保諡忠介海公之墓"라는 30자의 글이 석각되어 있는데, 이것으
로 보아 이 묘는 황제의 칙장, 곧 만력제의 지시에 의해 이루어졌음을 알
수 있다. 이 비는 높이 4m 넓이 0.8m 두께 10m미터의 크기인데, 약 400여
년 전에 세워진 원래의 비석이라고 한다.

우한의 『해서파관』으로 다시 부활한 해서, 그러나 우한은 심한 고초를 받고

『해서파관海瑞罷官』은 1959년 4월 상하이에서 상극湘劇(湖南省의 지방
극)을 본 마오쩌둥이 해서의 '직언감간直言敢諫'의 정신을 널리 보급하도
록 비서인 후챠오무胡喬木에게 지시한 것에 따라서, 당시 베이징시의 부시
장이며 베이징대학 명대사 교수인 우한이 1960년에 완성한 작품이다. 이
작품은 1961년에 경극으로 공연되었는데, 작품의 내용은 강직한 해서가
당시의 황제 가정제에게 직간하다가 관직에서 파면되어 투옥되었다는 것
으로, 해서는 되살아나 사람들에게 크게 환영을 받았다. 우한은 이 후에도
『해서海瑞를 논함』등의 경극 대본을 썼다.

그런데 문화대혁명 때 4인방의 한 사람이었던 야오원웬姚文元은 1965
년 11월 10일자 상하이의 일간지 『문회보文匯報』에 「신편 사극 '해서파
관海瑞罷官'을 평한다」라는 논문을 발표하여 우한의 『해서파관海瑞罷官』
을 비판했다. 이 논문은 우한이 『해서파관』에서 '해서'를 마오쩌둥의
대약진운동으로 인한 실정을 비판하다가 실각한 '펑더화이彭德懷'로 비
유하고, '가정제'를 '마오쩌둥'으로 비유했다고 지적했다. 더불어 우한
은 봉건시대의 공직자를 긍정적으로 묘사함으로써 지주계급국가를 미
화하고, 혁명의 필요가 없는 계급 조화론의 입장에 서 있으며, 결과적으
로 '해서파관'은 프롤레타리아 독재와 사회주의에 반하는 '독초'라고
공격했다. 이 경극이 돌연 비판의 대상이 된 것은 야오원웬이 마오쩌둥

의 의중을 읽고 우한의 상사인 '펑전彭眞'을 실각시키려는 것이 목적이었다고 한다. 어쨌든 그 후 펑전을 비롯하여 루띵이陸定一, 뤄루이칭羅瑞卿, 량상쿤楊尙昆 등이 실각되었는데, 결과적으로 우한의 '해서파관'은 '문화대혁명'(1966~1976)의 서막이 되었고, 우한은 문화대혁명 중에 투옥되었다. 우한은 결국 심한 탄압 끝에 1969년에 비참한 최후를 맞게 되었다.

해서와 우한, 그들은 서로 380여년이나 떨어진 시간 속에 존재한 인물이지만, 정치적 주장이나 도덕관념, 개인의 삶에 이르기까지 유사한 면이 많다. 해서는 생전에 "부귀로 현혹시킬 수 없고, 가난 때문에 자신의 생각을 바꿀 수 없으며, 위엄으로 굴복시킬 수 없다"는 명언을 남겼는데, 우한 역시 그것을 자신의 생활신조로 삼고 살다가 비참하게 마지막 생을 마쳤으니 역사의 아이러니가 아닐 수 없다.

1587년 11월 13일은 명대의 정치가인 해서가 가정제, 융경제, 만력제 등 세 황제를 섬기면서 청렴결백하고 공정한 관료로 관직 생활을 하다가 세상을 떠난 날이다. 그는 일생을 청백리로 살면서 정직한 관리로서 타의 모범이 되고 있기에 후세 사람들은 그에게 "해청천海靑天", "남포공南包公", "포공재세包公再世" 등의 영예스런 미칭을 많이 붙여 칭송하고 있다.

2006년, 중국에서는 청백리 해서를 기리기 위하여 가정제와 해서를 소재로 한 드라마가 방영되었다. "대명황제, 1556 가정제와 해서大明王朝 1556 嘉靖帝海瑞"가 그것이며, 이 드라마의 연출자는 장리張黎이고 실력파 배우 천빠오궈陳宝國(가정황제), 황즈쭝黃志忠(해서), 왕칭샹王慶祥(호종헌), 니따홍倪大紅(엄숭) 등을 기용하여 당시 관료 및 사회의 부패상과 해서의 청렴성, 엄격성, 공정성을 잘 부각시킴으로써 인기리에 방영되었다.

현실적으로 정치가나 관료들의 부패가 많기 때문에 사람들은 그만큼 해서의 활약에 쾌재를 부르면서 이 세상에 해서와 같은 청렴결백한 관리가 나타나길 기대하고 있으리라. 그러므로 정치가 부패하고 사회가 어지러우면 어지러울수록 관리로서 청렴결백하게 살았던 해서는 후세인들에게 더욱 추앙 받으며 그에 관한 얘기는 더욱 사랑을 받게 될 것이다.

19장 명조 최후의 개혁가 장거정(張居正)
-제국의 마지막 등불이 꺼지자
왕조는 사양의 길로 들어서고-

황제의 스승으로 존경 받은 장거정

중국의 4대 명 재상이라면 제 환공을 패자로 만든 관중. 삼국지에 등장하는 제갈량, 송대 신종을 도와 신법을 낸 왕안석, 그리고 명 만력제 시대의 장거정을 든다. 이 중 장거정은 강력한 개혁 정치로 쇠약해져가던 명왕조에 생기를 회복하여 근 100여 년 동안 제국의 수명을 연장시킨 명재상이다.

장거정張居正(1525~1582)의 자는 숙대叔大, 호는 태악太岳, 시호는 문충文忠으로, 그는 후베이성湖北省 장링江陵에서 태어났다. 장거정의 증조부가 장링의 랴오왕遼王부에서 호위護衛를 역임한 이후 그의 가문은 줄곧 장링에 거주했다.

그는 어려서부터 총명했고 글재주가 있었다. 그는 만 15세에 과거 시험의 향시에 합격하고 21세에 진사가 되어 신동이라 불렸다. 겉보기에는 사회가 안정된 듯하나, 정치, 사회, 경제 등 여러 분야에 많은 위기의 조짐이 보이고 있던 당시, 그는 관료가 되어 낡은 병폐를 바로잡고자 헌신적으로 개혁을 시도한 인물이다.

그는 세종의 셋째 아들 주재후朱載厚의 스승으로서 활동했는데, 1566년에 주재후가 목종穆宗, 隆慶帝(1566~72 재위)으로 즉위하자, 곧 바로 입각하여 동각대학사東閣大學士의 한 사람이 되었다.

그는 동각대학사가 되어 『진육사소陳六事疏』라는 행정개혁에 관한 글을 지어 목종에게 올렸다. 그 내용은 다음과 같다.

① 공론을 줄일 것, 곧 모든 일에 헛된 말보다는 실리를 추구하도록 한다.
② 기강을 잡을 것, 곧 관직의 수여와 형벌을 공명정대하게 하고 사사로운 정에 얽매여서는 안 된다.
③ 명령을 중시할 것, 곧 조정의 교지나 칙명이 잘 행해지도록 한다.
④ 명실상부할 것, 곧 인재를 신중히 헤아려 작위나 상을 내리고 이부에서는 관리를 성실히 고과하여 명성과 실제가 부합되도록 한다.
⑤ 나라의 근본을 공고히 할 것, 곧 나라의 풍속이 사치하고 재부와 권력이 균등히 배분되지 되지 않고 편중되어 있어 백성들이 괴로움을 당하고 있으니 이러한 작태를 청산하도록 한다.
⑥ 군비를 바로 갖출 것, 곧 군사와 변방의 관리를 정선하고 훈련을 강화하며, 군의 기강과 군비 확충에 주력하면 국방은 저절로 공고해진다.

목종은 이것을 받아들여 실시하려 했으나 곧 세상을 떠나고 말았기에 실효를 거두지 못했다.

장거정의 개혁정치

목종의 뒤를 이은 사람이 신종神宗, 萬曆帝(재위 1572~1620)이다. 신종은 10살밖에 안되는 어린 나이로 즉위했는데, 이때 47세의 장거정이 황제의

만력기의 내각 수보 장거정

스승이 되었으며, 자연 어린 황제를 도와 정사를 담당했다. 장거정은 신종의 신임을 얻어 10년간 대학사로서 내각수보內閣首輔의 자리에서 일체의 정사를 위임받고 만력기에 어둡게 다가온 정치적 사회적 위기를 극복하기 위하여 제반 혁신 정치를 감행했다. 이로써 그가 집권한 만력 초기 10년간 상당한 정치적 성과를 달성했다. 정치 사회적으로 어지러웠던 명나라는 부유하고 백성이 편안한 사회로 변모했다.

장거정은 포부가 대단한 정치가였다. 그는 자신의 담력과 식견으로 일대 변혁을 주도함으로써 쇠락해 가는 대명 제국을 구하고자 했다.

그의 개혁정치를 보면 다음과 같다.

첫째, 장거정이 제일 먼저 한 일은 내정 면에서 관리의 치적을 정돈하는 것이었다. 이를 위하여 그는 관리들의 고과考課를 평가하기 위한 '고성법考成法'을 만들어 시행했다. 당시 관료들은 뇌물 수수 행위가 성행했고, 이로 인해 백성은 마음 놓고 생활할 수가 없는 상황이었는데, 그렇게 된

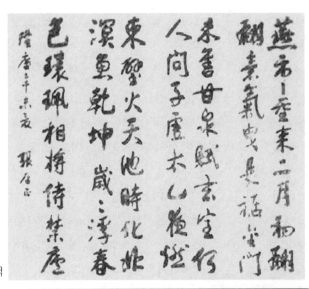

장거정 필적

주된 이유를 장거정은 '관리의 부패'라고 생각했다. 그래서 그는 각 아문에 3개의 장부를 비치하여 단계적인 방식으로 관료조직을 통괄하는 비교적 엄밀한 통치 시스템을 적용했던 것이다.

고성법의 핵심은 재무행정에 있었다. 그렇기 때문에 관리들의 고과평가에는 세역 수취에 대한 성적이 큰 비중을 차지했다. 그는 엄격한 관리고가 평가 제도를 도입하여 탐관오리를 축출하고 관료의 기강을 바로 잡았던 것이다. 이것은 정령政令을 원활하게 했을 뿐 아니라 각 부문의 사업 효율을 높이는 데도 크게 기여했던 것이다.

그리고 관료에 대한 감찰을 강화함과 함께 행정부서를 정리함으로써 불요불급不要不急한 관리를 많이 줄였다. 또한 황하의 수리시설을 보수하고, 대운하의 하반을 준설함으로써 수송력을 향상시켜 수도의 식량문제를 개선하여 나갔다.

둘째, 대외적으로 적극적인 국방정책을 실시했다. 우선 국방문제에서는 호시互市(육상무역)를 재개하여 몽골인의 남침을 막았고, 동북지방에 이성량李成梁을 보내어 건주위建州衛를 토벌하면서 동북방면의 방위를 공고히 하고, 또 왜구토벌에서 공을 세웠던 척계광을 서북 지방에 배치하여 베이징 북방의 방위를 강화했다. 뿐만 아니라 서남지방 광시廣西의 야오족搖族·쫭족壯族을 평정하는 등 융통성 있고 온화한 외교수단을 통해 주변의 소수민족을 안정시킴으로써 국방비 문제를 해결하는 데도 큰 도움을 주었다.

장거정은 재능 있는 인재들을 등용했고 특히 군사 훈련을 강화화고 장교를 엄선하는데 힘을 쏟았다. 더불어 장성을 보수하고, 변경지역의 방어시설을 보강했으며, 몽고와의 화의를 성립시켰다. 군사훈련을 비롯한 강병책, 만리장성의 보수, 몽고족 알탄한과의 화의 등은 변경지역의 우환을 없애고, 국방비를 크게 절감시키는 데 주효했다. 이것은 명의 중앙집권화로 인한 정치의 안정과 재정의 호전에 힘입은 것이었다.

셋째, 재정분야에 대한 개혁이다. 당시에는 조세와 요역을 회피하기 위해 지주에 의한 토지 은닉이 널리 행해지고 있었다. 게다가 당시는 가정제嘉靖帝(1521~1566)시대의 북로남왜에 대한 막대한 군사비지출로 말미암아 국고가 극도로 고갈되어 있었다. 따라서 왕조권력이 국고수입을 확보하기 위해서는 이러한 숨겨진 토지를 적발하여 전국적인 토지면적의 정확한 수치를 파악하지 않으면 안 되었다. 이것은 동시에 농민의 세 부담을 균등하게 하는 것을 의미하기도 했다.

이리하여 그는 1578년을 기하여 전국적으로 토지측량丈量과 호구조사를 실시했다. 1580년 그는 전국적으로 토지 측량을 단행하여 실제 납세 가능한 토지 700여만 경頃을 찾아내었다. 이로 인하여 전국의 경지 면적은 3할이 증가했으며 이 시기는 명나라에서 재정이 가장 탄탄한 시기였다는 평을 받기도 했다.

장거정이 추진한 개혁은 큰 성과를 거두었다. 1581년, 그는 전국적으로 세제 개혁에 박차를 가해 전토, 부역 및 잡세를 합하여 은銀으로 납부하는 이른바 '일조편법一條鞭法'을 실시했다. 이것은 전토 면적에 따라 균등하게 납세토록 한 것이니, 이는 세제의 일대 변혁이라 할 수 있다.

또한 장거정은 황제의 친척이나 측근, 횡포한 지주들의 토지겸병 행위에 대해 엄하게 처벌했고 갖가지 세금을 합병함으로써 농민들의 불합리한 부담을 크게 줄였다. 그의 강력한 개혁 정책을 엄격히 실시한 결과 아주 빠른 효과를 보았으며 사회적인 갈등 역시 현저히 완화되었다.

그러나 이러한 토지 조사 및 측량을 추진하는 데는 은닉하고 있던 유력 지주들의 저항을 각오해야만 했다. 장거정은 이를 알면서도 토지조사를 결행한 것이다.

이리하여 만력이 즉위한 이후 1572년부터 1582년까지 10년 동안은 개혁이 순조롭게 진행되고 번영을 구가했다. 북방의 이민족들은 소란을 피우지 않았으며, 동남東南의 왜구 역시 종적을 감추었고, 토지 측량과 일조편법의 전국적인 확대로 말미암아 명조의 재정은 일거에 호전되었다. 정부의 창고에는 10년분의 미곡이 비축되었고, 국고의 잉여금도 상당액에 달했다고 한다. 국고 역시 날로 풍족해졌으니, 이러한 예상 밖의 성과를 얻게 된 것은 실로 장거정의 공적이 컸던 것이다.

초 엘리트 장거정의 말로(末路)

장거정의 개혁정치로 인해 무종武宗, 正德帝(1491~1521) 이래 문란해 있던 정치가 어느 정도 안정을 되찾았고, 재정도 호전되어 가고 있었다. 그런데 장거정이 신종을 도와 재직한지 10년 만인 1582년 6월에 병사했다. 그가 죽고 나자 그의 개혁과 주장들은 일부 관료 집단의 기득권과 충돌하고 말았다. 더욱이 그는 정치가로서 후덕하고 아량을 베풀 줄 아는 관대한 성격도 아니었기 때문에 그의 반대파들은 장거정의 개혁정치를 비난하여 왔었는데, 그의 죽음은 반대파들에게 절호의 기회를 제공하게 됐다.

그에게는 독단적인 전제정치라고 비난받을 만한 점이 많았지만, 그의 반대파들이 비난하며 가장 공격의 화살을 퍼부었던 대표적인 사건은 그가 재상 재임 중 부친의 사망을 접하고도 복상하지 않았다는 점이었다. 그것은 만력 5년(1577년) 가을, 호광 강릉에서 장거정의 부친이 사망했을 때, 사망의 소식을 접하고도 귀향하지 않은, 이른바 '탈정奪情' 사건이었다.

당시 관습 상, 관료는 부모의 상을 당하면 관복을 벗고 귀향하여 '부모 3년 상'을 치러야 했다. 다만 예외가 있어 기간이 27개월로 단축될 수가 있었고, 만약 국가가 군사적, 정치적으로 중요한 시기에 봉착했을 경우에는 황제가 나서서 복상하지 못하도록 하는 수도 있었다. 이러한 것을 '탈정'이라 했는데, 이런 일은 실제 극히 특수한 상황으로 쉽게 생기는 일은 아니었다.

그런데 장거정은 부친상을 당했음에도 귀향하지 않고 조정에 남아 있었다. 당시 장거정의 권세는 실로 막강하여 하늘을 찌를 듯했으니, 만약 그가 자리를 비우면 누군가 모함을 하고 나설 염려도 있었다. 또한 그가 적극적으로 추진하던 개혁도 바야흐로 정점에 이르고 있었기 때문에, 만일 그가 자리를 비운다면 그 때까지의 노력이 모두 허사로 돌아갈 수도 있는 일이었다. 이러한 데까지 생각이 미치자 그는 문득 두려운 생각이 들어 만력제의 윤허를 받아 귀향하지 않고 탈정하고 궁정에 머물러 있었다.

이런 일로 인하여 장거정은 이미 죽어 이 세상의 사람이 아니었지만 5년 전의 일로 비난의 화살이 많이 날아들었던 것이다.

또한 그의 부친상 중에 만력제가 혼례가 있어, 그가 혼인식을 주관한 일도 쟁점이 되었다. 명 왕조의 예에 따르면 대신이 부모상을 당해 근신하고 있을 경우, 황제가 입회하는 모든 길한 행사에는 참여할 수 없었다. 그러나 이 태후는 이러한 금기사항을 무시하고 장거정에게 잠시 관복을 갖춰 입고 만력의 혼인을 주관하도록 했다. 이 태후가 금기 사항까지 무시하면서 장거정에게 혼인을 주관토록 한 것은 그만큼 장거정에 대한 신임이 두터웠기 때문이었다.

　그런데 이런 일들은 효를 도덕의 기준으로 삼고 예를 중시하는 중국에서는 대단한 불효로 여기지고 있었다. 그의 강경한 정책으로 인해 피해를 받았던 사람들, 즉 실직한 관리 및 조세포탈에 적발되었던 유력자들의 원한이 이 비난에 박차를 가했다. 더욱이 그에게 선생님이라 부르며 사제의 예의를 다하고 있었던 신종조차 태도를 바꿨다. 마침내 장거정은 타계한 다음 해 시호 및 관위가 모두 박탈되고 가산이 몰수되었으며 가족들은 변경으로 유배되었다.

　만력제의 제위 기간에는 누구도 감히 장거정의 신원을 주장하는 사람이 없었다. 희종熹宗, 天啓帝(1605~1627) 연간이 되어서야 조정의 신하들 가운데 조금씩 장거정을 재평가해야 한다고 주장하는 사람이 나타났다. 천계天啓 2년인 1622년, 희종은 그의 원래 관직을 회복시키고 다시 장례식을 올려 주라는 조칙을 내렸다. 장씨 가문은 일부의 재산도 다시 돌려받았다. 숭정崇禎 3년인 1630년, 예부시랑 나유의羅喩義 등이 재차 장거정의 신원을 주장하자, 의종毅宗, 崇禎帝(1611~1644))은 예부의 논의를 거쳐 빼앗았던 2명의 음관蔭官과 고명을 철회한다는 조칙을 내렸다. 숭정 13년인 1640년, 장거정의 증손자 장동창張同敞은 의종에게 장씨 가문에 무음武蔭과 조부 장경수의 관직을 회복시켜 달라고 요청했다. 의종은 장동민張同敏을 중서사인中書舍人으로 임명하고, 장경수의 관직을 회복시켜 주었다. 장거정 사후 50년이 지난 뒤, 그의 명예 회복은 물론 그의 후손들에 대해서도 다시 등용되었다. 이리하여 비로소 장거정은 억울한 누명을 벗고 명재상으로 다시 태어났다. 그러나 명 왕조는 이미 몰락을 눈앞에 두고 있었다.

장거정 사후 명제국은 사양길로 접어들고

　장거정이 죽자 신종은 정사에 관심을 두지 않았다. 신종은 후궁에 틀

신종 만력제

어박혀 연락에 탐닉한 채 정치를 돌보지 않게 되었다. 장거정 시대의 정치적 여파로 말미암아 관료와 환관 사이에는 재차 파벌이 만들어 졌고, 이 파벌 싸움으로 정치는 다시 혼란에 빠졌다.

재정도 커다란 위기를 맞이했다. 은 경제의 영향으로 화려하고 사치스러운 도시 생활이 유행했고 궁정생활도 극도로 호사스러웠지만, 반면 농촌은 피폐해져갔다. 그간 비축해 둔 재정은 궁전건축 뿐 아니라 화려한 정릉定陵 건설 등으로 거의 탕진되었다.

베이징 50km 지점에 명 13능이 있고, 거기에 지하궁전인 신종의 능, 정릉이 있는데, 이 능은 신종의 즉위 후부터 시작하여 6년의 세월과 800만 냥이 소요되어 완성되었다고 한다. 이것은 국가 예산의 2년분에 상당한다고 하니 얼마나 많은 재정이 신종의 능묘를 짓는데 사용되었는가 하는 것을 가히 짐작하고도 남는다.

이러한 때에 만력의 3대정이라고 불리는 전란이 발생했다. 1592년 2월, 닝샤寧夏에서 몽고출신의 장군 보하이가 오르도스의 몽고세력과 결탁하여 반란을 일으켰다. 이 반란은 요동의 최강부대를 멀리서 동원하여 가까스로 진압할 수 있었으며 이때 활약했던 장군이 이여송이었다. 같은 해 4월에 토요토미 히데요시豊臣秀吉의 조신침략, 즉 임진왜란이 일어났다. 명조는 조선으로부터의 구원요청을 받아들여 대군을 출동시켰다. 이 전쟁은 결국 7년이란 장기간 동안 조선전역을 황폐화시킨 채 끝났으나, 명조 역시 이 전쟁으로 수많은 인명을 잃었으며 재정 부담이 1천만 냥을 넘었다고 한다.

그런데 임진왜란이 채 끝나지 않은 1597년(만력 25년) 7월 보저우播州의 소수민족 추장인 양응룡楊應龍의 반란이 일어났다. 이 진압에도 2년이란 세월과 대군이 동원되었다.

명조는 막대한 군사비 및 사치스러워진 궁정비용을 메우기 위해 여러 가지 수단으로 세금을 무겁게 징수하지 않으면 안 되었다. 더욱이 이러한 전쟁과 반란 진압으로 말미암아 요동방면의 방위체계가 약화되어 여진족의 대두를 조장하게 되었고, 반면 명은 쇠미해져 갔던 것이다.

장거정의 공과에 대한 평가는 다기하다. 독단적인 전제정치가라고 비난의 소리가 있기는 하나, 중국인으로써 미국 국적을 가지고 연구하고 있는 유명한 역사학자 레이황(Ray Huang)黃仁宇은 그의 저서『만력 15년』에서 그의 엄격한 내치와 강력한 대외정책 및 경제정책으로 인해 이 기간에 명나라가 전성기를 맞이했다고 하면서 그의 정치적인 재능과 공덕을 높이 평가하고 있다. 그렇다 하더라도 부국강병을 위해 혁신 정치를 추진하던 명대 최후의 개혁가 장거정이 죽음으로 명조의 마지막 등불이 꺼짐으로써 명조는 사양길로 접어들고, 결국 역사는 명에서 청으로 넘어가게 되었던 것이다.

20장 산업·기술 백과전서『천공개물(天工開物)』
-명말 실용주의의 산물-

명대문화의 성격

1368년 원을 몰아내고 명을 세운 태조 홍무제는 몽고풍속을 타도하고 한문화를 부흥시켜 나갔다. 호복胡服과 호어胡語를 금하고 아울러 당송의 제도를 모범으로 삼아 한문화를 일으키는 데 힘썼다. 특히 유교이념을 확립하고, 육유六諭(태조 홍무제가 반포한 6조로 된 교육 칙어)를 제정하여 적극적으로 민중을 교화하여 나갔다. 그 결과 명대 문화에 민족주의적이고 복고적인 성향이 짙게 깔리면서 문화의 독창성이 결여되게 되었다. 더욱이 주자학을 관학으로 삼고, 사서대전, 오경대전, 성리대전 등을 편찬하여 과거 시험의 참고도서로 삼아 학문의 획일화를 꾀했으니, 자연히 사상과 학문은 극심한 침체에 빠져들고 말았다.

한편 명대에는 농업생산력의 증대와 상품생산의 발달로 상업도시가 번창하고 도시문화가 일어났다. 이에 따라 서민의 지위도 향상되었다. 더불어 사상적으로 16세기에는 주자학의 형식화에 반발하여 지행합일知行合一과 실천을 강조하는 양명학이 일어났다. 양명학은 침체한 사상계에 신선한 충격을 주었으나, 후에 일어난 극단적인 행동주의, 양명학의 진의를 버린 공리공담 등으로 말미암아 지식인들은 이 양명학을 위험한 사상으로 받아들이게 되었다. 이로써 양명학은 사회를 바로잡아 나갈 수 있는 사상으로서 한계에 이르게 되었다.

이러한 때 명말 학문계를 주도한 것은 '경세실용經世實用'의 사상이었다. 이것은 서양학문의 전래와 사회경제의 발전에 따른 것으로, 제도의 틀을 벗어나서 '실實'을 추구하는 것을 내용으로 하고 있었으며, 학문의 관심도 중농, 중상, 부민, 금융 등 실제로 국민생활을 윤택하게 할 수 있는 것에 쏠리게 되

송응성

었다. 명말의 이러한 실용성·서민성의 경향은 기술과 자연과학의 발달을 가져왔던 것이다.

명말 기술과 자연과학의 발달

명 말기는 실용주의 학문의 부각으로 기술과 자연과학 분야에서 눈부신 업적이 나타났다. 먼저 중국의 전통적인 약초와 식물학에 대한 백과사전인 이시진李時珍의 『본초강목本草綱目』이 유명하다. 그리고 계성計成은 정원의 이론과 조성 기술을 설명한 『원야園冶』(일명 탈천공奪天工)를 지었고, 서광계는 농업 기술에 관한 백과사전인 『농정전서農政全書』와 서양 역법을 받아들여 중국 역법을 근본적으로 개혁한 『숭정역서崇禎曆書』를 편찬했다. 서하객徐霞客은 전국 각 지방을 직접 답사하고 각지 산하, 지형, 풍토, 습관 등을 기술한 『서하객유기徐霞客遊記』를 내었는데, 이것은 지형학의 원조요, 암석학의 명저로 알려져 있다. 또한 병학의 뛰어난 업적을 남긴 모원의茅

元儀의 『무비지武備志』, 음악·율력 혹은 수학 계량학 등을 다룬 주재육朱載堉의 『악률전서樂律全書』, 역학적 기계를 설명한 선교사 鄧玉函(Johann Terrenz Schreck)의 『원서기기도설遠西奇器圖說』, 총포의 구조를 설명한 조사정趙士禎의 『신기보神器譜』, 산업 과학기술 백과사전인 송응성의 『천공개물天工開物』 등 새로운 과학기술 서적이 출판되었다.

　이런 자연과학의 발달은 명 중기 이후 상공업의 발달과 그에 따른 서민 생활의 향상이 그 바탕을 이루고 있었다. 더욱이 명 말에 유럽인들이 중국으로 건너옴으로써 서양의 과학 지식이 전해진 데 자극을 받았다. 특히 크리스트교 선교사가 들어와 포술, 천문학, 역법, 지리학 등의 새로운 학문을 소개하여 실용 학문 발전에 큰 영향을 미쳤던 것이다. 명 말 학문의 저류에는 실학 존중의 정신이 강하게 존재하고 있었던 것이다.

기술·과학서 저술

　『천공개물』의 저자 송응성宋應星(1587~1664, 자는 長庚)은 1587년에 장시江西성 평신현奉新縣의 한 명문가에서 태어났다. 그의 증조부 송경宋景은 명 가정 25년에 도찰원좌도어사를 지낸 인물이며, 그의 가문에는 과거 합격자도 여러 명 있는 사대부 집안이다. 그는 어렸을 때부터 호기심이 많았고 사물에 집중력이 강했다고 전해진다.

　1615년(만력 43년)에 형 송응승宋應昇과 함께 29세의 나이로 지방에서 치르는 향시에 합격하여 거인擧人(향시 합격자)이 되었다. 이때 장시성의 수험생 1만여 명 중에 합격자는 겨우 83명에 불과했고 그것도 평신현에서는 송씨 형제밖에 없었기에 그들을 "봉신이송奉新二宋"이라 칭송했다고 한다. 하지만 그는 5차례나 베이징에 올라가 회시(중앙시험)에 응시했으나 번번이 실패하여 고배를 마셨던 것이다.

　그러나 과거시험을 치르기 위한 잦은 베이징에의 여행은 그로 하여금

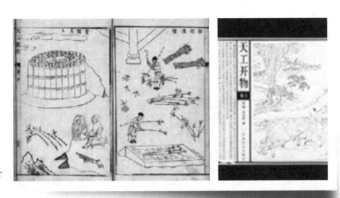

천공개물

견문을 넓히는 계기를 안겨다 주었다. 남쪽 강남으로부터 북쪽 베이징까지 여행하는 도중, 직접 보고 들은 각지의 생산 활동에 관한 지식은 책에서만 보아오던 것과는 많은 차이가 있음을 절실히 깨닫게 되었으며, 이것은 그로 하여금 중국과학기술사의 권위자로서의 토대를 쌓는데 큰 도움이 되었던 것이다.

그는 1634년 장시성 펀이分宜현 현학의 교사가 되어 지방교육 행정에도 간여했다. 이어 1638년, 푸젠福建성 팅저우汀州부 추관推官(정8품, 성 관찰사의 속관, 부의 형옥과 감찰을 담당)이 된 후, 1641년(숭정 14)에는 안후이安徽성 보저우亳州의 지방장관知州으로서 주 행정을 담당했다. 그는 이 때 지방관으로서 명말 동란으로 인하여 유랑하는 사람들을 포용하는 일에 힘쓰기도 했다. 1644년, 이자성의 반란으로 명의 마지막 황제 숭정제가 죽어 명의 왕조가 멸망하고, 그 후 만주족의 청나라가 중국을 지배하게 되자, 송응성은 이민족에게 벼슬하기를 꺼려 고향에 내려와 은거했는데, 자손들에게도 청나라 벼슬길에 나가는 것을 적극 만류했다고 한다.

『천공개물』은 송응성이 장시의 지방학교 교사로 몸담고 있을 때 만들어졌다. 그는 틈만 있으면 고대 과학 계통의 연구에 주력했으며, 그가 서술한 중국의 산업 기술서는 곧바로 친구의 도움으로 1637년(숭정 10년)에

천공개물에
나타난
도르래와
수은 정련도

출판되었다. 이 때 그의 나이 51세였다. 『천공개물』은 중국의 전통적인 생산 기술을 폭넓게 모아 과학적으로 기술한 일종의 백과전서이며, 숭정연간에 발간되었기 때문에 『천공개물』의 초판을 흔히 '숭정판' 이라고 부른다.

민족의 수호자이며 과학자였던 송응성은 청나라 강희 연간(1661~1722) 초기에 80여 세로 세상을 떠났다. 그의 유해는 고향인 장시성 평신현에 안장되어 있는데, 지금도 그의 묘소에는 굽힐 줄 모르는 그의 절개와 과학에 대한 공로를 기리는 방문객들의 발걸음이 끊이지 않고 있다.

『천공개물』의 내용 및 특징

『천공개물』은 상·중·하 3권, 18부로 구성되어 있는 일종의 산업 기술 백과전서다. 그 내용은 곡류穀類, 의복, 염색, 조제調製, 제염製鹽, 제당製糖, 제도製陶, 주조鑄造(녹인 쇠붙이를 거푸집에 부어 물건을 만드는 일), 주거舟車, 단조鍛造(금속을 두들기거나 눌러서 필요한 형체를 만드는 일), 번석燔石, 제유製油, 제지, 제련, 병기, 주묵朱墨 양조, 주옥珠玉 등 18개 항목에서 30여 종의 산업 기술을 소개해 놓았다. 그 배열은 농업기술을 가장 중히 여기고 사치 기술을 뒤로 하고 있는데, 전통적인 농업 중시 사상이 은

연중에 들어 있는 듯 하다.

『천공개물』의 서술 내용은 전체적으로 식품에 관한 부분이 전체의 1/3을 차지하며, 채광을 포함한 금속 가공부분도 상당 분량 기술했다. 금속 가공 부분에서는 주로 일용기구의 제작을 설명하고 있다. 또한 병기兵器에 관해서 한 항목을 할애했는데, 특히 화기를 다룬 까닭은 유럽의 영향과 명나라 말기 사회정세, 곧 명말 농민기의라든지 여진족의 침입이라는 긴장된 사회정세를 반영한 것이라 보인다. 그리고 제염, 제당, 착유, 벽돌제조, 도자기 제조, 제지, 제련, 병기, 화약 제조법, 석회, 유황, 백반의 채취법과 제조법, 각종 제품의 원료 가공법 등 각종 산업을 거의 총망라하여 기술했는데, 제조공정도 요령 있게 잘 설명하고 있다. 뿐만 아니라 123폭의 삽화까지 그려 넣어 독자들의 이해를 크게 돕도록 배려했다. 이것은 다른 서적에서 볼 수 없는 독특한 점이라 할 수 있다.

이 책은 독자 대상을 지식층에 두었으며, 기술지도서 역할도 얼마간 의식한 탓인지, 기술현장에서 얻은 것으로 여겨지는 세세한 주의사항까지 기록하고 있다. 예외는 있으나 전반적으로 송宋나라 이래의 뚜렷한 실증정신으로 일관되어 있는 실증서이다.

그가 이 책을 저술한 목적은 교훈적인 의미도 가지고 있다. 명말 관료들이 호화 방탕한 생활을 하면서도 그들이 누리고 있는 생활 자료가 어떻게 생산되는지 그 과정도 잘 모른 체 그저 부패와 호화 사치로 나날을 보내고 있었기에, 이러한 관료들에게 경종을 울리려는 것이었다. 그러므로 송응성은 의분을 가지고 이 책을 썼던 것이며, 농업, 제염, 철강 등 국가 기간산업에 상당 부분 할애한 것도 바로 그 때문이었던 것이다.

또한 이 책은 철학적인 성격도 강하게 지니고 있다. 『천공개물天工開物』의 '천공天工' 이란 '인공人工' 에 대한 자연력을 가리키는 말로, 모든 물物은 대자연에 의해 생성된다는 뜻이다. 그리고 '개물' 이란 이 자연력을 이용하는 인간의 힘을 뜻하는 말로, 자연력은 인간의 개발에 의해서 비로소 요구되는 물질이 된다는 것이다. 이것은 어디까지나 '천공'이 근본으로, 거기에 순응하면서 이용가치를 가진 물질을 만들어 내는 곳에 인간의 기술이 존재한다고 본 것이다. 여기에서 그는 사람과 물질과의 관계를 유물변증법적으로 파악하고 있다. 『천공개물』이라는 서명은 이와 같은 사상을 단적으로 표현하는 것으로, 이것은 송응성의 철학 사상의 진수인 동시에 중국 철학 사상의 정수라고도 할 수 있다.

이와 같은 기술관은 자연을 신의 손에서 해방시켜 그것을 하나의 메카니즘으로 생각한 서양의 근대적 기계관과는 크게 대조되는 사고라 할 수 있다.

이 책은 몇 가지의 특징을 가지고 있다. 첫째, 한 사람이 농업, 수공업, 생산 계통 등 폭넓은 기술 분야를 체계적으로 정리해 놓은 점, 둘째, 이해를 돕기 위해 다수의 삽화를 넣어 설명하고 있다는 점, 셋째, 저자 자신의 직접 관찰과 경험에 바탕을 둔 실증적 자료에 의해 서술되었다는 점, 넷째, 방술서나 본초학 등의 미신적 태도를 배격하고 사실에 입각하여 서술하고 있다는 것으로, 이러한 점들은 이 책의 가치를 더욱 높여 주고 있다고 하겠다.

또한 학자에 따라서는 명대의 학술이 공리공담에 치우쳐 있었기에 그 반동으로 명말에 서하객의 『서하객유기』나 송응성의 『천공개물』 등이 출현했다고 보기도 한다. 그러나 이러한 저술을 단순한 시대적 반동으로만 파악하는 데는 한계가 있다. 명말 공리공담이라 하는 것은 양명학으로 대표되는 유교 분야에 국한 되고 있었기 때문이다. 오히려 근대적·실증적 정신과 그 안에 들어 있는 실학으로의 지향은 이미 송대까지 거슬러 올라갈 수 있으며, 이러한 경향은 원에 의한 이민족 지배를 통하여 주로 강남의 서민층에 면면히 흐르고 있었고, 그 실용의 지향성이 명말에 표출된 것이라고 해석할 수 있다.

『천공개물』이 출판된 후 푸젠의 서적상인 양소경楊素卿이 청초에 제2판을 간행했으나 반청사상가의 저술이라 하여 받아들여지지 않았다. 이처럼 귀중한 저서가 청대에 들어와 완전히 무시되고 그 존재조차도 불확실하게 된 데에는 송응성이 반청 학자로 인식되고 있었기 때문이었다. 그는 명말 청초기에 이 외에도 『관상觀象』, 『악률樂律』, 『야의野議』, 『화음귀정畵音歸正』 등 자연과학, 인문과학 등 여러 분야에 걸쳐 모두 19종의 저술을 내었으나, 청의 통치자들이 이 저술들을 받아들이지 않았기 때문에 대부분이 인멸되고 말았다.

그래도 『고금도서집성古今圖書集成』(1725), 『수시통고授時通考』(1737) 등 관찬 서적에서 널리 인용되어 당시 많은 학자들이 참고할 수 있었던 것은 다행한 일이다.

이 책은 17세기 말 일본에 전해져 1771년에 오사카大阪에서 출판되어 에도시대(1603~1686)의 중요한 서적으로 읽혀졌고, 18세기에는 조선에도 전해져 조선 후기 실학자들에게 많은 영향을 주었다.

그런데 중화민국 수립 후 베이징도서관에서 저장浙江 닝보寧波에 있는 모하이루墨海樓에서 기증 받은 고서 가운데 『천공개물』의 수정판 원본이 발견되어 세인들의 관심을 불러 일으켰다. 중화민국 초에 딩원장丁文江이 책을 다시 널리 알림으로써 비로소 그 가치를 인정받게 되었고, 더불어 송응성의 생애와 그의 업적도 밝혀지게 되었으니 다행한 일이다.

천공개물은 화기火器에 관한 언급을 제외하면, 서양 과학 기술에 관한 서술은 거의 없는 편이다. 그의 관심은 오직 중국 재래의 산업기술에 집중되어 있었다. 따라서 오랜 역사를 통하여 발달하여 온 중국 기술의 전모를 전망할 수 있는 서적으로서 이보다 더 좋은 자료는 없다고 할 수 있다. 프랑스 유렌(Julien)은 이 책을 '기술백과전서'라 했고, 영국의 니담(Joseph Needham)은 송응성을 '중국의 아그리꼴라'(G. Agrico1a, 서양 르네상스기의 야금학자)로 평했는데, 그만큼 이 저술이 세계 과학사 중 차지하는 위치를 짐작하게 한다.

중국의 과학 기술사가 부각되고 있는 즈음에 『천공개물』에 대한 이해의 폭이 넓혀지기를 기대한다.

21장 명대 왜구 퇴치에 명성을 떨친 명장 척계광(戚繼光)

부친의 직업을 세습한 척계광

중국의 명대는 '북로남왜北虜南倭' 라 불리듯이, 북방의 몽골족과 남방 해안의 왜구의 출몰로 괴롭힘을 당하고 있었다. 북로남왜의 전화로 인하여 국정이 혼란에 빠져 있을 때, 척계광은 16세 중엽 동남 해안의 왜구를 거의 완벽하게 토벌하여 강남 지방을 안정시킨 명장으로 유명하다. 그렇기에 척계광은 장량이나 제갈공명에 비견될 정도로 중국 사람들에게 숭앙되면서 민족영웅으로 추앙되고 있는 명대 인물이다.

척계광戚繼光(1528~1587)은 산둥성 덩저우登州, 현 蓬萊 사람(일설에는 조상의 원적이 안후이성 딩위엔(定遠)이라고도 함)으로 알려져 있다. 1528년 11월 12일嘉靖 7년 윤10월 1일에 산둥성 지닝濟寧에서 태어났는데, 자는 원경元敬, 호는 남당南塘, 맹제孟諸이며, 시호諡號는 무의武毅이다.

척계광은 어렸을 적부터 과단성이 있고, 의지가 강한 무인적 성격의 소유자였다. 아버지를 잃은 척계광은 이민족으로부터 나라를 지키는 것을 천직으로 알고 일생을 살아갔다. 척계광은 아버지의 영향을 받아서인지 청렴결백하고 패기 있는 무장이 되었다.

그의 집안은 덩저우에 주둔하던 세습 무관직이었다. '세습' 이라는 함

은 북쪽의 이민족의 침입으
로부터 둔전지구를 대대로
세습하여 지키는 임무를 가
진 집안이라는 뜻으로, 그의
집안은 명초부터 5대에 걸쳐
덩저우의 지휘첨사로서 활약
하여 온 무관 집안이었다. 그
러므로 척계광은 태어나면서
부터 이민족과 싸우는 운명
을 지니고 태어난 셈이었다.

척계광 동상

　　그의 가정은 경제적으로
그렇게 여유롭지 못했다. 중국에 청렴결백한 관리를 형용하는 말에 "淸官
騎瘦馬(청렴 결백한 관리는 야윈 말을 탄다)"라는 말이 있는데, 척계광의
부친 척경통戚景通은 바로 이런 부류의 사람이었다. 어느 날 그의 부친이
척계광을 불러 놓고 말하기를 "내가 너에게 물려줄 재산은 아무 것도 없
다. 다만 한 가지, 그것은 이 땅을 지키는 무관직일 뿐이다."라고 했다고
전해진다.

　　척계광이 17살 되는 해(1544), 그의 부친이 덩저우에서 세상을 떠나자,
그는 아버지의 뒤를 이어 받아 군인생활을 시작했다. 당시 일본 왜구들은
원말 명초부터 늘 해적선을 몰고 중국 연해 일대에서 민가를 습격하여 약
탈과 방화를 감행했는데, 15세기 후반에 이르러 왜구의 창궐은 점점 만연
했다. 그들의 일부는 중국 연해 일대의 토호土豪 간상奸商들과 결탁하여 내
륙 깊숙한 곳까지 파고 들어가 만행을 저질렀다.

　　1544년, 척계광은 아버지의 뒤를 이어 덩저우登州위의 지휘첨사指揮僉事
가 되어 산둥을 지켰다. 이 당시 중국의 북쪽은 알탄칸阿勒坦汗 또는 俺答汗
(1507~1582)이 이끄는 몽골군이 맹위를 떨치고 있었다. 몽골군은 30여 년

에 걸쳐 산시성陝西省, 산시성山西省, 허베이성河北省의 각지를 자주 침략하여 노략질을 일삼고 있었기에 명조는 많은 피해를 입고 있었다. 1542년에는 산시성山西省 거의 대부분 지역이 몽골군에게 함락당하여 20여만 명이 살해당하고, 가옥 8만 호가 불에 탔으며, 가축 200만두가 약탈당하는 등 피해가 극심했고, 토지도 10만 경에 이르는 넓은 땅이 황폐화되는 지경에 이르렀다. 1550년에는 몽골군이 수도 베이징을 포위하여 크게 위협을 가하여, 이른바 '경술庚戌의 변'이 일어나기도 했다.

이처럼 몽골의 침입으로 위협을 당하고 있던 시기인 1548년, 덩저우에 있던 척계광은 베이징 근처의 요충지인 지먼薊門에 파견되어 몽골의 침입을 막는 임무를 맡았다. 이때부터 1552년까지 5년간, 봄에는 덩저우에서 지먼으로 가서 군무에 임하고, 여름에 다시 덩저우로 돌아와 본연의 군무를 담당했는데, 이것은 몽골군이 침입하기 쉬운 시기에 맞춰 일시적으로 지원하는 형식이긴 했지만, 지먼 근무는 젊은 그에게 귀중한 군 경험이 되었다. '경술의 변'을 포함하여 몽골군의 위협을 직접 피부로 느끼며 국난의 심각성을 깨닫게 됨으로써, 그로 하여금 일생 군무에 충성하도록 했기 때문이다.

신군(新軍)의 창설

1553년 척계광은 산둥의 '서도지휘첨사署都指揮僉事'에 임명되었다. 이것은 산둥의 3개登州營, 文登營, 卽墨營의 군관구사령관이다. 당시 왜구는 산둥성에도 출몰했기에 이 3개 영의 사령관에 발탁된 것이다.

척계광에게 맡겨진 군대는 그의 눈에 차지 않았다. 노병이 많았고, 규율도 잘 잡혀 있지 않았다. 이런 상황에서 몽골군이나 왜구를 막아내기란 그리 쉬운 일이 아니었다. 이에 척계광은 먼저 군의 규율을 엄격히 하는데 힘을 기울였다.

그는 훈련을 강화하고 군대의 규율을 엄격히 했다. 당시 척계광 군대의 엄격한 규율 적용에 관하여 이런 에피소드가 전해진다. 척계광의 어머니 쪽의 한 삼촌이 장교로 있었는데, 그 장교는 친척이라는 것을 빌미로 삼아 함부로 행동하고 있었다. 유교적인 중국사회에서 인척관계는 큰 힘이 되었다. 설령 군율이 중요하다 하더라도 조카가 아저씨에게 엄격하게 하는 것은 반 윤리적인 행위로 여겨졌고, 이러한 분위기에서 군의 기율이 엄격히 적용되기가 어려운 실정이었다. 그렇지만 삼촌이라 하여 군율 위반을 피해간다면 규율을 잡아가기가 곤란한 일이라 생각하고, 척계광은 많은 군사들 앞에서 삼촌의 군율위반을 엄격히 다루었다. 그리고 그날 밤에 그 삼촌을 사령부로 불러 조카로서의 결례를 빌었다. 이렇게 군율을 엄격히 적용함으로써 그의 군대는 기강이 잡혀갔고, 왜구 토벌에도 큰 공을 세워나갔다.

2년 후인 1555년嘉靖 34년, 산둥에서의 공적을 인정받은 그는 왜구가 자주 출몰하는 저장浙江 지구로 전임되었다. 닝보寧波, 샤오싱紹興, 타이저우台州 등지를 관할하는 지역 사령관직에 임명되었다. 이 지역은 당시 빈번한 왜구의 출몰로 명조가 가장 골머리를 앓고 있던 지역이었다.

척계광이 저장에 부임하여 보니 그 군사력은 매우 약한 상태였다. 왜구로부터 자주 노략질 당하는 것도 무리가 아니라 생각했다. 그래서 척계광은 군 편성을 다시 할 것을 상부에 건의했다. 이 건의가 받아들여진 것은 이곳에 부임하여 4년이 지난 1559년 가을이 되어서였다. 척계광은 군인 기질을 갖춘 청년들이 많이 있다고 전해지는 저장의 진화金華, 이우義烏 등지에서 농부, 광부 등 패기 있고 혈기 왕성한 청년 4천명을 뽑아 새로운 군대를 편성했다. 그리고 이들에 대한 훈련을 강화하고 엄격한 규율로 강한 군대를 만들었다. 흔히 이를 '척가군戚家軍'이라 부르는데, 척계광은 이들을 이끌고 중국 남동부의 해안지역에서 밀무역을 하며 노략질하던 왜구 토벌에 나섰다.

척계광 척왜 민속활동

용맹을 떨친 척가군

새로 편성된 척가군은 기마병騎馬兵이 중심이었다. 이것은 북쪽의 몽골
군과 맞서 싸우면서 얻은 경험에서 나온 것으로, 몽골군이 강한 이유는 보
병보다 기동성과 전투력이 훨씬 뛰어난 기마병을 중심으로 한 것을 파악
했기 때문이다.

왜구는 일본 전국시대의 무사 낭인들이다. 그들은 중국 해안가에서 악
덕상인들과 결탁하여 해적 활동을 했는데, 이들 왜구는 중국 동남 해안 지
역을 횡행하면서 해안 방비가 허술한 지역을 찾아 상륙하여 사람을 죽이
고, 집을 불사르고, 재물을 약탈해갔다.

기마 중심의 척가군은 이러한 왜구에 대비하여 기마 기초 훈련을 철저
히 하고, 연계전술의 기능을 익혀나갔다. 그리고 척계광은 새로운 전법을
개발하여 척가군을 막강한 군대로 육성하여 나갔다.

척가군의 특이한 전법은 '원앙진鴛鴦陣' 이라는 전법이었다. 전투단위

척계광의 전법

의 기본은 12인 1조로 편성하고, 이들이 단결하여 적군에 임하는 전법이다. 그 형태를 보면, 선두에 대장 말이 위치하고, 그 뒤에 10명의 기마가 좌우 2열로 배치되며, 후면에 취사병이 배치되는 그런 형태이다. 10명의 병사가운데 맨 앞에는 방패를 든 두 사람을 배치하고, 그 뒤에 이 지역 특산인 튼튼한 죽창에 날을 꽂은 "낭선狼筅"이란 무기를 들고 싸우는 병사 두 사람을 세웠다. 그리고 그 뒤를 이어서 긴창長槍을 가진 네 사람이 서고, 그 뒤로 칼처럼 짧은 무기인 '당파鐺鈀'를 소유한 두 사람을 배치했다. 12명이 1개조가 되어 기동력을 가지고 싸우도록 한 전법이 원앙진의 특징이다.

원앙진 전술 전법은 척계광이 긴 일본도를 들고 달려드는 사나운 왜구들을 상대하기 위해서 개발한 전술 전법이다.

'원앙'은 암수 한 쌍 중 한 마리가 죽으면 다른 한 마리도 따라 죽는다는 전설이 있듯이, 이 신군의 전법은 만약 전투 중에 대장이 전사하고 패배할 경우, 대장이 전사한 분대의 나머지 생존자들도 모조리 처형당하게 되어 있다. 그렇기 때문에 각개 병사들은 대장이 전사하는 것을 막기 위해 죽기 아니면 살기로 적과 끝까지 싸워야 한다는 뜻에서 이 전법을 원앙진 전법이라 불렀다고 한다.

이 원앙진 전법은 개별적으로 전투력이 뛰어난 왜구에 대항하여 기병들이 함께 협력하여 적에 대항하는 전술로, 산이 적은 개활지나 소택이 많은 이곳 지형에 따라 작전을 취할 수 있도록 긴 무기(장창), 짧은 무기 등 여러 가지를 준비하여 두고 효율적으로 전투에 임하도록 한 전법이다. 이를테면 선두자들이 긴 창을 가지고 말 위에서 적을 찌르고, 그 후 창에 찔린 적을 그 뒤의 기병이 목을 베는 형식이다. 왜구는 흔히 복병과 돌격작전으로 적진에 쳐들어가서 난동을 부리는 일이 많았는데, 이와 같은 상황에 대처하기 위한 효율적인 것이 원앙진 전법이었고, 이 전법은 실제 왜구 제압에 커다란 효과를 거두었다.

1561년 수천 명의 왜구가 타이저우台州에 침입하여 타오쭈桃渚, 치토우 圻頭 등의 해안지구를 마구 약탈하고 있을 때, 척계광은 척가군을 이끌고 원앙진법으로 대처하여 싸워 그들을 크게 물리쳤다. 그들을 물리치는 데 1개월여가 걸리기는 했지만, 왜구 5천여 명을 살해했고, 그 이듬해에도 왜구가 원저우溫州, 타이저우에 침공해 오자, 척가군의 기병대는 이들을 맞아 대승을 거두어 저둥浙東에 이른 왜구들을 모두 소탕했다.

왜구는 '척戚'이라 쓴 척계광의 군대 깃발만 보면, 그것을 '척호戚虎'라 부르며 놀라 달아나, 두번 다시 저장 해안을 넘나보지 못했다고 한다. 이때의 전공으로 척가군은' 무적의 군대 '라는 명성을 천하에 떨치게 되었다.

그 뒤 왜구는 저장 해안지역으로의 침투를 포기하고, 차차 남하하여 푸젠福建성 닝더寧德현 가까이에 있는 형위橫嶼라는 작은 섬을 근거지로 삼아 주변 해안지역을 약탈했다. 왜구는 푸젠의 뉴티엔牛田, 싱화興化, 린둔林墩 등지에 거점을 확보하면서 약탈을 자행했던 것이다.

1562년 이들 왜구를 토벌하라는 명령을 받은 척계광은 곧바로 형위로 향하여 내려갔다. 이 때 그들은 '광빙光餠'이라는 빵을 먹으며 강행군을 했는데, 광빙은 짠맛이 있는 건빵 같은 것으로, 모양은 둥글고, 그 가운데 구멍이 뚫려 있어 실에 꿰어 목에 걸고 다니면서 수시로 먹을 수 있도록 한 빵이다. 이 빵은 척계광이 처음 발명했다고 하여 척계광의 이름

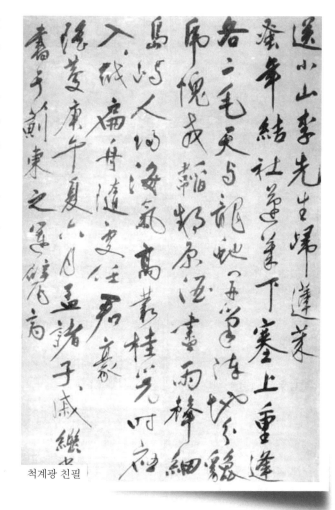
척계광 친필

끝 자를 따서 '광빙' 이라 한다.

오늘날도 푸저우福州에 가면 그 지역 전통식품으로 '광빙' 을 맛 볼 수 있는데, 척계광이 푸저우에 와서 왜구를 물리칠 때 복건 연해의 주민들은 척가군의 무용 정신에 감동하여 이런 빵을 만들어 지원했고, 척계광의 군사들은 이 빵을 먹으며 왜구를 소탕했다 하여, 이를 기념하여 '광빙' 이 이

지역 전통적인 식품으로 전해내려 오고 있는 것이다.

척계광은 1562년에 형위에서 2천 6백 명의 왜구를 살해했다. 이때 린둔 방면으로 도망간 왜구도 있었다. 척계광은 이들을 좇아 린둔에서 하룻밤에 60여개의 진지를 섬멸했다.

그 후 1563년에 척계광은 선배 장군 유대유兪大猷(1504~1580)와 함께 핑하이平海, 지금의 福建省 莆田, 셴요우仙遊 등지에서 왜구를 크게 소탕했다. 이 때 2천 2백 명의 왜구를 죽이고, 3천명을 포로로 잡았다고 한다. 이 때 척계광은 그의 공이 크게 인정되어 도독동지都督同知를 거쳐 푸젠福建 총병관總兵官, 곧 총사령관으로 임명되었다.

그 뒤에도 1564년 광동 각지에 다니면서 왜구와 전투를 벌여 왜구 잔당을 토벌함으로써 동남 해안 지역을 다 평정했다.

척가군이 무적의 군단으로 이름난 것은 척계광의 용병술, 원앙진이라는 전략 전술, 거기에 그의 솔선수범과 탁월한 통솔력 때문이다.

몽골족 방어를 위하여 현재의 만리장성 축조

척계광은 동남 해안의 왜구를 퇴치하는 데 혁혁한 공을 세운 인물로 유명하나 이 외에 커다란 공적을 남긴 것은 베이징 이동의 만리장성을 수축하여 오늘에 이르게 한 것이다.

왜구를 평정한 후 척계광은 광등에 남아 있었다. 그런 가운데 1566년 가정제嘉靖帝(재위 1521~1566)가 죽고 목종 융경제穆宗 隆慶帝(1566~72)가 즉위했다. 이와 동시에 융경제의 스승인 장거정張居正(1525~1582)이 1567년에 재상이 되었는데, 이 때 장거정은 남방에서 왜구 토벌로 큰 공을 세운 척계광을 불러 들여 북방 방비의 임무를 맡겼다. '북로남왜' 라 해도 그 위협 면에서 북방은 남방에 비교가 안 될 만큼 피해가 컸다. 규모면이나 피해면에서 북방 몽골족의 침입으로 인한 위협이 훨씬 컸기 때문이었다.

척계광은 다소의 우여곡절 끝에 지저우薊州, 현재의 薊縣 총병관의 직에 임용되었다. 지저우는 장성에 따라 설치된 9진鎭 중의 하나로 쥐용관居庸關에서 산하이관山海關까지의 지역을 수비 범위로 하고 있었는데, 이곳은 베이징 방어를 위해 가장 중요한 군사적 요충지였다. 이어서 그는 창핑昌平, 바오딩保定의 삼진의 병력을 조련하는 총책임자가 되었다. 이후 그는 그곳에서 16년을 복무하며 병사를 훈련시키고 전술을 개발했다. 이 전술은 그 후임자들에게 충실히 계승되어 흔들리던 명의 북방을 안정시키는 데도 큰 도움을 주었다.

20년 만에 다시 장성 방위를 맡게 된 척계광이 와서 보니, 병력의 실태가 너무 열악하여 걱정이 많았다. 이에 그는 조정의 승인을 얻어 착실히 방위력 증강에 힘썼다.

먼저 수비 병력 증강에 힘썼다. 지저우의 주둔군에는 노약한 병졸이 많았고 전의를 상실한 나약한 병사도 적지 않았다. 이에 과거 저장 지역에서 부하로 거느리고 있던 남방 저장의 군사 3000명을 채용하여 이곳 지저우 주둔군의 중핵으로 삼았다. 그들은 왜구 토벌 경험을 가진 용사들이었고, 규율도 엄격했기 때문에 이들을 근간으로 기율을 잡아가면서 강력한 군대로 만들기 위함이었다.

그들이 처음 지저우에 온 날은 운 나쁘게 비가 억수로 쏟아져 내렸다. 그들은 척계광의 사열을 받기 위해 꼼짝하지 않고 서서, 시종 군인의 자세를 갖추고 흐트러짐이 없었다. 현지 병사들은 이 모습을 보고 크게 감복했다고 한다. 이들의 영향, 척계광의 엄격한 훈련 등으로 주둔군의 기술이 엄격해지며 강대한 군사력을 유지할 수 있게 되었던 것이다.

그리고 장성 수축에 힘을 썼다. 잘 아다 시피 오늘날의 만리장성은 거의 명대에 축조된 것이다. 장성의 축조는 영락제永樂帝 시대부터 시작되었다. 우선 산하이관부터 따퉁大同에 이르는 구간을 강화했고, 이어 정통正統 연간에는 베이징의 정면 부분이 2중으로 축성되었다. 그러나 몽골족의 침

봉래의 척계광 사당

입을 막지 못하여 가정 연간 이후 대대적으로 개축을 시작했다. 이 공사는 동부에서 착수되어 오늘날과 같은 전으로 만들어진 견고한 장성이 만들어졌다. 오늘날 남아 있는 장성이 거의 완성된 것은 16세기말이었다.

오늘날의 장성은 진나라 장성보다 평균 100km 정도 남쪽에 위치하고 있는데, 장성의 규모도 다르다. 명대 이전에는 주로 판축이라 불리는 중국 특유의 토성으로 되어 있었고, 높이도 기껏해야 2.5m정도 밖에 되지 않았지만, 명대에 와서 튼튼한 장성이 되었다. 베이징에 가장 가까이 있는 바다링八達嶺 부근의 장성은 높이가 약 8m, 폭은 지면에 닿은 아랫부분 8m, 윗부분은 4.5m~6m정도로 이전 보다 규모가 훨씬 크게 되었다.

척계광은 이어 명대 장성을 수축하면서 거기에 더욱 '적대敵臺'를 세웠다. 적대는 망루와 같은 것으로, 지형에 맞춰 적당한 곳에 세운 돈대이다, 적대는 높이 5 장丈정도로, 내부는 대개 3층의 건물로 되어 있는데, 100명의 병사를 수용할 수 있고, 무기와 식량을 비축하여 둘 수 있는 공간도 갖춘 본격적인 요새이다. 이와 같은 적대가 1569년에서 1575년까지 6년간에 걸쳐 만리장성에 1337개나 세워졌다. 당시 시대적 상황을 고려한다면, 이 것은 놀랄만한 기술과 저력이라 할 수 있다.

작전 면에서도 전차, 보병, 기병이 삼위일체가 되어 싸우는 새로운 전술을 연구해냈다. 그것은 기마병에 의존하고 있는 몽골군에 맞서는 전술로, 먼저 전차를 선두에 배치하여 불화살이나 화력으로 응전하게 하고, 보병은 전차를 좇아 행동하게 하며, 기병은 정찰·기습·추격하는 일을 담당하는 것이다. 이때 전차는 말이 끌도록 한 것이 아니라 병사 4명이 움직이게 한 것으로, 적이 쳐들어 올 때에 사방에 전차를 늘어세워 놓고 그 안에 병력의 중심인 기병과 보병을 배치하여 두는 전법이었다.

그리고 거마기拒馬器라 하는 적의 기마병 돌진을 저지하는 기구 등을 창안하고, 그것을 보병이 소지하도록 하여 몽골군의 기병을 저지하도록 했다.

척계광이 이곳으로 부임한 이후, 몽골군의 침입이 크게 줄었는데, 이것은 결코 우연한 일이 아니다. 당시의 병력 증강, 장성 수축, 적대 건설, 새로운 전술 전법의 개발 등으로 전투력이 크게 증강한 데 있었던 것이다.

불우한 말년

장성의 견고한 수축과 경비로 인하여 몽골군은 무모하게 침입하기 보다는 입공하는 법을 택했다. 그리하여 알탄 칸은 입공할 것을 요구하여 왔다. 이에 장거정은 입공을 허락했는데, 그것은 현명한 대책이었다.

1571년 명은 알탄 칸을 '순의왕順義王'으로 봉하여 장자커우張家口를 비롯하여 3개 지역에 알탄 칸이 요구하여 온 마시馬市를 개설해 주면서 그들을 회유했다. 명으로서는 이미 전쟁을 치를 만한 국력도 약했고 과거 역사가 말하여 주듯이 힘이 있다 하더라도 싸우는 것은 어리석은 일이었다.

그런데 척계광을 후원하여 오던 장거정이 1582년 6월에 병사했다. 장거정은 강력한 행정개혁을 단행하여 국가 재정을 크게 확보하는 등 명재상으로 이름나 있기는 했지만, 그가 재상으로 있는 동안 하고 싶은 정책을 펴지 못한 것이 의외로 많았고, 또한 정적도 많았다.

그렇기에 장거정 사후, 그의 정책에 대하여 비난의 목소리가 높아졌고, 그 여파가 장거정이 중용한 척계광에까지 미쳤다. 장거정 사후, 반년 만에 척계광은 환관들의 참소로 말미암아 누명을 쓰고 광둥으로 좌천되었다. 이어 그의 공적을 시기하는 대신들의 모함이 거세지자, 3년 후에 병을 빌미로 사임하고 고향으로 돌아갔다. 1년 후인 1587년에 12월 8일에 60세의 나이로 덩저우登州에서 죽었으며 그의 무덤은 산둥성 펑라이蓬萊시 척씨 묘원 남부에 자리하고 있다.

척계광이 죽은 후, 그는 중국의 민족 영웅으로 추앙 받으면서, 관계있는 여러 지역에서 기념관 및 동상을 세워 그를 기리며 관광객들을 유치하고 있다.

저장성 타이저우台州 린하이臨海시 타오주桃渚진에 가면 "항왜진열관抗倭陳列館"이 있다. 이것은 명대 왜구를 물리친 명장 척계광을 기념하기 위하여 이 지방에서 세운 기념관이다. 1993년 4월에 세워졌는데, 면적이 약 900평방미터에 이른다. 입구에는 유명한 서예가 루위에쥔盧樂群이 쓴 "도저항왜진열관桃渚抗倭陳列館"이라는 간판이 있다. 진열관 안으로 들어가면 타오쭈 연안의 산수화를 그린 벽화를 뒤 배경으로 삼아 세워 놓은 장엄한 척계광 상이 서 있다.

진열관은 크게 4개의 실로 나뉘어 있다. 동1실은 문물사료관으로 이 지역에서 출토된 고대 벽돌, 척계광 공적비, 군도軍刀, 원앙진 등이 있다. 동 제2실에는 명인서화실로 태주 지방의 명인들의 서화 작품이 있다. 서1실은 척계광 태주에서의 왜구 토벌을 20폭의 그림으로 설명해 놓은 곳이다. 서 2실은 타오주의 아름다운 해안가의 풍경을 채색으로 그려 놓은 그림이 전시되어 있다.

척계광 기념관의 병기관

　산둥성 옌타이煙臺 펑라이蓬萊에 가면 역시 '척계광 기념관'이 있다. 기념관 안에는 영웅 척계광의 군인으로서의 생애와 업적, 그리고 해군사에 관한 것들이 전시되어 있다. 커다란 기념비에는 "충, 효" 두 글자가 새겨져 있고 그 뒷면에는 척계광의 생애와 사적이 적혀 있다.

　만리장성에 가도 그의 숨소리를 들을 수 있다. 만리장성을 수축하는 데 공을 세운 척계광의 동상이 장성의 팔달역 앞에 서있고, 톈진天津 지현 타이핑짜이太平寨에도 척계광 동상이 서 있다.

　그런가 하면 중국 푸젠의 위산于山에도 왜구와 싸워 큰 업적을 남긴 척계광의 영웅정신을 기리기 위한 '척공사戚公祠'라는 사당이 있는데, 거기에 척계광의 조각상을 만들어 두었다. 이곳에도 왜구와 싸운 척계광의 업적을 참배하러 오는 관광객들의 발길이 끊이지 않고 있다.

　척계광은 책 『기효신서紀效新書』 『연병실기練兵實紀』 등의 병서를 남겼

기효신서

다. 이 두 권의 책은 군사이론서로서 후대 군사학에 관심을 가지고 있는 사람들에게 높이 평가되고 있는 책인데, "병을 논하는 자 이것을 반드시 준용해야 한다兵者遵用焉."라는 말이 있듯이 후대 군사관계자들의 필독서로서 중요시되고 있다. 그 책 가운데에는 훌륭한 장수가 갖추어야 할 4대 조건으로 덕德, 재才, 식識, 예藝를 들었는데, 척계광이야말로 이 4대 조건을 잘 갖춘 명대의 명장이라 할 수 있다.

척계광은 명대 북쪽의 몽골, 남쪽 해안의 왜구를 방비하는데 큰 공을 세웠으며, 그가 남긴『기효신서』『연병실기』등의 병서는 중국에서 뿐 만 아니라 한국, 일본의 군사 발전에도 큰 영향을 주었다.

특히 18편으로 나누어 각 편마다 각각 그림과 설명을 붙여 이해하기 쉽게 만들어진『기효신서』는 중국은 물론 우리나라 조선 시대의 군사제도와 전술 전반에도 깊은 영향을 끼쳤다. 이 책은 임진왜란 기간 중 명나라 군을 통해 입수되어 조선시대의 군사제도와 전투 방식에 많은 영향을 주었으며, 기효신서의 내용을 바탕으로 조선의 전법을 새롭게 편찬한 조선 시대의 병서『병학지남兵學指南』(17세기 중엽)은 중국, 조선의 전법을 이해할 수 있는 좋은 자료로, 동아시아 군사 문화 이해를 위한 소중한 자산이라고 할 수 있다.

　실로 척계광은 명대 왜구를 평정하고, 몽골 침입을 막은 명대 장수일 뿐 아니라, 전술과 전과, 그리고 지휘 방법 면에서 세계 역사상 위대한 전략가이자 뛰어난 장군 중의 한 사람이다.

22장 명대 의성 이시진과 『본초강목』

16세기 중국 명나라의 저명한 의약가인 이시진(1518~1593)은 어려서부터 의사로 활동하던 아버지를 돕는 가운데 전통 의약에 강한 흥미를 느끼게 되었다. 그는 관리가 되는 길을 포기하고 가업을 이어 의약에 관한 여러 저서를 남겼는데, 특히 그의 대표작 『본초강목本草綱目』은 전통적인 중국 의학을 집대성한 걸작이요, 약학에 대한 백과전서로 잘 알려져 있다.

중국사에서 16~17세기에는 상품 생산의 전개와 지식의 보급으로 말미암아 여러 면에서 사회 변화가 현저하게 일어나고 있었다. 단순히 명에서 청으로의 왕조 교체라는 정치적 변화만이 아니고, 이갑제의 붕괴 및 향촌 사회의 변화, 생산력의 증가와 상품경제의 발달, 은의 보급과 화폐경제의 발전, 시민 계층의 출현, 서양문물의 전래, 경세실용 사상의 발달 등 사회·경제·문화 전반에 걸친 구조적 변혁이 일어나고 있었다.

특히 명말에 일어난 실용주의 학문은 과학 기술 방면에서 커다란 업적을 남겼다. 이시진李時珍의 『본초강목本草綱目』, 모원의矛元儀의 『무비지武備志』, 서광계徐光啓의 『농정전서農政全書』, 송응성宋應星의 『천공개물天工開物』, 조사정趙士禎의 『신기보神器譜』 등은 명대 과학 기술의 발달로 인하여 출현한 대표적인 과학 기술 저작물이다. 그 중 이시진은 중국 역사상 가장 훌륭한 의사이자 과학자로 존경받고 있고, 그의 명저 『본초강목』은 약학에 있어서 세계적인 유산으로 평가되고 있다.

이시진의 성장 과정

이시진李時珍(字는 東璧, 號는 瀕湖仙人, 1518~1593)은 중국 명나라 11대 황제 무종 정덕正德 13년(1518년) 5월 18일에 후베이성 치저우蘄州(오늘날의 蘄春치춘) 뚱창지에東長街 와샤오바瓦硝壩에서 아버지 이언문李言聞(字는 子郁, 호는 月池)과 어머니 장씨張氏 사이의 4남 중 둘째 아들로 태어났다. 그의 가정은 4대째 대대로 의업을 이어오던 집안으로, 그의 아버지 이언문은 『기애전蘄艾傳』, 『인삼전人參傳』 등의 의약서를 집필할 정도로 유명한 의사였다.

이시진은 어려서부터 몸이 약한 편이었으나 성격은 강직하고 매사에 신실했다. 그는 아버지의 일을 도우면서 성장했다. 아버지와 형을 따라 산에 가서 약초를 캐어 오기도 하고, 집에서는 아버지의 일을 도우며 의약에 관한 지식을 익혔다. 그의 고향 치저우 지방은 약초의 생산지로 유명한 곳이었기에, 그는 어려서부터 여러 약초 및 자연계에 대한 호기심이 남달랐다.

본래 이시진의 아버지는 아들이 과거 시험에 합격하여 출세하기를 바랐다. 당시는 의사라는 직업이 사회적으로 낮게 평가되었기 때문에 사랑하는 자식이 의업을 이어가는 것보다는 과거 시험에 합격하여 관료로서 출세하기를 바랐다. 그리하여 아버지는 이시진에게 어렸을 때부터 사서오경을 읽히고 글 공부에 전념하게 했다.

이시진은 14세에 동시童試에 합격하여 공부하면서 17살 때부터 과거시험鄕試을 치르기 시작했다. 우창无昌으로 가서 3차례나 향시에 응시했으나 번번이 실패했다. 그는 과거시험을 위한 팔고문八股文 작성에는 별로 흥미를 느끼지 못하고 도리어 의약에 더 많은 관심을 가지고 있었다. 그러던 중 그의 나이 20세 때에 그의 스승의 딸인 오사어吳斯囍와 결혼하여 가정을 이루었다.

과거 시험에 실패한 이시진은 관리가 되는 일보다는 자신이 좋아하는 의학 공부를 하게 해 달라고 아버지께 졸라대었다. 끈질기게 매달리는 자식의 요구를 거절 할 수 없던 그의 아버지는 아들의 요구를 들어주기로 하고 그에게 의술을 가르쳤다.

그리하여 23세 때에 이시진은 관리가 되는 길을 포기하고, 가업을 이어 의사의 길을 택하여 병든 환자들을 치료해주는 일에 헌신했다.

그는 늘 농민, 어부, 사냥꾼, 나무꾼 및 약초 재배하는 사람들을 찾아다니면서 민간요법을 조사 연구하고, 여러 약초를 수집하여 자세히 관찰했다. 그는 여러 차례 실험하고 관찰하면서 각종 약물의 형태와 효능을 익혀 나갔다.

궁정 의원직을 사임하고 『본초강목』 집필에 전념한 이시진

과거 시험을 포기하고 의사로서 활동하던 이시진은 고향에서 헌신적으로 환자를 치료하여 주고, 더불어 본초 연구에 몰두했다. '본초本草' 라는 것은 '약이 되는 모든 자연물' 을 이르는 말로, '초草' 자가 들어 있기 때문에 이것을 '약초' 와 동의어로 생각하기 쉬우나, 식물만이 아니라 동물, 광물 등을 포함한 모든 자연물을 이르는 말이다. 중국에서는 이러한 약물 연구를 '본초학' 이라 했으며, 그간 여러 본초서가 편찬되어 존재했다.

이시진은 많은 본초서를 섭렵했다. 그는 여러 본초서를 읽어 보았을 뿐만 아니라 산야를 실제 답사하면서 자생하는 식물 등을 관찰, 채집도 했다.

그런 가운데 전통적인 본초서가 수백 년 동안 아무런 고증이나 수정도 없이 그저 전해 내려온 관계로, 기록에 오류가 많다는 사실을 그는 알게 되었다. "본초"의 분류가 명확하지 않고 일부는 약효가 틀리게 기록되어

있으며, 어
느 경우는
처방이 미신
적이고 이치
에 맞지 않
을 뿐 아니
라, 심지어
어떤 것은
큰 오류가
있음을 발견
하게 되었
다. 의약은
인간의 건강

이시진 기념 동상

과 생명에 직접 관계되는 중요한 일인 만큼, 결코 방관할 수 없다고 생각
한 이시진은 새로운 약전을 집필해야 할 필요성을 넘어, 강한 의무감까지
갖게 되었다.

그리하여 그는 보다 완비된 의학서를 만들기로 결심했다. 책의 오류를
바로 잡기 위해 양자강, 황하강 유역의 많은 지방을 찾아가 약물의 표본과
민간의 처방을 수집했다. 자신의 집에는 약초원을 두고 직접 약초를 재배
하면서 약효를 시험하고, 옛 의약서에 나타나 있는 약품들을 하나하나 검
토해 나갔다.

그의 의술에 대한 재능은 곧 개화하여 수년 후에 명의로서 후베이湖北
일대에 소문이 났다. 특히 1545년, 치저우 지방에 연이어 대 홍수가 일어
나 역병이 자주 돌았지만, 관가에서는 돌볼 여력이 미치지 못하고 있을
때, 28세의 젊은 이시진은 아버지와 함께 많은 환자들을 고쳐주며 좋은 경
험을 쌓을 수 있었다. 이로 인하여 이시진의 명성은 주변으로 널리 퍼져나

가, 어느덧 유명의사가 되어 있었다.

지방 명의로 알려져 있던 이시진은 38세(1551년) 때에 초왕楚王의 부름을 받아 우창武昌의 왕부에서 의료 활동을 하게 된다. 초왕의 아들이 급병에 걸려 누워있을 때, 이시진이 그 병을 깨끗이 치료해 준 일로 인하여 초왕은 이시진을 왕부에 불러들였다. 초왕은 이시진에게 왕부의 제사를 담당하는 봉사정奉祠正(7품관)에 임명하고 더불어 의료 활동도 겸하도록 했다. 이후 이시진은 왕부의 의사가 되었고, 틈만 나면 자주 왕부 밖으로 나가 환자들을 찾아 병을 고쳐 주었다.

우창에서 3년을 지난 후 41세 때, 이시진은 베이징으로 올라가 황실 의원이 되었다. 황실에서 전국의 명의를 모집한다는 소식을 들은 초왕이 이시진을 황실에 추천했고, 당시 명의 12대 황제인 가경제世宗, 嘉靖帝(1521~1566) 주후총朱厚熜은 이시진의 의술에 관한 소문을 듣고 그를 태의원太醫院에 불러 들여 태의원太醫院 원판院判(정6품)으로 임명했다. 이제 그의 명성은 지역성을 떠나 전국성을 지니게 된 셈이다.

이시진은 태의원에 재직하면서 어약고御藥庫, 수약방壽藥房 등을 드나들면서 보지 못한 진귀한 약물들을 접할 수 있는 기회를 얻었다. 그는 황실의 힘을 빌려 천하의 명의들을 모아서 본초의 수정 작업을 실현하고자 했다. 그는 계획안을 작성하여 상주했으나 뜻을 이루지 못하고 도리어 견책만 당하고 말았다. 이시진이 궁중에서 이런 원대한 뜻을 이루기에는 당시의 환경이 원만하지를 못했다. 당시 가경제는 도교에 심취하여 커다란 제단을 만들어 놓고 도교 의식을 거행하는 일이 많았다. 황제는 도사의 말을 신임하여 불로장생약을 구하는데 힘썼고, 태의원의 의관들도 황제의 미신사상의 영향을 많이 받고 있었다. 황제는 정사를 돌보지 않고 2년간 도교에 푹 빠져 있었는데, 이를 반대하고 간언하는 신하들은 옥에 갇히거나 유배당하는 일까지 있었다. 호부주사인 해서海瑞(1514~1587)가 죽음을 불사한다는 뜻으로 관까지 들고 간언했다가 도리어 옥에 갇히게 되었으며 황제가 죽은 뒤에야 비로소 풀려날 수 있었다.

도교를 숭배하며 불로장생을 원하던 가경제는 금단 중독으로 사망했다고 전해지고 있다.

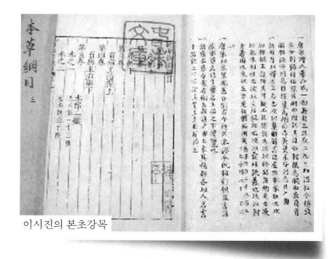
이시진의 본초강목

공명功名에 관심이 없던 이시진은 태의원에서의 생활이 일반 백성들의 고통을 덜어주는 데 도움이 되지 않을 뿐더러 자유롭게 의술 활동도 할 수 없음을 깨닫고 몸에 지병이 생겼다는 이유로 부임 1년 6개월만에 관직을 사임하고 궁정을 떠나 고향으로 돌아왔다.

고향으로 돌아온 이시진은 각지로 돌아다니며 약물 채집과 민간처방법 등을 조사하면서 본격적으로 의료와 저술 활동에 전념했다.

어느덧 40대에 접어든 이시진은 1552년부터 『본초강목』을 집필하는데 모든 정력을 쏟아 붓기 시작했다. 그는 새로운 약전藥典을 편찬하기 위하여 수많은 의학서를 탐독했다. 뿐만 아니라 역사, 지리, 문학에 관한 전적도 두루 섭렵했는데, 그렇기에 사람들은 그를 '독서광'이라 부르기도 했다. 또한 그는 의학에 관한 시구도 많이 암송할 정도로 문학적 재능도 가지고 있었다.

『본초강목』을 편찬하는데 가장 머리 아프게 한 것은 약명이었다. 약의 이름이 실제와 다르고, 효능이나 처방에도 오류가 많았던 것이다. 당시의 본초학은 후한 시대에 편찬되었다고 하는 『신농본초경神農本草經』을 원전으로 하여 그 후 많은 증보가 이루어져 있었다. 남북조 시대에 의약자 도홍경陶弘景, 당대의 소공蘇恭, 송대의 유한劉翰, 장우석掌禹錫 등이 계속 보충 개발하여 당시로서는 거의 완벽에 가깝다고 일컬어졌지만, 이시진이 볼 때에 의약의 명칭이나 약효에 오류가 많고 탈락이 많았다. 그렇기 때문에 이것을 고증하고 바로 잡는 일이 그렇게 쉬운 일은 아니었다. 그는 아들 이건원李建元을 대동하고 멀리 심산 광야를 찾아가고, 명의를 찾아가 민간요법을 배우고, 현지를 방문하여 약물을 관찰하고 표본을 수집하여 오기도 하면서, 많은 자료를 모으고, 그것들은 검증하면서 약효의 유효성을 확인해 나갔다.

『본초강목』을 집필하기로 한 후, 27년간에 걸쳐 전국 각지를 돌아다니면서 약초를 채집하여 여러 가지를 조사 연구하고 집필하여 오던 이시진은 만 61세 되는 1578년에 원고를 완성하여 "본초강목" 이라고 이름을 붙였다.

『본초강목』은 총 52권에 190여만 자에 달하는 방대한 저서이다. 총 16부 60류로 분류하여 설명하여 놓았는데, 평소 모아 놓은 자료와 임상에 근거하여 기존 본초학을 재정리하고, 자신이 새로 개발한 374종을 포함하여 총 1,892종을 망라했다. 11,916점의 처방과 1천 여 폭의 삽화를 통해 각종 약물의 복잡한 형태를 형상적으로 표현하여 사람들이 쉽게 이해할 수 있게 했다. 특히 종래의 문헌의 오류를 바로 잡아 과학적이고 신빙성이 있는 명저가 되었으며, 정확성을 기하기 위해 편찬 중에 3차례나 수정 작업이 이루어졌다고 한다.

이 저작물을 출판하여 국내 여러 의사들이 참고할 수 있게 되기를 바라던 이시진은 출판자를 찾았으나 쉽게 찾을 수가 없었다. 당시 출판되어 잘 팔리는 책은 지식인이 필요로 하는 책, 곧 과거 시험을 위한 책이 대부분이었기 때문에, 본초학에 관심을 갖는 출판사는 거의 없었다는 것도 한 이유이겠지만, 『본초강목』의 편집 자체를 반대하는 사람이 많아 바로 출판되지 못했던 것이다. 중국 본초학에서 성전으로 여기고 있던 "신농본초학"의 설이나 배열 구성에 대하여 수정을 가한 이시진에 대하여 비판하고 규탄하는 일까지 생겼기 때문에 출판의 길이 막혔던 것이다.

그러나 마침내 만력 21년(1593)에 한 독지가가 나타났다. 난징南京의 출판업자인 호승룡胡昇龍이 『본초강목』의 가치를 인정하고 출판해주겠다고 선뜻 나섰다. 그는 이 책을 황제에게 헌상하고 각인을 시작했다. 그러나 그해 가을에 이시진은 마음고생과 병으로 인해 75세의 일기로 숨을 거두었다. 안타깝게도 그는 자신의 저서가 세상에 출판되는 것을 보지 못한 채 세상을 떠나고 말았다. 황제에게 헌상된 『본초강목』은 만력제로부터 크게 인정을 받아, 1596년에 출판되어 드디어 세상의 빛을 보았다. 이시진이 죽은 지 3년 후의 일이었다.

약 10년 후에 이 책은 조선과 일본에도 전해져 널리 애용되었다. 나아가 서양에서도 전해져 라틴어, 프랑스어, 러시아어, 독일어 등 여러 나라말로 번역 출판되었는데, 영문판만도 10여 종에 이른다고 한다.

이시진은 이외에도 경락과 진맥의 해설서인 『빈호맥학瀕湖脈學』, 『기경팔맥고奇經八脈考』등 의약에 관한 여러 책을 남겼다.

『본초강목』의 성과와 의의

이시진의 『본초강목』의 성과와 특색은 무엇이고 어떤 의의를 가지는 것일까?

첫째, 이 책은 대량의 자료를 종합 연구하여 편찬된 것으로, 과거의 본초학本草學 중에서 발견된 오류와 명확하지 못한 부분을 바로 잡았다. 뿐만 아니라, 새로 발견한 약물을 포함하여 식물, 동물, 광물 등 자연계의 물질을 총 망라하여 알기 쉽게 정리하여 놓았다. 그러므로 이 책은 하나의 박물학적 저서라 할 수 있다.

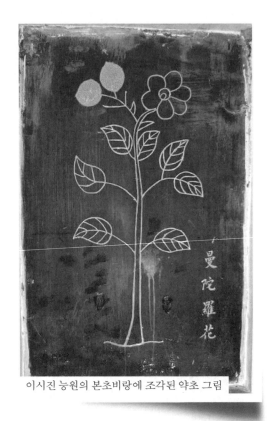
이시진 능원의 본초비랑에 조각된 약초 그림

둘째, 기존 본초학과는 달리 실용적인 관점에서 약물학을 새롭게 분류했다는 점도 큰 특색이다. 본초강목은 이전의 본초 약물학서를 대표하는 『신농본초경神農本草經』의 전통을 혁파했다. 즉 후한시대 출현한 것으로 추정되는 『신농본초경』에서는 불로장생에 유용한 약물을 '상품', 건강을 잘 유지하게 하는 건강약품을 '중품', 직접 병의 치료에 도움을 줄 수 있는 것은 '하품'으로 놓음으로써 이른바 신선적인 관점에 따른 비과학적인 분류법을 택하고 있었다. 그러나 『본초강목』은 이와 같은 분류를 전적으로 배제하고 새로운 자연과학적 분류법을 도입했다. 수부水部 · 화부火部 · 토부土部 · 금석부金石部 · 초부草部 · 곡부穀部 · 채부菜部 · 과부果部 · 목부木部 · 복기부服器部 · 충부蟲部 · 인부鱗部 · 개부介部 · 수부獸部 · 인부人部 등 각종 의약물에 대해 과학적 분류 방법을 채택했다. 여기에 산지와 형상을 밝히고, 풍부한 임상경험을 바탕으로 주치와 처방을 제시함으로써 사용자들이 실용적으로 이용할 수 있도록 했다. 명 말에 새롭게 나타난 합리주의적이고 경세실용적인 기풍이 잘 반영된 것이라고 할 수 있겠다. 유럽 식물분류학자들은 약 2백년 후인 18세기 중엽에 이르러

서야 이시진과 유사한 식물분류법을 채택했다고 하니, 『본초강목』의 우수성을 엿볼 수 있다.

셋째, 이시진은 의서 중의 미신적 요소와 황당무계한 설법을 강하게 비판했다. 그가 활동하던 시대는 도가 사상이 유행하고 연단술煉丹術 및 단약丹藥이 크게 성행함으로써 의학 분야에서 미신사상이 판을 치던 시대였다. 이러한 때에 이시진은 과학적인 방법을 동원함으로서 종래의 미신적 설명을 배제했다.

넷째, 필생의 정력으로 집필된 『본초강목』은 수천 년 동안의 중국 민중의 약사용 경험을 총 동원하여 만든 의약학의 쾌거이다. 더욱이 대부분의 본초서가 국가에 의해서 편집되던 당시의 사정을 고려한다면, 저자 한 사람의 힘으로 과학적이고 박물학적인 책을 완성시킨 점은 높이 평가할 만하다.

다섯째, 본초강목은 그 출현시기가 동의보감 직전이라는 점에서 흔히 비교되곤 한다. 동의보감이 조선의 국가적 차원의 성과물이라면, 본초강목은 개인 저작물이다. 또 동의보감이 질병에 초점을 맞추고 있다면, 본초강목은 그것을 치료할 수 있는 재료에 주안점을 두고 있다. 하지만 두 문헌은 자국을 박차고 넘어가 동아시아권 전반에 걸쳐 널리, 그리고 현재에 이르기까지 장기간 널리 통용되고 있는 대표적 저작물이라 할 수 있다.

최근 2009년에 의약서의 금자탑이라 일컬어지는 『본초강목』전 52권이 『신주해본초강목新註解本草綱目』이라는 이름으로 국내에서 출판되었다. 이 책은 전 17책으로 된 방대한 한국어판 본초강목으로, 김종하씨가 번역을 담당하였는데, 그는 14년간이라는 긴 세월을 번역과 고증에 투자하였다고 한다. 그간 역자에게는 많은 고생이 따랐겠지만, 후학들은 이해하기 어려운 본초강목을 쉽게 이해할 수 있게 되었으니 참으로 다행한 일이 아닐 수 없다.

실로 이시진은 중국 고대 의약학을 최고봉으로 끌어 올려놓았을 뿐 아니라 세계 박물학, 본초학 발전에 커다란 영향을 끼쳤다고 할 수 있다. 17세기부터는 『본초강목』이 세계 각지로 전파되어 근대 약물 연구학자들이 반드시 거쳐야 할 중요 참고 서적이 되었다.

동아시아 3국은 일찍이 의약서가 발달하였다. 중국의 『본초강목』, 일본의 『의심방醫心方』, 조선의 『동의보감』은 대표적인 의약서라 할 수 있다. 그 중 『동의보감』은 2009년에 의학 서적으로는 최초로 유네스코 세계기록유산으로 등재됐다. '체계적이고, 혁신적이고, 철학적이다.' 라는 것이 유네스코가 밝힌 선정 이유였다. 당시까지 만들어진 모든 의서를 집대성하면서 이에 덧붙여 음식, 생활습관, 자연의 이치까지 담아 그야말로 동양의학의 진수를 보여주었다는 평가다. 지금까지 정확한 원본이 전해오고 있는 비대체성, 희귀성, 원형성 등도 선정의 이유로 들었다.

중국의 『본초강목』, 일본의 『의심방』을 제치고 세계 의학서중 맨 윗자리를 차지하게 된 『동의보감』은 그 이름만큼이나 자랑스러운 보물로 다시 태어난 셈이다.

『동의보감』의 등재로 기존의 '훈민정음', '조선왕조실록', '직지심체요절', '승정원일기', '조선왕조의 의궤', '해인사대장경판' 등과 함께 한국은 유네스코 세계 기록유산 7건을 소유하게 되었다.

이시진의 능원

이시진은 '위후雨湖' 라는 호수를 무척 좋아했다. 위후는 원대 기양팔경蘄陽八景 중의 하나로 경치가 좋기로 유명한 곳이다. 이시진은 호수 가에 거주했으며 그의 능원陵園도 그곳 호수 가에 있는데, 이곳은 그의 탄생지인 와샤오바瓦硝壩에서 멀리 바라다 보이는 곳으로, 생전에 그가 평소 즐겨 찾던 곳이었다. 1982년, 국무원에서는 이시진 묘를 '전국중점문물보호단위 全國重点文物保護單位' 로 지정하고, 이 능원도 잘 가꾸어 놓았다.

약 80무에 이르는 이시진 능원은 크게 본초비랑本草碑廊, 기념관, 약물관藥物館, 백초약원百草藥園, 묘원墓園 등 5대 부분으로 되어 있으며 명대의 건축양식으로 배치했다.

능원의 대문에는 떵사오핑鄧少平의 친필이 있고, 비랑에는 약 3미터 크기의 이시진을 조각한 상이 있고, 기념관에는 이시진과 관련된 많은 역사 문물, 서화, 『본초강목』의 각종 판본 등 여러 역사 자료가 전시되어 있다.

약물관에는 동물, 식물, 광물 표본 300여종이 전시되어 있고, 백초약원에는 100여종의 식물 생태 표본이 전시되어 있다.

능원에는 이시진 부부 합장묘, 부모 합장묘가 있으며 그 2기 앞에는 약 400여년 전에 세워진 비석이 서 있다. 이시진의 능원은 후베이성 애국 교육 기지가 되어 있을 뿐 아니라, 국가로부터 '100대 전국 애국주의 교육 시범 기지'로 지정되어 있어, 양자강 중하류의 교육, 연구, 문화, 관광 등이 잘 배합된 이상적인 문화 유적지로, 사람들의 발걸음이 끊이지 않고 있다.

2008년은 명대 의성醫聖 이시진의 탄신 490주년이 되는 해이다. 이미 1965년에 "이시진李時珍"이라는 영화가 제작되어 당시 유명 스타인 짜오단趙丹이 이시진 역을 받아 상영한 적이 있었는데, 2008년에도 제작하여 그를 기리기 위해 "대명 의성 이시진大明醫聖李時珍"이라는 드라마를 2009년에 텔레비전으로 방영했다. 젊고 유명한 연출가로 이름나 있는 정커훙鄭剋洪이 연출을 맡고, 유명 배우 황하이빙黃海氷이 이시진 역을 맡았는데, 47집으로 된 드라마가 절찬리에 방영되었다.

이 드라마는 이시진의 생애와 그가 『본초강목』을 편집하는 과정에서 나타난 험난한 과정을 소개함으로써 의사요 과학자인 그의 업적을 기림은 물론, 중국의학의 정신과 매력을 드높이려는 데 목적이 있겠지만, 또한 중국에서 나타난 한류韓流와 한국의 '대장금'에 대항하기 위한 야심작이라는 평도 있다.

어쨌든 이시진 탄신 490주년을 맞아 이 드라마를 통해 이시진의 생애와 업적, 그리고 『본초강목』의 가치와 의의가 재조명되는 좋은 기회가 되었던 것이다.

23장 17세기 '공(公)의 사회'를 역설한 정의파 지식인 황종희(黃宗羲) -수직적인 '위민(爲民)' 이데올로기를 넘어서-

흔히 중국의 전통사상인 유교에 대하여 말할 때, 유교는 역사 발전을 크게 저해한 부정적인 요소가 있다고 평가하는 사람이 많다. 그 이유는 이 사상이 보수적이며 진보성이 결여되어 있기 때문이라는 것이 일반적인 견해이다. 그러나 이것은 보수성 짙은 왕조 사회의 현실만을 '유교'로 인정하여 평가한 것으로, 진보성이 강한 많은 유교 사상가들을 간과한 우를 범하기 쉽다. 물론 전통 시대의 중국 사회가 왕조·관료 중심의 수직적 통치형태를 벗어나지는 못했지만, 이런 관행을 벗어나려 노력한 많은 진보적 사상가들을 간과해서는 안 된다.

특히 명말청초明末淸初를 살아간 지식인들의 정치 행동을 보면 더욱 그러하다. 당시 진보적 사상을 가진 유림들은 환관의 횡포와 결탁한 비합리적인 '사' 私의 통치를 비판하고 공익적·합리적·사회통합적 정치 시스템을 제창했다. 그들 지식인들은 언로言路의 개방, 국가 독점권 및 국가 통제의 철폐, 그리고 민간인 교육 진흥을 요구하면서 수직적인 '위민爲民' 이데올로기를 넘어서 '민民' 이 중요한 몫을 갖는 사회를 만들고자 노력했다.

이러한 운동을 전개한 인물 가운데 가장 대표적인 사람으로 황종희를 들지 않을 수 없다. 그는 명 왕조의 멸망(1644)으로 동림당의 투쟁과 복사

운동이 좌절되고 주자학적 통치가 재현되는 가운데에서 '공' 公을 바탕으로 한 정의파 지식인들의 이념을 집대성함으로써 유교가 결코 '복종과 파벌의 논리'만이 아님을 잘 보여주었기 때문이다. 그렇기에 20세기 초 중국 개혁가들 사이에서도 그의 작품에 대한 연구를 활발히 했던 것이다.

부친과 스승의 비극적 죽음

황종희
黃宗羲(1610~1695)는 1610년에 저장浙江성 위야오餘姚현에서 태어났다. 자는 태충太沖, 호는 이주梨州 또는 남뢰南雷이며, 학자들은 그를 황이주黃梨洲 선생이라 부르기도 했는데, 중국 정치체제의 전제적 성격을 비판하는 글을 많이 썼고, 또한 경세치용의 학을 일삼다가 청 강희康熙 34년, 86세의 일기로 세상을 떠난 중국 지성인 중의 지성인이다.

그가 살던 저장성은 송대 이래 학문적인 전통이 매우 강한 곳으로, 양명학의 개창자 왕수인도 같은 고향의 사람이니 그는 지적 문화가 크게 성숙한 환경에서 자란 셈이다. 그의 아버지 황존소黃尊素는 양명학의 학통을 이은 학자요, 정의파 관료로서 이름이 높았다. 그 무렵 전횡을 일삼은 환관 세력과 격심하게 항쟁하던 동림당의 영수로 활동했기에 그의 집에는 양련, 좌광두 등 동림당의 여러 인사가 드나들고 매일 밤 정치문제를 중심으로 격렬한 논쟁이 벌어지곤 했다. 이러한 가정환경은 그로 하여금 어느덧 정치에 강한 관심을 품게 했던 것이다.

그의 아버지는 만력연간萬歷年間(1573~1619)에 과거에 합격하여 관직이 어사에 이르렀다. 그는 관료로서 재임 중, 환관 위충현魏忠賢의 전횡을 규탄하는 대열의 선봉에 서서 환관들의 횡포를 신랄하게 비판하며 정치를 바로잡으려 했다. 그러나 도리어 1626년(천계 6년) 동림당 대 탄압으로 환관 위충현의 모함을 받아 옥중에서 고문을 당하다 숨지고 말았다.

이 때 황종희의 나이 17세, 감수성이 예민한 청년으로서 아버지의 동지들이 꿈꾸던 정치 이념을 깨달을 나이였다. 그리하여 그는 부친의 명을 따라 저둥浙東의 대유학자 유종주劉宗周의 밑에 들어가 학문에 몰두하며 여러 서적을 섭렵했다.

2년 후, 숭정제崇禎帝가 즉위하여 정치를 쇄신하려는 움직임이 일어나고, 위충현은 자신의 죄를 면할 수 없음을 깨닫고 스스로 목숨을 끊었다. 이로 인해 환관파 세력은 위축되고 동림파가 간신히 명예를 회복할 수 있었다.

이 때 19세의 황종희는 아버지의 원죄를 씻기 위해 베이징으로 달려가 조정에 호소했다. 이 때 그는 아버지를 고문한 형리를 찾아 쇠 송곳으로 찌르고, 또한 아버지를 죽인 정적의 수염을 뽑아 선친의 위패 앞에 바쳐 제사했다. 그는 당시 희생된 동림당인의 자제들과 함께 조옥의 중문에 제단을 설치하고 제사했는데, 그 곡소리가 궁중에까지 들렸다고 한다. 이것은 그의 생애를 통해 변함없이 지속된 열정적인 그의 성품을 엿볼 수 있게 하는 일화이기도 하다.

그 후 황종희는 동림당인 자제들과 교류하면서 동시에 복사復社운동에 참가하여 활동했다. '복사' 란 옛 학문을 부흥시켜 후일에 유용하게 사용하자는 기치를 내걸고 동림의 전통을 계승하려는 목적으로, 각지의 독서인 집단을 결집한 비밀 결사인데, 황종희는 1630년(숭정 3년)에 난징에서

열린 복사운동에 참가하여 현실사회의 결함을 날카롭게 비판했을 뿐 아니라, 새로운 정치세계의 실현을 기대했던 것이다.

그는 명이 망하자(1644), 수백 명의 자제를 규합하여 '세충영世忠營'이라는 의병을 조직하여 청군에 저항했는데, 이로 인해 한때 지명 수배를 받고 현상금이 붙어 곤경에 처하기도 했다.

그의 스승 유종주 역시 명 왕조의 멸망이 돌이킬 수 없는 지경에 이르자 20여 일을 단식하여 목숨을 끊으며 그의 의지를 지켰다. 아버지 황존소와 유종주의 운명은 황종희에게 지대한 영향을 미쳤으며, 그것은 명 왕조의 혼란과 멸망이라는 현실이 빚어낸 것이라 할 수 있겠다.

군주 중심의 정치체제 비판

명말 아버지와 스승의 비극적 죽음을 목격한 그는 청 왕조에 협조하지 않았다. 절개를 지켜 평생 관직에 나아가지 않고 학문과 교육 활동에 전념하던 그는 유교 도덕에 입각한 정치 개혁의 노력이 역사와 현실의 벽 앞에서 무기력하게 좌절되었음을 절감하고 보다 구체적이고 제도적인 측면의 개혁을 추구했는데, 그 성과가 바로 『명이대방록明夷待訪彔』(1662)이다.

'명이대방록'을 풀이하면, '명이'明夷란 '밝음이 이지러져 있어서 충분히 빛을 발하지 못한 상태'를 말한 것이고, '대방待訪'은 '누군가가 방문하기를 기다린다'는 뜻으로, 곧 '어느 현자賢者가 찾아와 자신에게 이 어두운 세상을 밝힐 명지明知를 묻는다면 나는 이렇게 말하겠다'는 정치안을 서술한 것이다. 그 내용은 원군原君(군주란 무엇인가) · 원신原臣 · 원법原法(법이란 무엇인가) · 치상置相 · 학교學校 · 취사取士 · 건도建都 · 방진方鎭 · 전제田制 · 병제兵制 · 재계財計 · 서리胥吏 · 엄환閹宦 등 13항목 21장으로 구성되어 있다.

이 책에서 황종희는 대대로 내려오는 황제 전제지배체제의 역사를 분석하고, 그 체제의 여러 결점과 폐단을 지적했다. 그는 우선 군주가 존재하기 이전에 개개인의 이해관계에 입각하여 행동하는 인민이 존재했음을 상정하고, 그러한 이해관계가 통일되면서 군주권이 성립되었다고 인식했다. 그는 '군주'란 민으로부터 일방적으로 부과 받은 의무이며 자기희생적이어야만 한다고 주장하면서 '옛날의 군주는 천하를 주인으로 하고 군주 자신을 객으로 간주하여 천하를 위해 봉사했다. 그러나 후세의 군주는 천하의 이익을 자신의 이익으로 취하고 백성을 돌보지 않는다. 이것이 천하가 어지러운 이유이다.'라고 지적한다. 황종희는 여기에서 더 나아가 군주가 악하다면 그 군주를 폐하고 새로운 군주를 세울 수 있다고 주장함으로써 당시 군주정치 체제를 비판했으니, 이것은 맹자의 민본사상과 혁명론을 보다 적극적으로 발전시키고, 나아가 민주적인 정치사상과 민중에 대한 책임정치를 역설한 것이다.

학교를 통한 여론 정치 강조

그의 정치이론 가운데 특색 있는 것 중의 하나는 학교제도이다. 그는 학교가 단순한 교육기관이 아니라 의회적인 기능을 가져야 한다는 것을 강조하고 있다. 즉, 국자감이나 주·현립 학교가 각각 정치상의 문제에 대하여 토의하고 결정하는 직책을 가지도록 해야 한다는 것이다. 천하 사람이 다 옳다고 하는 것이라 하더라도 반드시 옳은 것이 아니고, 천하 사람이 다 그르다고 하는 것도 꼭 그른 것이 아니며, 그 시비는 학교의 공론에 의하여 결정되어야 한다는 것이다.

이와 같이 '시비'의 결정을 천자 개인의 자의로부터 해방시켜 대중적인 여론 속에서 결정되어야 한다는 것이다. 그리고 그 여론의 중심체는 학교가 되어야 한다는 것이다. 학교야말로 독서인 및 학생이 모여 일반 여론을 형성하는 곳이며, 이러한 여론이 바로 정책에 반영되어 구체화되어야 마땅하다는 것이다.

학교가 인민의 위탁으로 성립된 대의 기관은 아니더라도, 적어도 인민의 여론을 대표하는 기관이라고 인식했던 것이다. 물론 이것은 사대부의 정치 참여 권리를 인정하는 사대

황종희의 명이대방록

부적인 기질이 담겨져 있기는 하나, 군권을 억제하고 인민 주권의 원칙을 사대부 계급에 집중적으로 적용한 것이라고 할 수 있다.

황종희는 이 책에서 인민의 삶을 보증하기 위한 제도 개혁과 법의 중시를 강조했다. 그는 도덕적인 품성과 탁월한 재능을 갖춘 인물의 유무에 따라 세상의 혼란과 평화가 결정되는 것이 아니라, 법률이나 제도가 제대로 갖추어져 시행되는 것이 중요하다고 보았다. '치법治法이 있은 뒤에야 비로소 치인治人이 있다.' 라고 하여, 종래 덕을 갖춘 군주를 강조하던 전통적인 유교의 입장을 탈피하고, 올바른 제도와 법률을 세우는 것이 보다 중요하다는 입장을 취했던 것이다. 물론 그것은 근대적인 의미에서의 법치주의는 아니지만, 사람에 우선하는 것으로써 법의 권위를 확립하고 지배자의 행동을 합법적으로 규제함으로써 사회의 법적 안전성을 확립하려 했던 점에서 의의가 있을 것이다.

『명이대방록』을 완성한 후, 황종희는 철학을 연구하는데 모든 정력을 기울였다. 역작인 『명유학안明儒學案』은 중국 사상사에서 사실상 최초의 체계적인 학술사상 전문서이다. 300여 년에 걸친 명나라 유학자들의 학문적 계통을 정리·규명하고, 그들의 문집, 어록 등에서 핵심을 발췌하여 수

록했으며, 학파나 학자의 개인의 특성에 대해 객관적인 평가도 내리고 있어, 명대 사상사를 언급할 때 결코 빠트릴 수 없는 자료이다.

황종희는 '중국의 루소'로 높이 평가되기도

황종희는 명나라의 멸망만이 아니라 왕조가 멸망하는 것은 국가 기구가 제 기능을 하지 못하기 때문이라고 보았다. 그의 주장은 동림당 이래의 민본주의적 입장, 즉 정치는 인민의 복지를 위하여 존재하지 않으면 안 된다는 것이다. 정치란 지배자의 도덕적 요청에 기초하여 실현되는 것이 아니라 정치 기구 그 자체 속에서 보증되어야 한다는 입장에서 당시 정치기구의 전면적인 개혁을 구상했던 것이다.

따라서 『명이대방록』의 논리는 전체적으로 복고주의적 색채를 띠고 있지만, '천하의 공公'을 바탕으로 하고 있는 것이다. 이 '천하의 공'이 현실적인 정책 이념으로 작용하게 될 때, 황제권력은 질적으로 전환하게 되고, 전반적인 국가체제 역시 변화의 힘이 생긴다는 것이다. 황종희는 그 힘을 『명이대방록』, 이 한 권의 책에 응축해 놓고 때를 기다렸던 것이다.

이후 19세기 말 양계초梁啓超나 손문孫文 등 중국을 더 나은 국가로 만들지 않으면 안 된다고 생각한 사람들은 『명이대방록』을 들고 나왔다. 만인의 욕구가 자유롭게 대변·충족되는 '공公의 사회', 만인을 위한 '합리적인 사회'가 되어야 사회가 무너지지 않는다는 진리를 터득했기 때문이었다. 특히 양계초는 황종희를 '중국의 루소'라고 평하기도 했다.

최근 원자바오溫家寶 중국 총리가 황종희를 높이 평가하여 눈길을 모았다. 그는 2005년 12월 12일자의 홍콩 '아주시보亞州時報'에서 황종희의 평등사상과 경세치용經世致用의 실용주의 철학이 11차 5개년 계획(11·5계획, 2006~2010)에 적잖은 영향을 끼칠 것으로 예상한 적이 있다. 오는 2020년까지 국민 모두가 비교적 잘사는 수준인 '샤오캉小康' 사회건설을 추진하고 있는 중국으로서는 단순히 경제적 측면의 '부'만이 아니라 정신적 만족을 기대하면서 황종희의 군신君臣평등, 법률평등, 인권평등의 원칙을 주목한 것이리라.

24장 명(明)의 마지막 황제, 숭정제(崇禎帝)
-세계를 읽고, 서양 과학기술 수용에
적극적인 관심을 보인 중국 최초의 황제-

"짐이 덕이 없고 보잘 것 없어 하늘이 나를 꾸짖는구나. 역적이 경사에 쳐들어온 것은 모두 여러 신하들이 짐을 그릇되게 한 것이다. 짐이 죽어서 장차 조상들을 볼 낯이 없구나. 내 황제의 관을 벗기고 헝클어진 머리로 수치스런 얼굴을 가려 다오. 도적들이 내 시신을 갈기갈기 찢는 것은 좋으나, 백성들만큼은 한 사람도 상하지 않게 하여다오!"

　중국인으로서 세계를 향해 처음 눈을 돌린 사람은 누구일까? 어떤 사람은 세계형세를 이해할 수 있게 해준 『사주지四洲志』(1834) 편찬의 주관자인 임칙서林則徐를 떠올릴 것이다. 그런가 하면 임칙서의 아편 금지를 적극 지지했던 공자진龔自珍, 세계지리서인 『해국도지海國圖志』(1842)를 편찬하면서 서양의 장점을 배워 서양을 제압하자고 주장한 위원魏源 등을 떠올릴 수도 있을 것이다. 그런데 이들은 모두 19세기의 인물들이다.

　하지만 명말청초에 해당하는 16~17세기, 서학동점西學東漸의 물결이 일고 있을 때, 명말의 서광계徐光啓(1562~1633), 이지조李之藻(1565~1631), 숭정제崇禎帝(1627~1644) 등은 이미 이러한 시류에 따라 서양문물의 수용에 적극적인 입장을 취하고 있었다. 그 중에서도 명의 마지막 황제인 숭정제는 중국 역대 황제 가운데 가장 먼저 세계의 흐름을 파악하고, 서양 과학

기술의 도입에 열성을 보이며 뛰어난 식견을 가졌던 인물이다.

숭정제의 즉위

숭정제崇禎帝(1611~1644,
재위 1628~1644)는 명의 17
대 황제로서 마지막 황제
이다. 이름은 주유검朱由
檢, 15대 황제인 광종光宗,
泰昌帝(즉위 1620년) 주상
락朱常洛의 다섯째 아들로,
1610년(만력 38) 12월 24
일에 광종의 현비 유씨劉氏
의 몸에서 태어나 황제가
된 사람이다.

숭정제

숭정제는 본래 황제 자
리와 인연이 없는 위치에
있던 사람이었다. 그런데 아버지 되는 광종이 즉위한 지 1개월 만에 죽자,
그의 장남 주유교朱由校가 부왕을 이어 16살에 16대 황제로 즉위하여 희종
熹宗, 天啓帝(1620~1627)이 되었다. 희종은 7년간 재위에 있었지만 그의 아
들 셋이 모두가 요절했기 때문에 후사가 없었다. 뒤를 이어줄 자식이 없던
희종은 1627년 8월, 23살에 병사했는데, 임종 전에 자신의 동생 신왕信王
주유검朱由檢을 불러들여 황위를 잇도록 유언했다. 이로인해 주유검은 뜻
하지 않게 황제로 즉위하게 되었다.

숭정제는 17년간 제위에 있으면서 몰락해 가는 명조를 다시 일으켜 보
려 여러 방책을 쓰며 정사를 돌보았다. 그러나 숭정제는 이자성의 군대에

의해 베이징이 함락되자 국운이 다 되는 것을 알고, 자금성을 빠져나와 경산에 올라가 스스로 목숨을 끊음으로써 명의 마지막 황제가 되고 말았다. 이 때 그의 나이 35세, 한창 젊은 나이에 생을 마치게 되었다. 숭정제가 서거한 후, 남명에서 묘호를 처음 사종思宗이라 했다가 다시 의종毅宗으로 고쳤다. 청대에 들어와 시호를 장렬민황제莊烈愍皇帝라 했고, 묘호도 회종懷宗이라 칭했다.

숭정제의 치적과 과학기술 장려

1627년, 그가 즉위할 당시의 명 왕조는 연일 내우외환에 시달리는 상태였다. 그러나 그는 명의 국운을 바로 세우고자 혼신의 노력을 기울였다.

그는 즉위하자마자 전대의 간신인 위충현의 세력을 소탕하는 일을 먼저 착수했다. 숭정제는 어려서부터 궁에서 자랐지만 궁 밖에서 기거한 적도 있었기 때문에 환관파의 거두 위충현魏忠賢의 횡포를 익히 잘 알고 있었다. 사실 당시 명나라의 모든 실권은 희종의 총애를 받고 있던 위충현이 쥐고 있었기 때문에 무엇보다 우선 위충현의 세력을 제거하지 않으면 자신이 황제로서의 입지를 공고히 할 수 없다고 보았던 것이다.

그는 먼저 위충현과 한 짝이 되어 있는 희종의 유모 객씨를 궁에서 쫓아내었다. 그리고 며칠 후 위충현의 봉호를 폐하고 평양鳳陽으로 보내 황릉을 지키게 했고, 얼마 지나지 않아 죄목을 들어 그를 불러들였는데, 이 때 위충현은 자신의 신변이 위태롭게 된 것을 깨닫고 스스로 자결했다. 이후 그는 위충현을 필두로 한 환관파 관료 260여명을 귀향 보내거나 종신 금고형에 처하는 등 재위 두세 달 사이에 국가와 백성에 엄청난 근심거리였던 환관 위충현 세력을 제거하는데 온 힘을 다했다.

이로써 새로 즉위한 숭정제는 대권을 잡고 뜻대로 나라를 다스릴 수 있는 기반을 마련할 수 있게 되었다.

숭정제의 치적 중 가장 빛나는 것은 역시 서양 과학 기술의 적극적인 수용과 국정 개혁이었다. 그 개혁은 그가 즉위한 바로 그 해(1627) 간신 위충현에 의해 쫓겨난 서광계를 다시 불러들임으로써 비로소 시작되었다. 기독교인이면서 수리水利, 목화, 농업 등의 농정에 정통한 서광계徐光啓를 예부상서로 임명하고, 그 외 동림파 관료들을 등용하여 국정개혁을 보필하게 했다. 더불어 서광계에게 역법을 개정하게 하고; 서양 대포 제작을 책임지게 하는 한편 서양선교사들을 초빙하여 과학 기술을 발전시킬 수 있는 정치적인 기반을 마련하는 파격적인 조처를 취했다.

서양과학기술의 도입과 역법제정

숭정제는 17세의 청년으로 즉위했지만 국정이 전반적으로 침체해 있다는 사실과 기존의 낡은 방법으로는 후금의 침략조차 막아내기 힘들다는 현실을 잘 인식하고 있었다. 그의 이러한 인식은 서양의 과학기술을 통해 현재의 위기를 벗어나고자 하는 노력으로 나타났다.

숭정제는 서양 과학 기술의 가치를 이해하기 위해 서광계로부터 수업을 받으며 과학지식을 배웠다. 1629년 5월 일식이 있었는데, 이에 대한 예측이 당시의 대통력과 회회력으로는 정확히 알아내지 못했으나 서양역법이 이것을 정확하게 알아내었다는 사실을 알고, 그는 역법을 바로 잡기 위해 역국曆局을 설립했다. 이곳에서 서광계의 감독아래 독일의 아담 샬(Adam Shall, 중국이름 湯若望) 등 각국 선교사들을 대거 초빙하여 역법을 수정했다. 이리하여 만들어진 것이 바로 『숭정역서崇禎曆書』(1635년)이다. 특히 『숭정역서』를 편찬하는데 큰 공로가 있던 아담샬은 역국에서 천문기기를 제조하고 동시에 환관들에게 천문학을 강의했으며, 궁중에 천주교를 전파하기도 했다.

서양식 화기(火器) 제조

숭정제의 과학기술에 대한 관심은 국방에서도 잘 나타나 있었다. 당시 후금의 침략은 명말 최대의 골치거리였는데, 숭정제는 서양화기를 만들어 외적의 침략을 막고자 했다. 보수적인 대신들이 공장 설립에 반대하기도 했지만, 숭정제는 이러한 반대를 무릅쓰고 베이징에 서양 대포를 만드는 공장을 세워 대포를 만들어 내게 하고, 서광계를 책임자로 임명했다. 서광계가 1633년 세상을 떠난 후에는 독일 태생의 예수회 선교사인 아담 샬이 그 중책을 맡았다. 이 공장에서 1년에 대포 20문을 만들어 내었다.

숭정제는 대포 생산을 축하하여 아담 샬에게 포상하고, '흠포천학欽褒天學' 이라 쓴 편액을 하사하기도 했다. 더불어 1636년부터 숭정제는 많은 선교사를 전선의 군대에 파견하여 대포 사용법을 가르치도록 하면서 기술을 보급시켰다.

이렇듯 숭정제는 집정 17년 동안 내내 서양문물과 과학 기술에 깊은 관심을 가지고, 서양 선교사들의 활동을 지지하면서 나라를 다스렸다. 새로 개정한 역법과 수리 사업으로 민생을 돕고, 실용교육을 추진했으며, 국방력 강화를 위해 서양식 화기를 만들어 내었던 것이다.

물론 숭정제가 선교사들을 지원했던 것은 종교적인 신앙보다는 내우외환의 위기 상황을 극복하기 위한 수단을 찾기 위한 것이었는데, 그 수단이 선교사들을 통해 얻을 수 있는 과학 기술에 있다고 보았던 것이다.

역전제도의 폐지

그의 제도 개혁 중에서 빼놓을 수 없는 부분 중 하나가 역전제도驛傳制度의 폐지이다. 명대의 역전제는 전국망을 조직하여 유지되었던 것으로, 각 역에 교체할 말은 물론 마부의 휴식처 등 여러 설비를 갖추지 않으면 안 되었고, 또한 기상, 치안, 운하의 운행 상태 등 각지의 여러 정보를 교환하는 기능도 가지고 있었기 때문에 국가 재정이 많이 소요되었던 것이다. 그러므로 명말 국가의 재정이 어려운 상황에서 숭정제는 재정 절감을 위하여 역전제도를 폐지시켰다. 그러나 이와 같은 역전제의 폐지는 대량의 실업자를 낳았을 뿐만 아니라, 일자리를 잃은 실업자들이 이자성의 반란 집단에 참여하게 하는 계기를 안겨다 주기도 했다.

숭정제의 성실함

한편 그의 성격은 검약하고 근면한 인물로 사서史書에는 기록하고 있다. 그는 17세의 젊은 나이에 황제가 되었지만 여자나 천박한 놀이에 빠지지 않고, 밤 낮 없이 부지런히 몸과 마음을 바쳐 나라를 다스렸다고 기록하고 있다. 천재지변과 인재들로 인한 사회적 혼란과 위기에 직면하여서는 허심탄회하게 자신의 죄와 잘못을 인정했다. '죄기조罪己詔(황제가 스스로를 꾸짖는 조서)'를 반포하고 참회의 심정으로 백성들과 함께 다시 시작하겠다는 결연한 의지를 보였던 것이다. 만회할 수 없을 정도로 국정이 망가져 있는 상태에서 그는 통치자로서 책임을 통감하고 백성들에게 자신의 잘못을 공개적으로 인정한 대범한 인물이라는 평을 받기도 한다.

마지막 죽음을 경산(景山)에서

명 말기에는 안으로 제14대 신종神宗 이래 당쟁의 여파가 남아 관료들 간에 통일이 이루어지지 않았고, 밖으로는 장병이 부패하여 군사력도 약화되어 있었다. 게다가 점차 세력을 확장하고 있는 후금淸을 대비하기 위한 전비의 과다 지출로 농민들은 중세에 시달리고 있었다. 설상가상으로 가뭄·수해 등이 잇따라 심각한 기근까지 겹쳐 도시에서는 폭동, 농촌에서는 반란이 빈발했다.

경산공원

　이러한 반란군 중에서 산시陝西성에서 일어난 이자성李自成의 농민군은 규율이 엄격하고, 민생안정책을 세워 민심을 모아 그 세력을 떨치고 있었다. 이러한 불리한 상황에서도 숭정제는 검약한 생활을 하면서 기울어져 가는 명나라를 부흥시키려고 열의를 다했다. 그러나 세상에 완벽한 사람은 없다고 했던가? 숭정제는 의심이 많고 신하들을 잘 믿지 않는 성격의 소유자로, 중신들을 여럿 죽이는 실수를 저지르게 된다. 특히 적의 간계에 빠져 산해관山海關에서 만주족을 지키고 있던 명장 원숭환袁崇煥을 죽인 것은 명을 파국으로 이끈 큰 실수라고 지적되고 있다. 명의 멸망 원인이 많이 있겠지만 그 중에서 숭정제의 시의심猜疑心을 제기하는 것은 바로 이러한 이유에서이다.

　결국 시안西安을 근거지로 '대순大順'이라는 국호를 내걸고 크게 세력을 펼치던 이자성 군대가 숭정 17년(1644年) 3월 17일에 베이징 성을 공략했다. 이 소식을 들은 숭정제는 18일 밤에 세 아들들을 변장시켜 피신하게 하고, 적군의 손에 욕보이지 않도록 하기 위해 비빈과 공주를 자신의 손으로 죽였다. 이자성 군대가 베이징을 포위하고 시내를 점령했다는 소식을 들은 숭정제는 3월 19일 새벽에 내시를 시켜 관병과 대신들을 소집하는 종을 울렸으나 아무도 나타나지 않았다. 이들은 이미 일찌감치 흩어져 도망쳐 버렸다. 단지 내시 왕승은王承恩만이 옆에 남아있을 뿐이었다. 황제 스스로가 자신을 부를 때, '고孤', 또는 '과인寡人'이라 하는데 이 당시 궁정에 아무도 없었으니 숭정제는 진정한 '고' '과인'이 된 셈이었다.

이미 눈치를 챈 숭정제는 황후에게 자살을 명하고 자신은 옷을 갈아입고 충실한 내시 왕승은을 데리고 자금성 후문인 신무문神武門을 통해 궁궐 밖으로 나와, 자금성 뒤의 경산景山으로 올라갔다. 슬픔에 찬 시선으로 도시 전경을 바라 본 그는 왕조의 운명이 다 된 것을 깨닫고 수황정壽皇亭 누각 앞의 괴목槐木(홰나무)에 목을 매어 자결함으로써 백성에게 사죄를 표했다.

그가 입고 있던 옷 속에는 다음과 같은 유서가 남겨져 있었다. "황제 즉위 17년, 짐이 덕이 없고 보잘 것 없어 하늘이 나를 꾸짖는구나. 역적이 경사에 쳐들어온 것은 모두 여러 신하들이 짐을 그릇되게 한 것이다. 짐이 죽어서 장차 선조들을 볼 낯이 없구나. 내 황제의 관을 벗고 헝클어진 머리로 수치스런 얼굴을 덮어다오. 도적들이 내 시신을 갈기갈기 찢는 것은 좋으나, 백성들만큼은 한 사람도 상하지 않게 하여다오!" 이렇게 유서를 남기고 숭정제는 자결했으며, 그를 보좌하던 환관 왕승은 역시 숭정제를 따라 자살했다.

숭정제가 목을 매달아 죽었다는 전설의 나무가 경산 동편의 계단으로 올라가는 입구에 지금도 서 있는데, 거기에는 '명 사종이 순국한 곳'이라는 팻말이 있다. 당시의 나무는 문화대혁명 때에 베어 없어졌고, 현재의 것은 그 후에 다시 심은 나무라고 한다.

경산은 베이징에 수도를 정한 영락제가 풍수지리에 입각하여 원 왕조의 왕기를 봉합하고 명 왕조의 계속적인 번영을 염원하여 원조의 어원 터에 인위적으로 만든 인공 산인데, 결국 숭정제가 이 경산에서 자결함으로써 명 왕조의 운명이 끝이 나게 되었으니 이 역시 역사의 아이러니이기도 하다.

그의 능 사릉은 명 13릉 중 가장 작은 능

베이징을 함락한 이자성은 숭정제가 죽었다는 소식을 듣고 명의 관료에게 숭정제와 주황후의 유해를 서둘러 치우도록 명했다. 숭정제는 즉위 후 기울여져가는 나라를 바로 세우기 위해 온 정력을 쏟은 나머지 미처 자신의 능도 미리 마련해두지 못했기 때문에 관료들은 우선 숭정제의 유해를 측실인 전귀비田貴妃 묘에 넣기로 했다. 전귀비 묘를 파고 거기에 숭정제를 한 가운데 놓고, 좌우로 주황후周皇后와 전귀비를 매장했다고 전해진다.

숭정제 서거 후 남명에서는 홍광년간에 묘호를 사종思宗이라 했다가 다시 의종毅宗으로 고쳤다. 이후 베이징에 들어온 청의 3대 황제 순치제順治帝(1638~1661)는 순치 16년(1659)에 황실의 관례에 따라 베이징 창핑昌平산의 장사했다. 묘호를 회종懷宗이라 하고, 시호를 장렬민황제莊烈愍皇帝라 했으며, 숭정제가 묻혀 있는 곳을 '숭정제의 능'으로 삼아 '사릉思陵'이라 하고 '장렬민황제의 능莊烈愍皇帝之陵'이라는 비를 세웠다.

순치제가 이렇게 한 것은 청이 명을 뒤이은 정통왕조라는 점을 강조하면서 한족의 마음을 사로잡으려 한 것이었지만 피가 섞이지 않은 탓인지 청 황실에서는 사릉에 재정을 별로 투입하지 않았다. 그렇기 때문에 사릉은 오늘날 명 13능 가운데 가장 서쪽 끝에, 그것도 가장 작은 능으로 남아 있게 된 것이다.

'망국의 황제' 라는 오명으로 그의 치적을 덮어버려서야

역사는 과거 사실에 기초한 역사가의 해석이라고 한다. 그리고 그 기록의 중심에는 늘 '승자의 역사' 가 위치하고 있다. 승리한 사람에 의해서 그 의미와 가치가 부여되고 승리한 사람은 승리자로서의 치적을 인정받게 되고, 패배한 사람은 패배자로서의 오명을 뒤집어쓰게 된다. 물론 역사에 그러한 평가를 받아 마땅한 사람이 있기도 하고, 그렇기에 역사가 교훈적 요소를 담고 있기는 하지만, 태평성대의 황제는 모두 좋은 황제이고 망국의 군주는 모두 다 악한 군주라고 평가하고, 개국군주만 칭송하고 망국 군주는 한 칼에 베어버린다면, '성공' 과 '실패' 로만 인물을 평가하는 우를 범하게 되는 것이다.

숭정제는 17세에 즉위하여 17년간 통치하면서 죽는 순간까지 몸과 마음을 다 바쳐 정사를 돌보았던 황제이다. 우매하고 방탕한 여러 황제가 많았던 것에 비하면 서양의 과학 기술을 도입하는 등 넓은 안목을 가지고 개혁적인 정책을 펴려던 숭정제의 치적은 재평가 되어져야 한다. 그의 치적이 망국의 군주라는 오명 때문에 덮어져서는 안 될 일이다.

숭정제에 대한 평가가 칭송, 동정, 모욕 등 여러 가지로 나뉘고 있기는 하지만, 국가를 파탄으로 이끈 망국의 군주라 하여 틀에 박힌 편견에 묶어 놓아서는 안 된다. 그는 서양의 과학 기술을 전파하는 일과 동서 문화 교류에 힘을 쏟으며 일찍이 세상을 읽었던 중국 최초의 황제라는 점도 주목해야 할 것이다.

25장 황실 공주의 남편,
부마는 얼마나 행복했을까?

부마는 공주의 남편, 왕의 사위

중국 통속 소설에 흔히 나오는 얘기다. 어느 나라 공주가 나이가 들어 혼령기에 이르자 왕은 사위감을 선발한다. 왕궁 앞 광장에 '채루彩樓', 곧 오색 천을 길게 내려뜨린 높다란 망루를 하나 세운다. 공주가 오색 실로 정성들여 떠서 둥글게 만든 공을 가지고 망루 위로 올라가고, 망루 아래 광장에 모여 법석대던 수많은 젊은이들은 모두 공주만을 바라본다. 공주가 던진 공에 명중된 사람이 공주와 결혼하도록 되어 있기 때문이다.

마침내 공주가 공을 던지고, 그 때에 군중가운데에 한 젊은이가 의연히 나타난다. 그 젊은이는 무슨 일이 있는지도 모르고 이곳을 지나다가 그저 잠깐 들른 사람일 수도 있고, 떠돌아다니는 부랑인이거나 걸인일 수도 있으나 상관없다. 어쨌든 공주가 던진 공에 맞은 그 젊은이가 공주와 결혼하여 왕의 사위가 되고 관직도 부마도위駙馬都尉라는 직을 맡게 된다는 이야기이다.

마치 신데렐라를 각색한 듯한 이야기 같지만, 배우자를 결정하는데 꽃이나 과일이나 공을 던져 상대를 고르는 풍속은 중국 고대 사회나 변방 민족의 혼인 풍속에 흔히 있는 일이다. 한껏 낭만적으로 표현된 이런 이야기에서 공주와 결혼하여 왕의 사위가 된 사람이 '부마도위'라는 특별한 관직을 받게 된다는 내용은 작자 마음대로 착상한 발상이 아니라 중국 역사에 실제로 존재했던 제도이다.

'부마駙馬'라는 것은 '천자가 타는 어마御馬의 부副' 곧 '예비 교체의 말'이라는 뜻이고, '도위都尉'란 그것을 관장하는 시종관의 명칭이다. 그러므로 '부마도위'란 천자의 예비 어마를 담당한 관직으로, 이 일은 왕의 사위가 담당하도록 되어 있었다. 그렇기 때문에 부마도위, 줄여서 부마라고 하는데, 이것은 공주의 남편, 왕의 사위를 칭하는 말로 굳어지게 된 것이다. 하지만 왕의 사위가 실제 이러한 직무를 꼭 담당한 것은 아니고 황제의 딸인 공주 신분에 걸맞게 하기 위하여 이런 직을 주었던 것이다.

부마도위의 유래

부마도위라는 관직은 한 무제(B.C.141~B.C.87)때부터 둔 제도로 알려져 있다. 위진 시대는 왕의 사위가 부마도위직에 임했다고 한다.

부마도위의 유래에 관한 내용은 『진서陳書』권 17의 원추전袁樞傳에 잘 나타나 있다. 원추는 남조의 양梁(502~557)나라 오군의 태수 원정길袁吉正의 아들로, 진陳 무제武帝(575~559) 때에 상서로 발탁되었는데, 박학다식하고 역사에도 능통한 사람이었다. 당시 진 무제가 즉위한 후, 죽은 딸의 추증 문제와 왕의 사위에 대한 예우 문제가 거론된 일이 있다. 진 무제의 딸 영세공주永世公主가 일찍이 진류陳留의 태수 전錢씨에게 시집 가 아들을 하나 낳고 잘 살았으나, 공주와 아들은 무제가 나라를 세우기 전에 이미 죽었는데 무제가 왕으로 즉위하게 되자, 이미 죽은 딸을 공주로 추봉하고 전씨에게도 부마도위의 관직을 제수하려 했다. 이 때 원추가 역사를 들어 간하기를 "옛날 왕의 딸은 반드시 제후 집안에 시집을 갔습니다. 한대에 이르러서는 열후 집안에서 신랑을 삼았으며 그 때부터는 빈을 문벌이 없는 자로 했습니다. 부마도위직은 한 무제 때부터 두었습니다. 무릇 공주의 남편인 왕의 사위에게 반드시 부마도위직을 제수하는 것은 위진 이래 철칙으로 되어 있습니다. 공주의 신분은 높은데 신랑의 신분이 낮을 경우에는 합근례合졸禮(결혼식에서 신랑과 신부가 서로 술잔을 나누는 의식)를 생략하고 신랑에게 부마라는 직을 줌으로써 신분을 높였습니다."라고 했다.

결국 현존하는 공주의 사회적 지위를 유지하기 위하여 배우자에게 부마도위직을 주도록 한 것인데 영세공주는 이미 죽어 세상에 없고 또한 부부관계도 끊긴 상태이기 때문에 전씨에 대해 부마를 제수할 필요가 없다는 것을 간청하면서 원추는 부마도위의 유래를 설명했다.

사실 공주는 황제의 딸이니 신분이 높아 아무하고 결혼할 수도 없는 일이다. 그렇다고 공주의 신분을 내리면 문제는 간단하나 중국에서는 황제의 권위를 유지하는 것이 중요한 일이었기 때문에 그렇게 할 수도 없는 일이었다. 그래서 공주의 지위를 그대로 둔 채 역으로 한 젊은이를 골라 그에게 명목상 관직을 주어 공주의 남편으로 삼았던 것이다.

황제의 딸인 귀한 공주를 아내로 맞이하게 되면 그 가문은 황제와 사돈관계를 맺는 것이었으므로, 출세를 원하는 많은 사람들이 크게 기대하는 일이었다. 황제의 사돈이 되면 관직이 상승하고 권세를 쉽게 손에 쥘 수 있을 뿐 아니라 다른 사람이 누릴 수 없는 특권까지 누릴 수 있었기 때문이다. 그렇기에 진의 승상 이사는 며느리를 모두 진시황제의 딸들로 맞아들였고 그의 딸도 진시황제에게 시집을 보내었던 것이다.

그러나 아무나 황제의 딸을 아내로 삼을 수 있는 것은 아니었다. 공주의 신분이 고귀한 만큼 그녀의 배우자도 거기에 상응하는 일정의 정치적, 사회적 지위를 지니고 있어야 했다. 한대에는 명문세가의 자제가 아니면 어려운 일이었고, 특히 위진 남북조시대에는 문벌제도가 엄격했기 때문에 가문이 중시되었다. 당대에도 부마가 된 사람들은 대개 공신의 자제이거나 장수의 후손이었다.

그러나 송대부터는 부마를 삼는 기준이 가문에서 학식과 재능으로 바뀌게 되었다. 이것은 문벌 귀족이 사라지고 과거제에 의한 사대부 계층이 사회를 지배하던 당시의 사회상을 잘 반영한 것인데, 이 때부터는 과거에 장원급제한 청년이 선택되기도 하고, 때로는 과거 시험장에서 황제가 직접 사위감을 선발하기도 했다. 가령 송 영종英宗(1063~1067)은 과거 시험장에서 인물이 출중한 왕사약이 눈에 띄어 그를 부마로 삼았던 것이다.

명·청대의 부마는 서민의 자제에서

명대에는 다른 시대와 달리 부마를 문무대신의 자제에서 고르지 않고 하급 관리나 일반 서민 중에서 골랐다. 명 태조는 부마를 공후의 자제에서 골랐지만 차차 후대의 황제들은 일반 서민 가운데에서 부마를 골랐다. 심지어 부마의 아비가 관직에 있을 경우에는 그 아비를 퇴직시키는 일까지 있었다고 한다. 이러한 것들은 어디까지나 황실과의 사돈 관계를 빌미로 정치에 간섭하거나 권세 부리는 것을 방지하기 위해 나온 방책이었다.

부마는 기본적으로 일반 서민의 자제 중에서 선발되지만 누군가의 추천을 받지 않으면 안 되었다. 누군가에 의해 추천된 여러 후보자는 나중에 3인으로 압축되고, 이후 태후와 황후, 황제와 태감, 빈비 등의 심사를 거쳐 최종 한 사람이 선발된다. 사실 추천제라고 하지만, 그 과정에서 뇌물 수수행위가 잦았다. 그렇기 때문에 돈이 있거나 권세가 집안의 자제가 아니면 마지막 후보 자리까지 올라가기는 쉬운 일이 아니었다. 특히 내정에 환관의 입김이 강했던 명 중기 이후에는 태감(환관의 우두머리)이 부마 선발 과정에 깊이 관계하여 뇌물을 받고 횡포 하는 일이 많았다. 뇌물을 받고 추천하는 일이 많다 보니 선발과정에서 많은 물의가 일어났다.

심지어는 추천된 후보들 가운데 주색만 밝히고 아무것도 모르는 한량도 있는가 하면, 중병에 걸려 언제 죽을지도 모르는 사람까지 끼어 있기도 했다. 예를 들면, 신종 만력 10년(1582), 영녕공주永寧公主의 부마로서 양방서梁邦瑞라는 베이징 대 부호의 자제가 선발되었다. 그러나 그는 얼굴이 파리하고 몸이 수척한 상태로 실은 폐병을 앓고 있는 사람이었다. 많은 사람들이 걱정하며 그를 반대했으나 태감 풍보馮保가 추천하고 거기에 재상 장거정의 지지와 자성태후慈聖太后의 동의를 얻어 마침내 부마로 선정되었다. 이 때 태감 풍보는 은 수 만 냥을 받고 그를 적극 추천했던 것이다.

그런데 부마는 혼례식 도중, 코피를 흘려 예복이 새빨갛게 되는 추태를 보이게 되었다. 그러자 태감 등은 붉은 피를 마치 괘홍掛紅(좋은 일을 축하하기 위해 내려 뜨려 놓은 붉은 비단 천)의 길포吉布에 비유하고 아첨하면서 이 붉은 피는 길조가 아니냐며 축하했다고 한다.

결국 부마는 결혼한 후 한 달도 채 못 되어 세상을 떠났고, 공주는 부부의 사랑도 실감하지 못하고 수년간 과부로 수절하다가 죽었다. 수 만 냥의 뇌물에 눈이 어두워 병든 부마를 택한 결과가 이러한 참혹한 희생을 낳고 만 것이다.

공주에 딸린 관가파의 존재와 횡포

공주가 시집을 가면 황제는 노파 궁인을 보내어 규방 일을 돌보게 했는데, 이런 일을 담당한 궁인을 관가파管家婆라 한다. 관가파는 공주의 생활을 돌본다고 하지만 실은 공주와 부마의 일상생활을 감시하고 통제하는 임무를 지니고 있었다. 그녀는 공주와 부마의 모든 행동을 감시했고, 부마가 공주를 만나려면 반드시 관가파의 허락을 받아야만 했었다. 그녀의 허락 없이는 부부간에도 만날 수 없었으므로 부마는 관가파의 눈치를 잘 살펴야만 했던 것이다.

신종 만력제 때 이런 일이 있었다. 만력제의 일곱째 딸 수양공주壽陽公主가 양흥양冉興讓과 결혼하여 잘 지내고 있었다. 그런데 하루는 공주가 가을 긴긴 밤 외로워 부마를 불러내었다. 그런데 관가파인 양영녀梁盈女라는 궁인 노파가 정부인 환관 조진조趙進朝와 술을 마시며 놀아나고 있었기 때문에 채 관가파에게 보고하지 못하고 공주를 만나러 안방으로 들어갔다. 그런데 이것은 관례상 위법이라 하여 관가파가 노발대발하면서 술에 취한 채 부마를 여지없이 끌어내어 구타한 후 내쫓았다. 공주가 달래며 중재해 보았으나 소용없었다. 공주는 분하여 다음날 아침 일찍이 생모인 정귀비에게 호소하려 했으나, 이미 관가파가 먼저 들어가 허위 보고를 했기 때문에 귀비는 도리어 화를 내며 공주를 만나주지 않았다.

또한 부마도 상주문을 준비하여 궁궐에 들어가려 했으나, 전날 밤 관가파와 술을 마셨던 조진조가 그의 무리를 시켜 부마를 구타하고 내쫓았다. 돌연 무리들에 의해 두들겨 맞은 부마는 의관이 다 흩어지고 피가 낭자 한 모습으로 집으로 돌아왔다. 부마가 돌아와 상주문을 작성하고 있을 때 황제로부터 엄한 유지가 내려 왔는데, 그것은 국자감에서 3개월 동안 예를 익히라는 엄명이었다. 일종의 근신 3개월의 벌이었다. 억울한 누명을 받고 부마는 근신의 벌을 받았지만 관가파 영녀는 그저 다른 부서로 옮겨졌을 뿐 어떤 문책도 받지 않았고, 부마를 구타한 내관들도 역시 불문에 부쳐졌다고 한다.

이러한 관가파 제도가 청대에도 그대로 이어졌다. 당시 황실에서 어머니들이 아들은 귀중히 여기나 딸은 소홀히 하는 경향이 많았다. 딸이 어머니를 만나는 기회도 많지 않았다. 태어나서 결혼할 때까지 자기를 낳은 생모와 대면할 기회가 수 십 번에 그칠 정도였다고 한다.

그리고 부마는 공주와 다른 별채에 거주했다. 부부라 하더라도 공주가 요청하지 않는 한 함께 잠자리를 하지 못했고, 그것도 공주와 부마가 함께 요즈음 말하는 팁을 관가파에게 주어야만 가능한 일이었다. 그러니 공주와 부마가 부부의 정을 나누려 해도 그리 쉬운 일은 아니었다. 만일 관가파 노파를 서운하게 하면 구실을 대어 부부 관계를 방해할 뿐 아니라 염치를 모르는 사람이라고 도리어 비난하면서 질책하기도 했던 것이다. 공주가 이런 사실을 생모에게 알리고자 해도 알현의 기회가 좀처럼 주어지지 않았고, 전해진다 해도 생모는 그 이야기를 잘 들어주지 않았다. 이런 상황이었기 때문에 청나라 공주는 자식을 낳은 사람이 거의 없었고, 있다고 하면, 그것은 부마의 첩의 자식이었던 것이다.

또한 공주가 부마보다 먼저 죽으면, 부마는 집은 물론 입고 있던 옷까지도 벗어 두고 떠나야만 하는 처량한 신세가 되었다.

관가파는 왜 존재했을까?

관가파는 황제가 전적으로 파견한 노파궁인으로, 공주 부부의 일상생활을 돌볼 뿐 아니라 그들의 행동을 감시하고 통제하는 임무를 띠고 있었다. 거기에 공주 부부 사랑의 문제까지 간여하고 있었다. 무엇 때문에 이런 밉기만 한 관가파 제도를 두어 일개 궁인에게 공주 부부의 안방 생활까지 간섭할 수 있게 했을까?

당시 사회의 의식 속에는 황제의 아들은 커서 제위를 계승하지 못한다 해도 어떤 형태로든 왕조에 도움을 주게 되지만 공주는 황실 재정에 부담만 주는 존재로 여기고 있었다. 그렇기에 성장 후에도 대우가 소홀 한 것이 역대 왕조의 현실이었다. 공주 중에 종종 출가하여 승려가 된 예가 있었던 것도 바로 이 때문이었다고 한다.

사실 황실의 위신 때문에 공주를 결혼시키기는 하지만, 공주가 무한정 자식을 낳는다면, 그 후손에 대한 대우문제가 골치 아픈 일로 여겨졌던 것이다. 재정적인 뒷받침이며 예우 문제 등 여러 가지 복잡하고 어려운 일들이 많이 발생한다고 보았던 것이다. 그래서 관가파라는 노파 궁인을 두어 심술궂게 공주의 규방생활까지 제약했으니, 이것은 공주와 부마와의 부부 사이에 산아제한을 엄히 하고자하는 뜻도 내재해 있었으리라.

오늘날처럼 피임을 위한 약이나 기구가 발달하지 못했던 당시를 고려한다면, 공주에게 마구 영아 살해를 시킬 수도 없는 일이기에 애써 회임의 기회를 적게 하는 것이 최선의 방법이었을 것이다. 그래서 명·청대에 이런 관가파제도가 유지되었다는 해석이다. 그리고 이 때 욕구 불만의 부마는 어쩔 수 없이 왕부 내의 시녀들에게 눈을 돌리는 일이 종종 있었지만, 이러한 측실 소생의 자녀는 황제의 혈육이 아니라고 보았기 때문에 그들에 대한 대우가 별 문제가 되지 않았던 것이다.

　부마제도란 공주와 그 남편 부마를 함께 존귀한 인물로 대우하기 위해 도입한 제도이다. 그러나 공주와 부마, 이 부부들은 결국 처음부터 인권이 무시되고 말았으니, 보통사람으로 여러 가족과 함께 어울려 생활하며 자손에 둘러싸여 백발의 노년을 맞는 것과 과연 어느 것이 더 행복한 일일지…

26장 청조(淸朝)의 흥기
-누르하치(努爾哈赤)와 홍타이지(皇太極)-

명대(明代)의 여진족

청조는 만주滿州족인 여진女眞인에 의해 세워진 정복왕조로, 중국 역사 상 최후의 왕조이다. 만주족은 오랜 역사를 가진 민족으로서, 고대에는 예 맥濊貊, 숙신肅愼, 읍루挹婁라 불렸고, 수당隋唐시대에는 말갈靺鞨, 오대五代 이 후에는 여진, 혹은 여직女直이라 불리기도 하면서 흥망을 거듭했다. 특히 금金(1115~1234)나라를 세운 퉁구스계의 여진족은 몽골에 의해 멸망당한 이후 원元과 명明에 복속되어 농경과 수렵으로 생업을 이어왔다.

영락제(1402~1424) 시기부터 여진족을 지배하기 시작한 명은, 여진족 의 통일 정권 성립을 견제한 정책을 실시했다. 식민 내지는 군사기지로서 '위소'를 설치하고 그 지방의 부족 지휘관으로 하여금 다스리도록 했다. 즉 여진족의 각 부족장들에게 '도독都督', '지휘사指揮使'라는 관직을 주고 자치적 지배권을 허용하고, 조공무역 등으로 회유한 것이다.

명대의 여진족은 크게 쑹화강松花江유역의 해서海西여진, 포주강婆猪江과 훈강渾江 유역의 건주建州여진, 동해 유역의 야인野人여진으로 나뉜다. 명조 는 여진족이 대동단결하지 못하도록 분할 통치했다. 1592년, 한반도에서 임진왜란이 일어나자, 명은 조선에 원병을 파견하게 되면서 막대한 군량

비 지출로 인해 국력에 큰 타격을 입게 된다. 또한 그 결과 여진족에 대한 통제력도 약해지게 된다.

여진족을 통일하고 후금(後金)을 건국한 누르하치

명의 통제가 느슨해지자 여진족은 독립의 형세를 보이기 시작했다. 이때 후에 후금을 세우게 되는 누르하치努爾哈赤(1559~1626, 재위 1616~1626)가 출현한다.

누르하치는 건주위의 한 수장의 집에서 태어났다. 그의 아버지는 타거시塔克世라는 인물로, 성은 아이신교로愛新覺羅였다. 아이신은 '금金', 교로는 '족族'이라는 뜻을 가진 말이다. 누르하치는 어려서 어머니를 잃고 계모 밑에서 자라다가 19세에 상인의 딸과 결혼했으며, 명의 교역품인 조선 인삼을 말려 보관하여 팔면서 큰 이익을 보았다고 한다.

누르하치가 24세 되던 해에, 명으로부터 건주좌위로 임명받아 명조를 위하여 활동하던 조부와 부친이 여진족 내의 반란을 계기로 명군에 의해 죽임을 당하는 일이 발생했다. 누르하치는 명에 충성을 다하던 조부와 부친을 잃은 슬픔과 억울함으로 인해 명에 대한 원한을 품게 된다. 그 후 그는 명에 순종하는 태도를 보이면서 철두철미하게 자신의 세력을 증강시켜 나아갔다.

명이 조선의 임진왜란으로 국가 정세가 조선에 쏠린 나머지 동북 지역에 관심을 기울이지 못하고 있을 때, 누르하치는 그 틈을 이용하여 싱징興京(만주어로 허투아라(赫圖阿拉)) 지방에서 군사를 일으켜 인근의 여러 부족을 병합했다. 백두산에서 쑹화강에 이르는 지역의 여러 부족을 통일하고, 만주문자를 제정하여 민족 단합을 도모했다. 또한 부족 조직에 기반을 둔 팔기병을 편성하여 무력을 강화하는 등 지배체제를 갖추어 나갔다.

마침내 그는 1616년에 선양瀋陽 동쪽에 있는 싱징에서 왕위에 올라 국호

누르하치

를 '후금'이라 칭하고, 연호를 천명 天命이라 했으니 그가 곧 청 태조이다. 이 때 후금이란 명칭은 말할 나위도 없이 옛 금의 후계자임을 표시한 것이었다.

청 태조는 이어 사르후薩爾滸 전투 (1619)에서 명조와 조선의 연합군을 격파하고 만주를 통일했으며 싱징에서 선양으로 수도를 옮기고 청제국으로 발전할 기반을 구축했다.

누르하치가 후금을 건국하는 데에는 그의 군사력의 핵심이라 할 수 있는 만주팔기의 활약이 컸다. 팔기八旗제도는 후금 성립 이전에 이미 존재하여 훗날까지 유지된 청조의 독특한 제도로, 부족조직을 개조하여 편성한 만주족의 군사조직이면서 동시에 사회조직이자 행정조직이다.

본래 팔기제는 화살이란 의미의 니루牛彔를 기본단위로 한 군사·사회조직이다. 니루는 만주족의 수렵생활에서 발전한 일종의 씨족조직과 관련이 있는 것으로, 초기 1니루는 10인으로 구성된 혈연조직이었다. 그 후

1니루는 300인을 단위로 한 군사·행정조직으로 발전했고, 다시 5니루를 1자란甲喇으로 편성했다. 그리고 5자란이 1구사固山로, 이 1구사의 병력을 기로 조직했다. 각 부대에는 1명의 어전額眞이란 부대장을 설치했다.

팔기란 처음에 성립된 황黃·백白·홍紅·남藍 4색의 기와 나중에 다시 이 네 가지 색깔의 둘레에 검정색 테두리를 두른 양황鑲黃·양백鑲白·양홍鑲紅·양남鑲藍이란 4기를 첨가하여 만들어진 8개의 부대 조직이다. 모든 만주인은 이에 속해 있었는데, 이를 만주팔기라 불렀다. 이후 1635년에는 몽고인에 의해 구성된 몽고팔기가 조직되고 이어 1642년에는 한인漢人들에 의한 한인팔기도 조직되었다. 특히 한인의 경우 팔기소속의 기인旗人들은, 청조가 명을 멸망시키기 전부터 복속되었으며 동시에 청조의 기간을 이루는 군사력의 구성원이라는 사실을 보이는 것이기도 했다.

후금에서 청제국으로의 발전

후금의 세력이 강해지면서 1621년에는 후금의 군대가 산해관山海關까지 진출하기도 했으나 여전히 인구, 병력, 경제력 등 모든 면에서 후금은 명에 비교할 수 없는 소국이었다. 명조가 본격적으로 방어에 임하기 시작하자 후진군대의 진격은 교착상태에 빠지지 않을 수 없었다. 특히 명 측에는 유럽 선교사들이 만든 신식대포가 사용되어 상당한 위력을 발휘하고 있었다.

여기에 기가 꺾인 누르하치가 1626년 8월에 68세로 병사하자, 명 정복은 아들 홍타이지皇太極에 맡겨지게 되었다. 당시 누르하치가 사망한 것은 명조의 전선거점인 산해관 앞의 닝웬성寧遠城을 공격하다가 명측 군대의 포격을 받아 입은 부상이 원인이었다고 한다.

태조 누르하치를 이어 누르하치의 8째 아들 홍타이지가 제위를 이었는데, 그가 제2대 황제 태종太宗(재위 1626~1643)이다.

홍타이지는 안으로 팔기에 대한 병사권의 확보 및 반대 세력의 제거를 통하여 군주권 강화를 도모했다. 밖으로는 명조를 정면에서 공격하는 것을 피하고 좀 더 약한 주변부를 복속하는 방침을 세웠다. 우선 남쪽으로 조선에 두 차례나 출병하여 지배했는데, 1627년에는 평양까지 침공(병자호란)하여 그곳을 함락시켰고, 1636년에는 재차 조선에 침공(정묘호란)하여 삼전도의 굴욕을 낳게 했다. 이로 말미암아 후금은 배후의 위협을 제거함과 동시에 조선으로부터 여러 가지 물자를 입수함으로써 식량부족의 문제를 비롯한 경제적인 어려움도 타개할 수가 있었다.

또 그 사이 1632년에는 내몽골 지방에 군대를 파견하여 린단林丹 칸을 패배시키고, 코르친 챠하르의 여러 부족을 정복하여 만리장성의 북측 일대로부터 명조를 포위하는 태세를 만들었다.

홍타이지는 황제로 즉위한 10년째인 1636년에 국호를 후금에서 청淸이라 바꾸고, 숭덕崇德으로 연호를 바꾸면서 그 자신을 청의 황제로 자처했다. 이는 청이 명조를 대신하여 중원을 지배하겠다는 의지를 명백히 나타낸 것이었다.

그리고 '여진'이란 민족 명칭을 '만주滿洲'로 고쳤는데, 종래 여진이라는 명칭은 한인들이 오랑캐라는 의미로 받아들이고 있었기 때문에 그것을 쇄신하려는 데서 나온 것이었다. 그들의 개국설화에 나오는 문수보살신앙文殊菩薩信仰과 관련하여 만주라는 민족명을 따온 것이다. 문수는 법신法身·반야般若·해탈解說의 3덕을 겸비한 보살로, 특히 지혜를 관장한다고 믿고 있었는데, 문수신앙은 명말청초 만주일대에 매우 광범위하게 유포되어 있었고, 인명에도 적지 않게 사용되었다고 한다.

그러므로 만주는 민족명이지 지역명이 아니다. 그런데 '주洲'자가 붙어 있으므로 아시아주, 아메리카주라는 명칭처럼 지역 개념으로 이해하는 경향이 많다. 특히 유럽 사람들은 만주족의 고토의 땅을 만주 땅, 혹은 '만주리아'라고 불렀는데, 이런 호칭을 일본사람들이 만주를 지역명으로 오역하여 사용했으며, 이로 인해 만주가 지역명이 된 것이다. 그러나 지금

중국은 이 지방을 동북 3성(길림성, 요령성, 흑룡강성)이라 칭하고 있다.

청조는 지배민족의 내부구조 및 군사 조직 면에서는 독특한 면모를 지니고 있었지만, 전체적인 국가체제 특히 중앙정부 기구라는 면에서는 홍타이지 시대에 착착 중국적이고 전체적인 색채를 띠어가기 시작했다. 청조는 지배하의 한인들을 기용하고 점차 명조의 체제를 본받으며 국가기구를 정비해 갔다. 1628년에는 내삼원內三院, 1631년에는 육부六部, 국호를 고친 1636년에는 도찰원都察院을 두어 대략 중앙정부기관을 완성시키는 등 중국풍의 제도를 채용하기 시작했다.

그렇지만 실제정치에 있어 만주적인 요소 내지 부족적 요소는 그렇게 간단하게 불식되지 않았다. 적어도 강희제 초기 무렵까지는 만주적인 색채가 여전히 농후하게 남아 있었다. 그것이 사라져버리면서 청조황제는 명실 공히 독재군주로서의 지위를 확립했던 것이다.

중국통일과 베이징(北京)으로의 천도

청의 세력은 한 때 산뚱 지역까지 진출했으나 다시 진저우錦州를 비롯한 산해관 바깥의 여러 성의 공략에 치중했다. 산해관 바깥 지역은 홍승주洪承疇를 비롯한 무장들이 휘하의 강력한 군단을 거느린 채 청에 투항하기 시작하면서 청 쪽에 유리하게 되었다. 인재를 가려 쓰는데 뛰어났던 홍타이지는 투항한 명의 무장들을 포용하여 길잡이로 삼고자 했다.

이러한 준비를 갖춘 다음 1641년부터 재차 산해관의 정면을 향해 공격을 가하기 시작했다. 이윽고 청군은 쏭산松山·진저우錦州 등의 거점을 탈취하고 산해관의 전면을 압박했다.

그러던 중 1643년에는 홍타이지가 사망하고 6살 난 어린 복림福臨, 즉 세조 순치제順治帝(재위 1643~1661)가 즉위했다. 황제의 나이가 어리므로 무공뿐 아니라 뛰어난 재능을 지니고 있던 황제의 숙부 예친왕睿親王 도르곤多爾袞(Dorgon, 1612~1650)이 섭정하여 어린 황제를 보필했다. 도르곤은 후계자 계승문제로 야기된 분쟁을 해결하고 더불어 명에 대한 본격적인 전쟁준비를 했다.

이런 일로 인하여 산해관을 목전에 둔 채 청군淸軍은 전쟁을 회피하고 있었는데, 때마침 1644년에 사태가 급전했다. 산시陝西성에서 일어난 이자성李自成(1606~1645)의 농민반란군이 대 병력을 이끌고 황허를 건너 동쪽으로 진격하여 3월에 베이징에 진입했던 것이다. 이에 명의 마지막 황제 숭정제는 쯔진청紫禁城 뒷편에 있는 징산景山에서 목을 매어 자살함으로써 276년간 중국을 지배했던 명왕조가 종말을 고하게 되었다. 그 결과 청군은 일거에 산해관을 넘어 화북으로 진출, 이른바 입관入關하여 베이징으로 진군할 수 있는 호기를 잡게 되었다. 이에 도르곤은 명이 내란으로 위기에 처해 있다는 정보를 접하고 장성 진입의 최후의 관문인 산해관을 공략하기 위하여 만반의 준비를 갖추었다.

당시 산해관을 지키고 있던 오삼계吳三桂(1612~1678)는 농민 반란군에 의해 베이징이 함락될 위기에 놓여있다는 급보를 받고 즉시 베이징을 향해 달려오다가 도중에서 베이징이 이미 함락되었다는 소식을 듣게 되었다. 이자성으로부터 항복을 권유받은 오삼계는 다시 산해관으로 돌아와 태도 표명을 유보하고 있었는데, 그의 애첩 진원원陳圓圓이 이자성의 수중에 있다는 소식을 접하고 질투에 불타는 분노를 이기지 못한 채 입관의 기회를 노리고 있던 청의 도르곤에게 투항했다. 오삼계는 도르곤에게 베이징에 진입하여 이자성의 세력을 토벌해 줄 것을 간청했다.

결국 도르곤은 오삼계의 안내를 받으면서 산해관을 당당히 통과하여 20여만 명의 병력을 이끌고 올라온 이자성을 추격하면서 1644년 6월에 베이징에 들어오게 되었다. 베이징 성 안에 있던 명조의 문무 대신들은 농민 반란에 놀라, 서둘러 달려 나와 청군의 입성을 맞아들였다. 청의 도르곤과 함께 베이징에 들어온 오삼계는 숭정제의 태자를 황제로 즉위시키고자 했으나 실패했고, 도르곤은 곧 순치제를 베이징으로 맞아들임으로써 비로소 청은 명을 대신하여 중국의 새로운 주인이 될 수가 있었다.

이로써 누르하치와 홍타이지의 오랜 숙원이었던 베이징 점령을 완수하고 일부 만주족 관원들의 반대에도 불구하고 베이징 천도를 결정했다. 이해 11월 순치제도 선양을 떠나 베이징으로 들어왔다. 도르곤은 어린 황제의 명의로 베이징이 수도임을 정식으로 선포했다. 이 때부터 중국은 대청제국이 되었던 것이다.

청조는 입관 후 흐트러진 민심을 수습하기 위하여 숭정제의 장례를 후하게 치르고, 투항한 명의 관리들을 다시 임용했다. 또한 과거제를 실시하여 재야에 숨었던 지식인들을 흡수했고, 명 말기에 부과되었던 가혹한 조세제도를 폐했다. 이리하여 청조가 명조를 대신하여 베이징을 수도로 삼아 268년간 중국을 지배할 수 있게 되었다. 랴오닝성의 선양瀋陽에 가면 청조 초창기의 유적이 많다. 선양은 요하의 지류인 훈허渾河의 북안에 위치해 있는데, 훈허가 옛날에는 선수瀋水였기 때문에 '선수의 북陽' 이라 하여 선양이라 부르게 된 것이다. 선양은 남부 평야의 중심지였기 때문에 일찍이 개발되어 17세기 후금(청)이 건국된 후 1625년에 수도가 되었다. 당시 성징盛京이라 개칭하고 1644년 청조가 베이징으로 천도할 때까지 19년 동안 국도로서 번영했던 곳이다. 그렇기에 지금도 선양시의 내외에 초창기의 유적이 여러 군데에 많이 있다.

그중 선양 고궁은 청 태조 누루하치와 그의 아들 청 태종이 지은 황궁으로, 사람들이 많이 찾아드는 곳이다. 1625년에 짓기 시작하여 청나라 숭덕 원년(1636)에 완공되었다. 선양시내 중심부에 위치하고 있으며, 총 면적이 6만㎡로 현존하는 것으로는 베이징의 고궁 다음으로 큰 궁전건물이다. 90여 개의 건물에 300여 칸에 이르는 웅장하고 화려한 궁전으로 지은 지 350년이 넘는 현재까지도 온전하게 잘 보존돼 있는데, 현재는 선양고궁박물관으로서 공개되고 있으며, 건물 안에는 당시의 의상, 보물, 문화재, 무기 등이 원형대로 전시되어 있다.

선양고궁은 만주족, 한족, 몽골족의 건축문화를 한데 혼합해 놓은 것에 그 가치가 있다. 특히 색의 다양성을 추구하는 만주족의 습성이 많이 반영되어 있으며, 베이징의 고궁과는 달리 청색 등 다양한 색이 사용되었다. 또한 여러 건물에는 당시의 궁정 생활을 엿볼 수 있는 다양한 보물들이 진열되어 있다. 내부는 동·중·서로로 크게 나뉘고 출구는 남쪽에 있다. 동로에는 고궁을 대표하는 대정전大政殿이 있는데, 황제와 신하들이 정무를 보던 곳이다. 중로에는 숭정전崇政殿, 봉황루鳳凰樓, 청녕궁淸寧宮 등의 주요 궁전이 남북으로 길게 늘어서 있다. 숭정전은 2층 팔각형이 특징이며 특별한 의식이 있거나 알현할 때 사용되고, 봉황루는 연회가 있을 때에 사용되었으며, 청녕궁은 황제와 그 가족의 생활공간이다. 서로에는 황제의 도서관과 무대가 있고, 후세에 건륭제가 증축한 문소각文遡閣도 있는데, 이 문소각은 사고전서를 보관하던 서고 중의 하나다.

선양 시내에서 동북쪽으로 11km 정도 떨어져 있는 곳에 일명 복릉福陵이라고도 불리는 동릉이 있다. 청나라를 건국한 태조 누르하치와 그 황후가 잠들어 있는 능묘이다. 1629년에 시공되어 1651년에 완성된 것인데 그 후에도 확장이 거듭되었다. 붉은 벽돌담이 능을 둘러싸고, 하마비下馬碑, 석비루石碑樓 등이 서 있다. 참배도 양쪽으로 동물석상이 서 있으며 능묘까지는 108개의 계단이 이어져 있다. 능역의 전체가 웅장한 경승지로 되어 있어 시민과 관광객의 발길이 끊이지 않고 있다.

선양시 북쪽에는 소릉昭陵(일명 북릉이라고도 함)이 있다. 산해관 밖에 조성된 청대의 능묘, 복릉, 소릉, 영릉永陵(누르하치 조상의 묘)을 관외삼릉이라 하는데 소릉은 그 중의 하나다. 이 소릉은 가장 북쪽에 있다하여 일명 북릉공원北陵公園이라 불리기도 한다. 이것은 청 태종 홍타이지 부부의 능으로, 선양시 최대의 공원이다. 능묘 앞에는 황색유리기와로 된 아름다운 전각이 우뚝 솟아 있다.

선양고궁

　이외에도 랴오닝성 박물관을 찾아가면 랴오닝성의 역사와 문화를 한눈에 이해할 수 있다. 그리고 조선족의 정신적 위안소가 되어 있고, 나아가 중국기독교의 보루가 되어 있는 선양서탑교회는 곧 100년을 내다보는 역사적인 교회로서 오늘날 중국의 기독교와 정신세계를 이해하는 데 큰 도움을 주는 곳이기도 하다.

　선양은 청조의 행정 중심지가 베이징으로 옮겨진 이후, 배도(부도)로서 중요시 되어, 1657년에 봉천奉天이라 개칭되었다. 이곳에는 성경장군, 이어서 봉천장군이 배치되어 군정을 통괄했다. 청조발상지로서 초기에는 한족의 진입을 불허했는데, 청조도 후기에 이르러 이러한 금령을 풀어 한족의 진출이 활발하게 되었다. 특히 19세기 초에는 간선철도가 놓이게 되어 동북 지역의 교통과 경제의 중심지가 되었다. 1907년에 봉천성이 되어 성도省都가 되었고 1927년에 랴오닝성으로 개칭된 후에도 역시 성도가 되었다.

　청조의 발상지 선양은 오늘날도 여전히 동북 지방의 제일의 도시로 동북 3성에 활력을 불어넣어 주고 있는 역사, 문화, 경제의 도시이다.

27장 청조는 한족을 어떻게 지배했을까?
-변발(辮髮)과 치파오(旗袍)-

머리 모양이나 복장은 민족이나 시대를 상징하기도 하고, 동시에 신분을 나타내기도 한다. 또한 이것들은 권력자의 지배 수단이 되기도 한다. 특히 중국에서는 정복민족이 한족을 지배할 때에 자신들의 머리 모양이나 복장을 강요하는 예가 많았는데, 소수의 만주족이 다수의 한족을 지배하던 청대에는 변발과 치파오를 강요하면서 중국을 지배했다.

변발의 역사

변발이라면 청조의 풍속으로만 생각하기 쉬우나 이런 예는 일찍이 흉노족에서도 보인다. 고문헌에 의하면 흉노가 '피발被髮' 했다고 하는데, 이것은 머리를 땋아 뒤로 내려뜨린 것을 말한다. 보통 야만인은 머리털을 풀어헤치는 것이 일반적인데 흉노족은 머리를 땋은 것이다. '피발' 은 후에 '편발編髮(머리를 엮어 맴)' 로 사용하게 되었으며 '편編' 자는 '변辮' 과 같은 의미로 통용하여 사용했던 것이다.

중국사에서 보면, 변발은 흉노 외에 선비, 돌궐, 여진, 몽골 민족에서도 보이고 있으며, 이것은 유목민족 고유의 풍습이라 할 수 있다. 흔히 칼을

청조 변발의 변화

쓰면서 상무적인 기질을 가진 민족이 대체로 변발 풍습을 지니고 있는데, 몽골, 만주, 일본 등이 그런 예에 속하는 것이다.

'변발'은 뒤로 머리를 땋았다 하여 '치발薤髮'이라고도 칭한다. 영어로는 'pig tail'로 표기하는데, 그 모양이 '돼지 꼬리 같다' 하여 나온 말일 것이다.

변발은 시대와 민족에 따라 다소 정도의 차이가 있긴 하지만, 가장 전형적인 것은 몽고족과 만주족의 변발이다. 특히 만주족은 남자가 12, 13세가 되면 후두부後頭部만 남겨놓고 앞머리의 머리카락을 깎아버리고, 남은 후두부의 모발은 땋아 등 뒤로 늘어뜨렸던 것이다.

변발의 강제와 저항

1643년 청 태종 홍타이지皇太極가 51세의 나이로 죽자, 그 뒤를 이어 어린 아들 복림福臨이 제위에 올라 세조順治帝가 되었다. 1645년, 그는 중국을 점령하여 수도를 베이징北京으로 정했다. 태종의 동생이요 그의 숙부가 되는 예친왕睿親王 도르곤多爾袞(Dorgon, 1612~1650)이 세조의 정치를 섭정했는데, 청군을 이끌고 베이징에 입성한 그는 명나라의 다른 모든 유습은 존중하여 그대로 두었으나, 머리 모양과 복장만은 만주족의 방식을 따르도록 강요했다.

이 때 발한 것이 '체두변발령剃頭辨髮令, 또는 雉髮令' 이다. 머리 모양으로 청에 순복여부를 가늠했던 것이다. 그러나 한민족의 저항은 거세었다. 반발이 거세어지자 일시 보류하기도 했지만, 강남 지방을 거의 평정한 후, 다시 변발령을 내렸다. 전국 각지에 "유두불류발, 유발불류두留頭不留髮, 留髮不留頭"라 하여, '머리頭'를 남기는 자는 '머리카락髮'을 남기지 않고, '머리카락髮'을 남기는 자는 '머리頭'를 남기지 않는다.'는 포고문을 내려 만주식 머리모양을 철저히 강요했다. 이에 대해 중국인들은 '신체발부 수지부모 불감훼손 효지시야身體髮膚 受之父母 不敢毀損 孝之始也'라 하여 우리의 몸과 털과 피부는 부모님으로부터 받은 것으로 감히 머리카락 하나라도 손상시킬 수 없다고 하면서 변발에 강하게 반발했다.

특히 강남 지식인들의 저항이 강했다 '오랑캐 머리'를 할 수 없다고 버틴 것이다. 당시 약 10여 년 동안 강남지방에 체제하며 전도하던 예수회의 선교사 마르티니(Martin Martini, 1643-61)는 다음과 같이 당시의 상황을 소개하고 있다. "청군이 한인에 변발을 강요하자 일체의 한인은 모두 무기를 들고 일어나 국가를 위해 싸울 때나 황제를 위해 싸울 때보다도 오히려 자기 자신의 머리털 보호를 위하여 신명을 다해 청군에 저항하여 그들을 격퇴시켰다. 아마도 마음만 먹었다면 수도까지 탈환할 수 있었을 것이었지만, 자기들 머리에 머리카락이 안전하게 남아 있다는 사실에 만족하고 더 이상의 승리를 바라지는 않았다."라고 당시의 저항 실황을 소개하고 있다. 하지만 청은 이러한 반항을 철저히 탄압했다. 결국 중국 사람들은 그동안 오랑캐 풍속이라며 오랫동안 경멸해 오던 변발을 하게 되었다.

그런데 습관은 무서운 것이다. 이후로 변발은 일반적인 풍속으로 굳어지게 되었다. 그리하여 청나라 말에는 오히려 변발을 지키려고 했다. 그 후 1911년 신해혁명辛亥革命 때 단발령을 내림으로써 변발은 사라지게 되었지만, 당시 '변발 폐지령'이 내려지자 중국 사람들은 오히려 이에 반발하고 나섰던 것이다. 그 사이에 변발에 익숙해지고 일반적인 풍습으로 받아들여지고 있었기 때문에 변발이 폐지될 때도 애를 먹게 되었다고 할 수 있겠다.

복장은 시대를 반영하고

복장은 민족이나 시대를 상징함과 동시에 신분을 표시하면서 권력자의 지배도구로 이용되기도 한다. 특히 중국의 정복 왕조는 한족을 지배하기 위하여 자신의 머리 모양과 복식을 강요했는데, 청대에 널리 유행한 것은 변발과 치파오다.

복식은 시대와 사회상의 변화를 가장 민감하고 구체적으로 반영한다. 흔히 '치마의 길이는 경기景氣와 밀접하다'는 치마 길이와 경제의 상관관계 이론을 제시한 영국의 데즈먼드 모리스(Desmond Morris)는 그의 저서 『맨 워칭(Man Watching)』에서, 경기가 호황일 때에는 미니스커트가 유행하고, 불황일 때는 옷감 값이 떨어져서 옷감이 많이 드는 긴 치마가 유행한다고 주장했다. 이렇듯 중국의 복식도 사회·경제의 발달과 밀접한 관련을 가지며 발달하여 왔던 것이다. 특히 타지방과의 교류, 이민족 문화의 유입·동화 과정에서 큰 변화가 생겼다. 목이 긴 신발, 폭이 좁은 소매와 바지, 변발 등은 북방 유목 민족 복식의 영향이라 할 수 있다.

아주 먼 옛날 중국인의 조상들은 다른 지역의 원시인들이 그러하듯이 나뭇잎이나 짐승의 가죽이나 털로 몸을 가렸다. 이 시기 옷의 기능은 추위를 막고 수치심을 가리는 것이었다. 그러나 지금으로부터 약 5천 년 전, 전설상의 인물이며 중국인의 시조라고 하는 황제黃帝시대, 그리고 그 이후 요·순堯·舜 시기에 이미 장중하고 엄숙한 의복이 출현했다는 기록이 있는데, 당시 이들이 입었던 옷은 이미 권력을 상징하는 의미가 깃들어 있다. 이때부터 중국인의 복장은 관복官服과 민간복, 두 종류의 복장이 나타나게 되었던 것이다.

주대周代(B.C. 1100~B.C. 221)에 이르러 봉건제 사회가 발달하고 사회 신분이 분화되어 가자, 국가적으로 존비귀천의 벼슬을 엄격하게 구별하는 제도가 시행되었다. 이로 인해 크게 두 종류의 옷, 곧 예복禮服과 연복燕服이 출현하는데, 예복은 관리들이 공식적인 장소에서 예절에 맞추어서 입는 복장이고, 연복은 연거燕居, 곧 집안에서 편안하게 입는 복장을 말한다.

유교주의가 발달한 한대漢代(B.C.202~A.D.220)에는 복장에 관한 규범과 제도는 더욱 세분화되고 엄격해졌다. 관리들의 복장은 제례복祭禮服, 조복朝服, 공복公服, 연복燕服 등 네 종류로 나뉘었다. 제례복이란 제사 때에 입는 옷이고, 조복은 황제를 알현할 때 착용하는 복장이고, 관복은 관청에서 업무할 때 입는 복장이며, 연복은 앞에서 말했듯이 평상복이라 할 수 있다.

이후 당·송·원·명대에 걸쳐 의관이 발달하고, 이것은 관직, 신분, 계절, 장소 등 각기 상황에 따라 달랐다. 그 구별은 주로 재료, 색깔, 무늬 및 동시에 부착되는 장식품으로 구별했는데, 예를 들면 모자에 드리운 줄의 수로 등급을 구별하기도 하고, 혹은 복장의 질의 우열과 도안의 형상으로 구분하기도 했다. 이러한 구분은 신분, 등급을 나타내기 위한 것으로, 이로써 관직의 높고 낮음을 나타내어 그 사람들을 대할 때 신분에 맞는 예우를 하고자 함이었다.

중국에서는 대체로 상층 사회 남자들의 상의는 넓은 소매를 가진 긴 일직선의 스타일의 옷이고, 허리에는 요대腰帶를 찼으며, 요대에는 각자의 신분을 나타낼 뿐 아니라 향기가 배어나는 자그마한 장식물을 달았다. 하의로는 넓은 허리 넓적한 바지통에 발 부분을 묶게 되어 있는 바지를 입었다. 의복의 재료로는 주로 비단을 썼으며, 중국 관리들이 입던 관복에도 각양각색의 수가 놓여져 있었다. 황제나 황후는 용과 봉황을, 대신의 관복에는 산수山水나 각종 동물들을 수놓아 문무의 신분과 등급을 나타내었다.

중국 전통 의상의 또 다른 특징은 옷에다 수를 놓는 것이다. 특히 여인과 아이들의 옷에는 수를 놓는 것이 일반적이었다. 여자가 출가할 때 혼수로 사용되는 옷이나 손수건 혹은 신발 등에 수가 놓여지지 않은 것이 거의 없다. 여자들은 수를 잘 놓아야 인정을 받았다. 그런 전통이 지금도 남아 있어 중국에는 자수로 유명한 지역과 제품들이 있는데, 절강성 일대의 소수蘇繡, 호남성, 광동성 일대의 상수湘繡 등이 특히 유명한 것은 잘 알려진 사실이다.

전통의상으로 자리 잡은 치파오

청나라가 중국을 지배하면서 강제強制한 것이 만주복장이다. 만주족은 동북지방의 산림에서 수렵생활을 해 왔기 때문에 기마와 활쏘기에 능한 민족이다. 초기의 만주복장은 수렵생활의 필요에 따라 대부분의 남성은 앞이 트인 마제수馬蹄袖를 한 상의를 입었다. 소매가 가늘고 소매 끝이 손등을 덮어 활을 사용하는데 편리한 옷인데, 명대의 풍성한 파오袍와는 그 모습이 대조적이다.

여성의 복장은 길고 넉넉한 창파오長袍로, 길이는 발목을 덮을 정도로 길고 소매는 곧고 큰 것이 특징이다. 이와 같은 만주복장을 '치파오' 라고 한다. 청조는 팔기제八旗制를 편성하여 운영했고, 또한 만주인을 치런旗人' 이라 칭했는데, '치런에 속한 여인들이 입는 파오袍' 라는 데서 '치파오' 라는 용어가 붙여진 것이다. 한족은 청조의 호복 강요, 곧 만주풍 복장 강요에 변발보다 쉽게 순응했다. 민간 사회에 "生降死不降"(살아서는 따라도 죽어서는 따르지 않는다)라는 속언이 유행했는데, 이것은 중국인들이 청조의 만주 복장 강요에 대한 태도를 잘 말해주는 것으로, 생전에는 청의 강요에 못 이겨 어쩔 수 없이 따르지만 죽은 사람은 명나라 수의를 입는다는 것이다. 겉으로는 종교상의 도사의 복장이라는 이유를 내세웠지만 실

치파오

은 한문화 전통을 지키려는
데서 나온 것이었다.

한편 '남항여불항男降女不
降'이라는 말이 있다. '남자
는 따르나 여자는 따르지 않
는다.'라는 의미로, 한족의
남자는 어쩔 수 없이 청의 호
복 강요에 항복하지만, 한족
의 부녀자는 어디까지나 명
대의 복장인 상의와 치마를
착용한다는 것을 가리키는
말이다. 이처럼 청대 초기
부녀자의 복식은 남자와 달리 명대의 복식을 견지하고 있었다.

그러나 시일이 지나면서 점차 부녀자들도 청대 복식의 특성을 받아들
이게 되었다. 청대 부녀복식 중 특색 있는 것으로 치파오旗袍를 들 수 있
다. 치파오는 크기가 넉넉하고 허리는 평평하며 곧고, 길이는 길어 발끝까
지 이른다. 모두 수를 놓았으며, 옷깃은 우측으로 여몄다.

그렇지만 치파오는 점차 청대 말기 외래문명과 접촉하면서 새로운 모
습으로 개량되어 갔다. 즉, 경령硬領은 높아질 때는 뺨을 덮기도 하고 낮아
질 때는 없애기도 했으나, 전체적으로 목에 꼭 끼고, 곡선은 허리와 둔부를
그대로 드러내도록 고안되었으며, 소매 또한 짧아지기도 하고 없애기도
하면서 곡선미를 드러냈다. 이러한 곡선미의 등장은 중국부녀복식사상 처
음 등장한 것이다. 이제껏 가슴, 어깨, 허리 등이 모두 평직의 상태를 유지
하던 복식이었는데, 처음으로 밀착된 곡선을 드러내는 형태로 변했다.

이것은 현재에도 중국부녀의 예복으로 자리하고 있다. 옆을 타는 길이
가 길어지기도 하고 짧아지기도 했으나, 보통 엉덩이 아래부터 양 옆선이

발목 아래까지 터져 있다. 보통 손을 내린 부분을 중심으로 젊은 층은 조금 위로, 장년층은 조금 아래로 여는 것이 일반적인 형태로, 치파오는 만주족 처녀들과 귀부인들이 즐겨 입던 옷인데, 의상 가운데 가장 섹시하다는 평을 받으며 오늘날도 수많은 여성들에게 크게 사랑을 받고 있다. 1972년 국교정상화를 위하여 베이징을 방문했던 미국의 닉슨 대통령의 영부인 패트 여사에게 외신 기자들이 치파오에 대한 느낌이 어떠냐고 묻자, 그녀는 "치파오를 보고 중국 인구가 이처럼 많은 이유를 비로소 알게 됐다."고 답했다는데, 이것은 그만큼 치파오가 정말로 아름답고 화려하며 또 관능적이라는 의미일 것이다.

중국 사람들이 전통식 복장을 대신하여 서양식 복장을 입기 시작한 것은 1840년 아편전쟁 이후였다. 당시 연해지역에 있던 서양 제국의 반식민지 지역, 예를 들면 홍콩이나 광주 등을 중심으로 일부 사람들이 서양인을 모방한 복장을 입기 시작했다. 청나라가 멸망하자 변발을 잘라낸 후 어떠한 복장을 입을 것인가가 제기되었다. 어떤 사람은 서양 복장 만능론을 내세웠고, 어떤 사람들은 전통 복장으로 돌아가자는 주장을 내세우기도 했다. 그리하여 당시 사회는 서양식과 만주족 방식의 복장과 한족의 전통 복장 등이 한데 어우러져 온갖 스타일의 복장이 출현했다. 만주족 여성들이 즐겨 입던 옆이 터진 치마인 치파오, 청나라 관리들이 착용하던 복장, 중국 전통의 긴 두루마기인 장삼長衫, 목을 받쳐주는 칼라가 특징적인 마괘자馬褂子, 현대적인 감각의 양복 등 동서고금의 각종 복장이 등장한 것이다. 하지만 각 나라의 전통의상인 한국의 한복이나 일본의 기모노처럼, 치파오는 중국의 전통의상으로 자리매김하고 있다.

300년 가까이 지배하여 온 청조가 그간 중국인의 의식을 크게 변화시켜 놓았다. 청말 단발령이 나오자 이제는 변발에 대하여 애착을 가지고 단발을 거부하는 의견이 나왔는가 하면, 친숙해진 만주풍의 치파오는 중국인의 민족의상으로 정착되어 여전히 많은 사람들의 사랑을 받게 된 것이다.

28장 서양 사상을 적극 소개한
중국 근대 계몽사상가 옌푸(嚴復)

19세기 말 중국 최초의 유학생, 옌푸는 중국이 자강을 이루려면 서양의 사상을
적극적으로 받아들여야 한다고 주장했다. 그는 근대 서양의 사상적 원천으로 주
목되는 저서들을 중국어로 번역하여 소개하고 교육 계몽 운동을 전개함으로써
중국인의 사상적 시야를 넓히고 근대 중국의 초석을 놓았다. 사회진화론과 사회
유기체에 입각하여 사회 개혁을 주장한 그는 혁명이 아니라 중추 집단의 생각을
점진적으로 변화시킴으로써 사회 전체의 변화를 이룩할 수 있다고 확신했다. 그
의 사상은 19세기 말 20세기 초의 중국 사회에 큰 영향을 미쳤다.

19세기 후반, 중국 청나라에서는 서양문물을 받아들이자는 양무운동洋
務運動(1861~95)이 일어났다. 태평천국 운동(1850~64) 진압에 공을 세운
쩡궈판曾國藩, 리훙장李鴻章 등 한인 관료들이 중심이 되어 부국강병을 위해
서양의 과학 · 기술을 받아들여야 한다고 주장하면서 군수공업을 중심으
로 철도, 조선, 섬유, 광산 등 근대 공업을 일으켰고, 그런 과정에서 난징,
상하이, 푸저우, 톈진 등에 군수공장, 무기제조창, 조선소 등이 들어섰다.
그러나 이 운동은 '중체서용' 中體西用(중국의 전통적인 학문 · 사상을 근본
으로 삼고, 서양의 문물을 수단으로 삼아 활용함)의 기치 아래에 이루어진
결과, 근본적인 개혁은 이루어지지 않고 피상적인 개혁에 그쳤다. 낡은 제
도를 그대로 둔 채 서양의 기술만을 받아들이려 한 이 운동은 한계점을 드

러낸 채 청프전쟁(1884), 청일전쟁 (1894~95)의 패배로 말미암아 결국 실패하고 말았다.

옌푸

청일전쟁의 패배 이후, 중국 지식인들은 절박한 위기의식에 휩싸였다. 서구 열강 및 일본의 침탈이 노골화되면서, 청의 지식인, 관료들은 중국의 전통 문화, 정치, 사회 등 모든 분야에 대해 심각한 자성과 비판을 가했다. 특히 젊고 진보적인 중국의 일부 지식인들은 유교 경전에 매달리기보다 서양의 지식과 사상에 눈을 돌리기 시작했다. '부국강병'을 위해 진정 필요한 것은 무엇인가에 고민하고, 서양의 대포와 총만 수입하면 중국도 강해질 수 있을 것인가에 대하여 심각한 의문을 제기하면서, 절박한 중국의 입장을 해결해 줄 사상과 선각자를 요청하고 있었다. 이러한 시대적 분위기 속에서 서양 사상을 체계 있게 소개한 인물이 바로 옌푸嚴復(1854~1921)이다.

옌푸의 성장과 유학생활

옌푸는 푸젠福建성 호우관侯官 사람으로, 1854년에 한 의사의 가정에서 태어났다. 그의 본명은 송광宋光이고, 자는 우릉又陵이었는데, 후에 옌푸로 개명하고, 자도 기도幾道로 바꾸었다. 의사인 그의 아버지 엄진선嚴振先은 총명하고 어려서부터 글 읽기를 좋아하던 아들을 보고 꿈에 부풀었다. 당시에는 과거 시험만이 관료가 되어 개인과 가문의 명예를 드높일 수 있는 거의 유일한 길이었는데, 어린 자식의 성장을 주의 깊게 보아오던 아버지

톈진 고문화 거리에 있는 옌푸 동상

는 가장 실력 있는 선생을 초빙하여 자식 교육을 시켰다. 그리하여 옌푸는
10살 때부터 가정교사인 황소암黃少菴 밑에서 한학과 송학을 배웠다.

옌푸의 전통 학문 습득과정은 14세 때 갑자기 중단되었다. 12살 때 그
의 스승이 세상을 떠나고, 거기에 다시 아버지가 병사함으로써 그의 가세
는 몰락했기 때문이었다. 생활이 어려워지게 된 옌푸는 과거시험을 단념
하고 부친의 친구의 도움을 받아 줘중탕左宗棠이 창설한 푸저우선정학당福
州船政學堂에 들어가 공부했다. 사대부 집안 출신이라 하여도 가문 안의 유
력자나 가장의 돌연한 죽음으로 인하여 운명에 갑자기 비운이 찾아드는
것은 당시의 중국사회에서 어렵지 않게 찾아 볼 수 있는 일이었는데, 과거
를 통한 출세 길이 막혀버린 옌푸가 다소 궁색한 대안으로 선택한 것이 바
로 '서양의 신학문西學' 을 익히는 것이었다.

그가 입학한 푸저우선정학당은 푸저우선정해군기술학교福州船廠海軍技
術學校로, 당시 추진되고 있던 양무운동 과정에서 생긴 근대적 학교였다.

그는 여기에서 영어, 대수학, 해석 기하학, 삼각법, 물리학, 역학, 화학, 지질학, 천문학, 항해술 등을 공부했다. 여기에서 주목해야할 것은 훗날의 옌푸의 서양과학에 대한 열정이 단순히 '서양 과학'과의 막연한 접촉에서 이루어진 것이 아니라, 초보적이나마 자연과학의 실제적인 방법과 데이터와의 직접적인 접촉을 바탕으로 한 것이었다는 사실이다. 그가 전통적인 교육을 떠나 여기에서 영어를 공부하고 서양의 학문을 익힌 것이 곧 그의 장래를 결정짓게 되었던 것이다.

교육계에서 활동하던 옌푸

선정학당을 졸업한 그는 1877년에 중국 최초의 유학생으로서 영국으로 건너갔다. 처음 포츠머스(Portsmouth)대학에서 공부하다가 후에 그리니치(Greenwich) 해군대학으로 옮겨 그곳에서 군사학을 공부했다. 2년간 영국에서 유학하던 옌푸는 그곳에서 단순히 군사관계의 지식만이 아니라 널리 영국의 정치, 경제, 사회제도 등을 익히면서 서양 문화 및 사상을 흡수하고, 거기에 감명을 받았다. 서양열강이 부강하게 된 것은 사회에 공리公利가 신장되고 있기 때문이라는 것을 깨닫는다.

그 시기에 이미 옌푸는 다른 청년들과는 현격히 다른 생활경험을 쌓고 있었다. 당시 중국의 지식인이나 개명한 양무파 관료들은 서양이 도덕적, 지적, 정신적으로 중국보다 열등하다는 편견을 떨쳐버리지 못하고 있었으나 옌푸는 영국으로 유학을 떠나기 이전부터 이미 서양학문에 대한 열의와 관심, 그리고 서양인 스승과의 친밀한 교제 등을 바탕으로 그러한 편견에서 벗어나 있었다.

옌푸의 동급생들은 대부분이 좋은 일자리를 얻고 출세해 보려는 처음의 입학동기를 끝까지 고수하며, 실제로 졸업 후 해군장교가 되는 사람들이 많았다. 이런 친구들도 대부분 서양에 대한 편견에서 완전히 벗어나지 못했으나, 지적인 감수성으로 자신의 경험에 반응했던 옌푸는 그의 친구들과 생각이 달랐다.

옌푸의 교육 계몽 운동

1879년 영국 유학생활을 마치고 귀국한 옌푸는 푸저우선정학당의 교관이 되어 학교에 몸담게 되었다. 이듬해(1880) 리훙장李鴻章의 요청에 따라 톈진天津 북양수사학당北洋水師學堂에 초빙되어 총교습總教習(교무처장)이 되었으며, 후에 그는 북양수사학당의 교장으로서 오랫동안 재직하면서 근대 교육에 헌신 봉사했다. 이 때 그는 스펜서의 책을 비롯하여 서양 사상에 관한 책을 많이 읽었다.

그가 새롭게 교육에 헌신하고 있을 당시, 청일전쟁(1894~95)의 패배는 중국인에게 큰 충격이었다. 그간 서양 문물을 받아들이는 데 힘을 써 온 양무운동의 한계가 여실히 드러난 것이다. 이러한 때에 옌푸는 톈진의 중문 신문인 『직보直報』에 「논세변지극論世變之亟」(시세의 격변에 대하여), 「원강原强」(힘이란 무엇인가), 「벽한闢韓」(韓愈를 반박함), 「구망결론救亡決論」(멸망으로부터의 구제에 관하여) 등의 글을 연이어 발표하면서 계몽활동을 전개했다. 여기에서 그는 중국 역대 군주를 '대도大盜'라고 공격하고 전제정치를 배격해야 한다는 변법자강의 입장에 섰다. 수구 세력에 반대함은 물론, 기술이나 제도뿐만 아니라 서양 사상을 배워야 할 것을 주장했다. 그리고 과거에 쓰이던 팔고문八股文을 폐지하고 서양 과학을 도입해야할 것을 강력히 주장했다. 발표된 글은 어느 것이나 서양 경험을 바탕으로 중국의 정치사상을 냉철히 비판했으며, 중국인들의 정치적 무관심과 지적

나태가 중국의 곤궁을 불러 일으켰다고 주장하여 세인의 주목을 끌었다.

영국에서 군사교육을 받고 돌아온 옌푸는 군계로부터 사상계로 전화하여 서양의 학문과 교육을 널리 전파하고 보급하는 데 힘을 썼다. 영국에서의 교육이 그의 사상과 행동에 결정적인 영향을 주었던 것이다. 곧 양무파 관료들은 부국강병을 위해 서양의 군사 및 기술을 도입하되 철학이나 사상면에 존재하는 중국적 전통은 지켜야 한다는 '중체서용'의 입장에서 서양문물을 받아들이고 있었는데, 그런 식의 상반된 서구 이해와 피상적인 개혁으로는 청조의 현상을 해결할 수 없다는 것이 옌푸의 생각이었다.

옌푸는 국가의 강약·존망의 3대 조건은 '정신과 체력', '지혜와 총명', '인의와 덕성'이라고 하면서 '정신과 체력의 증강', '지혜와 총명의 강화', '인의와 덕성의 함양'을 강조했다. 이것은 곧 인격의 3대 요소인 '지·덕·체智德體'에 기본을 둔 것으로, 국가 차원에서도 부강한 나라가 되기 위해서는 민력民力(대중의 힘), 민지民智(국민의 슬기), 민덕民德(백성의 도리)이 절대 필요함을 지적했다. 민력을 고무하기 위해서는 건강한 정신과 신체가 필요하고, 민지를 개발하기 위해서는 과거 시험에 대치하여 서양 학문을 익혀야 하며, 민덕을 새롭게 하기 위해서는 전제정치를 폐지하고 백성을 존중하는 입헌군주제를 실현해야 한다는 것이었다. 이러한 모든 것은 교육을 통해서만 가능한 것으로, 당시의 중국에 입헌 군주제가 필요하나 이것은 곧 민지가 개발된 후에 비로소 실현 가능한 일이며 이때 절대 필요한 것이 교육이라는 입장에서 그는 '교육구국론敎育救國論'을 펼쳐 나갔다.

옌푸는 서양의 교육체계를 본떠 중국의 교육 체계를 3단계로 나누어 실시할 것을 조정에 건의했다. 바로 소학교, 중학교, 대학교의 과정이 그것인데, 소학교는 16세 이전의 학생, 중학교는 16세에서 21세의 학생으로 문리가 통하고 소학교의 기초가 있는 청년을 교육하는 과정이며, 대학교는 3, 4년 공부한 후에 전문학교로 진학하여 전공을 공부하게 하는 과정이다. 동시에 학교 성적이 우수한 학생을 외국으로 유학시켜 전문 인재를 육성한다는 것이었다.

또한 옌푸가 중요시 한 것 중의 하나는 여성교육이다. 그는 당시 상하이에 여학당女學堂을 설립하고자 적극 주장했다. 여학교의 설립은 여성들이 봉건적인 예교 속박으로부터 해방되는 길이라고 생각했기 때문이다. 그는 남녀평등과 여학생들의 사회활동을 중시했다. 만일 여성들이 사회활동에 참여하지 않는다면 새로 설립된 여학교도 전통적인 사숙과 별 차이가 없다고 하면서 학교에서의 여학생의 사회 활동을 보장할 것을 요구했다.

더불어 여학생은 그 자신이 자주의식을 가지고 사회 활동을 함으로써 여성의 능력이 극대화하고 사회 개혁을 이룰 수 있다고 강조하면서 여성교육에 지대한 관심을 보였다.

그는 톈진 북양수사학당의 학교장이 되어 교육 행정 책임을 맡으면서도 그 외의 여러 교육기관에 관계하여 활동했다. 경사대학당京師大學堂 번역국 주임, 상하이복단공학교上海復旦公學校의 교장, 안징고등사범학당安慶高等師範學堂 교장을 역임했으며, 청조 학부學部의 명사관名辭館 총편집장을 역임하는 등 정계보다도 교육계에 줄곧 몸담고 활동하면서 교육 계몽 운동에 앞장섰다.

번역 · 저술사업을 통한 계몽운동

서양 근대 사상에서 서양 부강의 비밀을 찾고자 했던 옌푸는 서양의 과학기술이나 문물제도에만 주목하던 양무파 지식인들의 태도와는 크게 달랐다. 서양의 힘의 근원, 곧 동양과 서양의 차이의 근원은 단순히 무기나 기술의 차이에 있는 것이 아니라 철학과 사상에 있음을 깨닫고 서양의 철학과 사상을 소개하여 중국을 계몽하고자 했다.

특히 청일전쟁의 패배는 그에게 큰 충격이었다. 조선의 동학혁명을 계기로 청일 간에 전쟁이 발발했을 때, 중국 해군은 겉으로 위풍이 당당했지만 일본과의 싸움에서 여지없이 패배하고, 육군도 참패를 당했다. 옌푸의 영국 동창생 이토 히로부미伊藤博文는 그때 이미 일본의 수상이 되어 중국의 강화대표 리홍장李鴻章과 시모노세키下關조약을 맺고, 영토 할양을 중국에 요구했다. 이러한 상황을 경험한 옌푸는 국가의 위급함과 자신의 초라함에 크게 분개했다. 청의

옌푸 문선

지식인, 관료들도 중국의 전통 문화, 정치, 사회 등 모든 분야에 대해 심각한 자성과 비판을 하지 않을 수 없었는데, 옌푸는 서양의 이론을 소개하면서 시대의 병폐를 지적하고 나라를 부강하게 만들고자 노력했다. 그 결과, 옌푸는 1898년에 최초로 『천연론天演論』을 번역 출판해 내었다. 이 책은 중국에 사회 진화론을 소개한 책이다. 책 제목의 '천연'이라는 용어는 'evolution'을 뜻한 것으로, 본래는 영국의 생물학자인 헉슬리(T. H. Huxley)의 『진화와 윤리』(Evolution and Ethics)를 번역하고 번역한 내용에 자신의 코멘트를 첨가한 것이다.

옌푸는 인간 사회의 '적자생존'에 의한 진화의 중요성을 강조했다. 생물들은 살아남기 위하여 치열하게 서로 투쟁하는데, 환경과 자연 혜택에 적응하는 것만이 살아남고, 그렇지 못하는 것은 도태되어 멸망하며, 인간 사회에도 사회집단 사이에 투쟁이 벌어져 약자는 강자에게 희생당하고 어리석은 자는 현명한 자에게 복속된다는 것이다.

옌푸가 주필하여 발간한 국문보

옌푸는 이 책을 통해 피폐된 국혼을 다시 일깨우고 온 국민이 다시 일어나기를 기대했다. 열강의 침략으로 도탄에 빠져 있던 국민들에게 큰 호응을 얻은 『천연론』은 출판되자마자 전국적인 선풍을 일으켰다. 당시 '적자생존', '생존경쟁' 등의 용어가 중국 사상계의 슬로건이 될 정도로 진화론은 폭넓은 반향을 불러일으켰다. 이 책은 당시 중국의 모든 청년 학생들이 머리맡에 놓아두고 읽는 책이 되었다고 한다.

이후 옌푸는 좌절에 빠진 중국인에게 서양의 학술 문화를 소개하며, 지속적으로 비중 있는 많은 학술 명저를 번역했다. 몽테스키외의 『법의 정신』, 아담 스미스 『국부론』, 스펜서(Herbert Spencer) 『사회학 연구』 등 많은 책이 번역되어 큰 호응을 얻었다.

특히 그가 1881년경에 읽은 스펜서의 『사회학 연구』(A Study of Sociology)는 옌푸의 생애에서 가장 중요한 사상적 사건이었다. 스펜서의 사상은 옌푸의 이후의 사상적 발전에 전면적이고 근본적인 영향을 끼쳤다. 스펜서에서 배운 사회진화론은 사회학의 제 원리들이 단순히 사회를 기술하는 역할에 머무른 것이 아니라, 사회변혁을 위한 처방전으로 다가왔다. 또한 개인은 생물의 세포처럼 전체의 일부라는 사회유기체설은 중국의 민족주의를 고양시키는 큰 힘이 될 수 있다고 생각했다. 자유는 근본이고 민주는 실천이며 기회의 평등도 백성의 힘을 한 곳으로 모아 부국강병을 이루는 수단이라고 주장했다.

그는 베이징통이학당北京通藝學堂(후에 베이징 대학에 통합됨)에서 강의했고, 1897년 톈진에서 유신파신문인 『국문보國聞報』, 『국문휘보國聞彙報』를 창간하는 한편 서양의 사회 경제에 관한 여러 저서들을 번역하여 내었다.

중국은 의화단 사건(1899~1901) 이후 세계의 열강들이 중국으로 침투하여 조차지를 차지하고 철도부설권, 광산채굴권 등의 이권을 획득하면서 중국이 만신창이가 되어가자, 과분瓜分(참외가 칼에 잘리듯 분할 점령되어 버림) 되는 것이 아닌가 하는 심각한 우려가 만연했다. 이러한 위기의식은 대부분의 지식인들이 함께 동요하는 일종의 집단의식이 되어 버렸다. 이러한 국가 위기라는 새로운 분위기 속에서 옌푸는 활발한 저술활동의 길로 나서게 되었다.

그는 자신의 경험을 종합하여 번역의 3대 원칙을 고수하려 노력했다. 그것은 '신信', '달達', '아雅' 로서, '신信' 은 번역이 원전에 충실해야 한다는 것이고, '달達' 은 번역문이 매끄럽고 부드러워야 한다는 것이며, '아雅' 는 번역한 문장이 간결하고 품위 있어야 한다는 것이었다. 옌푸는 이 세 가지의 원칙을 준수하며 신중하게 여러 번역서를 내었는데, 이것은 후대 번역가들에게 좋은 귀감이 되었다.

안타까운 옌푸의 말년

1911년, 신해혁명이 일어난 뒤 인습을 타파하는 혼란기가 오자, 옌푸는 서구사상에 관한 종전의 입장을 차츰 버리고 고대 중국문화 쪽으로 점점 돌아섰다. 경사대학당 문과대학 교장으로 잠시 근무했는데, 그 때 1913년에 루소의 사회계약론을 비판한 '민약평의民約平議' 를 발표하여 중국에는 아직 공화제나 민주제를 시행할 만큼 국민이 성숙되어 있지 않다는 이유로 군주제를 주장하기도 했다.

옌푸가 살던 옛집

옌푸는 서양의 유명한 저서들을 번역 보급하여 사회 계몽과 근대 중국의 문화 혁신에 상당한 공헌을 했지만, 말년에 그의 업적을 손상시키는 큰 잘못을 한다. 그것은 주안회籌安會에 서명한 것이다. 중화민국 초의 특수한 상황을 틈타 총통이 된 위안스카이袁世凱는 신해혁명의 열매를 삼키고 황제의 자리에 오르려는 제제운동帝制運動을 전개하면서 부하들을 부추겨 군주제를 찬성하는 주안회籌安會를 조직했는데, 옌푸가 여기에 가담하여 위안스카이 황제 즉위를 지지하였다. 당시 명성이 높았던 옌푸를 가담시켜 권위를 높이려는 위안스카이의 계획에 옌푸가 희생된 것이다. 위안스카이의 정권 찬탈 음모가 실패하자, 옌푸는 주안회 육군자(六君子)의 한사람으로써 중국인민들의 지탄을 받게 되었고, 그 명성도 빛을 잃고 말았다. 그의 말년에 위안스카이의 황제 즉위 운동에 휘말려 들어감으로 말미암아 계몽가로서의 이미지를 흐리고 말았다.

이후 그는 1921年 10月 27일에 향년 68세로 세상을 떠났으며, 묘지는 오늘날 푸저우시 교외에 자리하고 있다. 그의 저작으로『엄기도시문초嚴幾道詩文抄』,『후관엄씨총각候官嚴氏叢刻』,『엄역명저총간嚴譯名著叢刊』등 다수가 남아 있다. 그리고 옌푸는 번역 이외에 시도 썼는데 그가 죽은 뒤에 2권의 시집이 발간되었다.

옌푸가 영국 그리니치 해군대학에서 유학하던 시절, 동양에서 온 두 명의 생도가 성적이 가장 좋았다는데 하나가 옌푸고 다른 하나가 나중에 일본 수상이 된 이토 히로부미다. 두 사람은 동창생으로서 매우 친하게 지냈는데, 이토 히로부미는 성적이 옌푸에 늘 뒤져있음을 한탄했다고 한다. 그러나 졸

옌푸 묘

업 후 이토 히로부미는 일본으로 돌아가 크게 출세하여 위세 당당한 국제 정치가가 되었고, 옌푸는 사회가 온통 부패로 찌든 조국에서 뜻을 펼치지 못하다가 번역 사업으로 울분을 달래야 했으며 말년에는 위안스카이 편에 가담함으로써 인민들의 지탄을 받는 인물이 되고 말았다. 이 두 동창의 인생 항로는 서세동점의 시기에 있었던 당시의 중국과 일본의 역사상을 대조적으로 보여주는 좋은 사례라 할 수 있겠다.

신해혁명과 중화민국 초 위안스카이의 제제운동으로 정국이 불안한 가운데 옌푸의 사상은 사회에 직접적인 파장을 일으키지 못했지만, 19세기 말 교육과 서양 학술 서적 번역·소개 활동을 통해 그가 남긴 계몽사상가로서의 업적을 결코 간과해서는 안 될 일이다.

그는 실로 중국 근대 계몽사상가, 교육가, 번역가로서 암울한 중국 사회에 신선한 충격을 주면서 일세를 풍미했던 인물이라 평가해도 지나침이 없을 것이다.